丛书主编 萧鸣政

人力资源管理专业实用系列教材

人力资源开发
（第二版）

萧鸣政 刘追 编著

图书在版编目(CIP)数据

人力资源开发/萧鸣政,刘追编著.—2版.—北京:北京大学出版社,2017.5
(人力资源管理专业实用系列教材)
ISBN 978-7-301-28409-4

Ⅰ.①人… Ⅱ.①萧…②刘… Ⅲ.①人力资源开发—教材 Ⅳ.①F240

中国版本图书馆 CIP 数据核字(2017)第 109713 号

书　　　名	人力资源开发(第二版) RENLI ZIYUAN KAIFA
著作责任者	萧鸣政　刘　追　编著
责任编辑	徐少燕
标准书号	ISBN 978-7-301-28409-4
出版发行	北京大学出版社
地　　　址	北京市海淀区成府路 205 号　100871
网　　　址	http://www.pup.cn　新浪微博:@北京大学出版社
电子信箱	ss@pup.pku.edu.cn
电　　　话	邮购部 62752015　发行部 62750672　编辑部 62765016/62753121
印　刷　者	北京富生印刷厂
经　销　者	新华书店
	787 毫米×1092 毫米　16 开本　21.25 印张　342 千字 2011 年 4 月第 1 版 2017 年 5 月第 2 版　2018 年 12 月第 2 次印刷
定　　　价	49.00 元

未经许可,不得以任何方式复制或抄袭本书之部分或全部内容。
版权所有,侵权必究
举报电话:010-62752024　电子信箱:fd@pup.pku.edu.cn
图书如有印装质量问题,请与出版部联系,电话:010-62756370

作者简介

萧鸣政，北京大学政府管理学院行政管理系主任，教授，博士生导师，北京大学人力资源开发与管理研究中心主任，美国宾夕法尼亚大学沃顿商学院高级访问学者，国家"2010—2020年中长期人才规划"人才评价战略专题研究课题组组长，中央马克思主义理论研究与建设工程人力资源管理首席专家，中国人才研究会副会长，中国人力资源开发研究会人才测评分会常务副会长兼秘书长。在国内外发表学术著作30多部、论文160多篇。目前的主要研究领域包括：人才战略与规划、领导人才素质与开发、人才测评与选拔、工作分析与评价、绩效考评与管理、人力资源开发与管理、行政管理等。

刘追，北京大学管理学博士，石河子大学经济与管理学院人力资源与商务管理系主任，教授，硕士生导师，石河子大学人力资源管理学术带头人，中国企业管理研究会常务理事，中国人力资源开发研究会人才测评分会常务理事，主要研究领域为人力资源开发与管理。

前　言

关于国家人力资源开发方面的研究,早已引起我国有识之士的重视,目前已经有了大量的论著。然而,关于党政机关与企事业组织内部人力资源开发的研究,却并不多见。组织内部人力资源开发既是提高企事业组织本身竞争力的关键,也是做好整个国家人力资源开发与能力建设工作的基础,是推进与实现人才强国战略的关键。因此,本书主要就组织内部人力资源开发的理论与方法进行了深入的论述。全书一共七章,分为三个部分。

第一部分包括第一至二章,主要阐述了人力资源开发(Human Resource Development, HRD)的理论基础,回答了什么是人力资源开发。其中,第一章着重说明 HRD 的重要性、必要性与可能性,具体论述以下几个问题:什么是人力资源开发?目前它存在哪些类型与特点?进行人力资源开发的客观基础是什么?它具有什么样的价值与功能?在明确了什么是 HRD 及其价值之后,有必要更具体地阐述什么是人力资源开发的基础。第二章具体阐述了人力资源开发的历史与发展趋势。

第二部分包括第三至四章,主要回答了如何进行 HRD,阐述了 HRD 的各种途径、方法与技术。其中,第三章阐述了支持 HRD 过程及其各种方法的技术,包括需求分析技术、人力规划技术、教育培训技术、课程设计技术与效果评估技术。第四章根据人力资源(HR)的系统结构理论,首先提出了 HRD 的系统观,建构了相对 HR 形成过程与结构的三个开发系统工程,接着从人力资源配置使用的角度分析了组织内HRD的各种具体形式,然后围绕职业资格这个点,分别从员工自我、职业发展与组织管理等三个不同角度,分析了HRD的各种具体方法与途径。分析结果表明,组织内人力资源开发的途径,并非人员培训与职业教育,而是包括自我申报、自我学习、制度管理、文化建设、职业发展与规划、人力资源管理等多种形式。

第三部分包括第五至七章,主要说明第二部分的人力资源开发技术与途径如何应用到新员工、老员工与管理人员的开发实践中。第五章阐述了新员工开发的组织化方法、实际工作预览方法与员工导向方法。第六章阐述了老员工开发的职业发展规划方法、职业管理方法、各种老员工开发的实践活动形式及其问题。第七章阐述了管理人员开发的需求分析方法、预备职位经历方法、晋升设计方法、职务轮换方法、辅导方法、决策学习方法、评价中心方法、敏感性训练方法以及管理人员领导力开发的方法。

本书第一版的内容大部分选自萧鸣政的《人力资源开发的理论与方法》(高等教育出版社2002年版)。在第一版的编写过程中,张如国、张轩、石萌、葛连高、张满、肖志康等帮助查找了大量案例,协助编写了第三章的初稿、每章小结与案例的初稿。石河子大学的刘追教授及汤伟娜、周春光、张志菲、陈利芳、姜海云等为本书第二版增加了引例、阅读材料、部分案例和一些知识点。由于人力资源开发的研究时间不长,组织内的人力资源开发课程在我国也刚刚起步,加上自己水平有限与时间紧,书中存在的问题与不足,欢迎广大读者批评指正,以使本书日臻完善。我的电子信箱是 xmingzh@263.net。

萧鸣政
2017年3月13日

目录

CONTENTS

第一章　人力资源开发概述 ... 1

第一节　人力资源开发的客观基础 ... 2
第二节　人力资源开发的基本概念 ... 8
第三节　人力资源开发的类型、特点、作用与功能 ... 15
第四节　人力资源开发的对象与内容 ... 26

第二章　人力资源开发的发展与趋势 ... 32

第一节　人力资源开发的发展历程 ... 35
第二节　人力资源开发的新环境 ... 44
第三节　人力资源开发的新方向 ... 52
第四节　人力资源开发的新角色 ... 55

第三章　人力资源开发的技术 ... 63

第一节　需求分析技术 ... 65
第二节　人力规划技术 ... 83
第三节　教育培训技术 ... 89
第四节　课程设计技术 ... 95

第五节　效果评估技术　　113

第四章　人力资源开发的途径　　125

第一节　建立科学的人力资源开发系统工程　　126
第二节　人力资源配置　　129
第三节　自我开发　　137
第四节　职业开发　　145
第五节　管理开发　　157
第六节　组织开发　　167

第五章　新员工的开发方法　　179

第一节　员工组织化的过程　　181
第二节　实际工作预览　　194
第三节　新员工行为导向　　199

第六章　老员工的开发方法　　214

第一节　职业发展规划与职业发展管理　　216
第二节　职业发展模式　　228
第三节　职业发展规划与管理的实施　　237
第四节　老员工开发的实践活动　　253
第五节　老员工开发实践中的问题　　260

第七章　管理人员的开发　　270

第一节　管理人员开发概述　　271
第二节　管理人员开发需求分析方法　　279
第三节　管理人员的开发方法　　287
第四节　管理人员领导力开发　　290

主要参考文献　　329

第一章

人力资源开发概述

本章学习目标提示

- 了解 HRD 对中国经济发展的实际作用与意义
- 重点掌握 HRD 的概念、类型、特点与基本功能
- 明确人力资源开发的对象与内容

什么是人力资源开发(Human Resource Development, HRD),这是本书应该回答的第一个问题。本章所讨论的内容主要包括:HRD 的客观基础是什么?HRD 是什么?HRD 的类型、特点、作用、功能与对象分别是什么?

【引例】

HR 在中国[①]

在过去十年中,人力资源最佳实践首先体现在重视人力资源管理战略和企业总体发展战略,怡安翰威特公司大中华区 CEO 刘渊先生如此评价。绝大多数成功的企业都认识到人力资源是企业最重要的资源,只有有效地进行管理才能使企业的价值最大化。调查发现,许多中国企业人力资源管理成熟度较低,这可能会直接制约这些企业实现持续的快速增长。

---

① 资料来源:〔英〕朱莉·比尔德韦尔、蒂姆·克莱顿:《人力资源管理:当代视角》,李文静译,电子工业出版社 2015 年版,第 22—23 页。

从调查结果上看,参与调查的企业经理和人力资源从业人员均承受着与发达国家同行们相似的压力和挑战:吸引及留用专业人才(60%)、培养领导力及其领导人才储备(46%)、建立与保持员工敬业度(36%)、研究与发展企业未来所需的重要技能(37%)。

这些压力和挑战都需要通过人力资源开发的方法或活动解决。在全球商业激烈竞争的大环境下,中国企业如何持续稳定地增长,解决人力资源开发方面存在的问题已经迫在眉睫。

怡安翰威特公司大中华区人才管理咨询首席顾问彼得(Piotr)博士说:"人力资源部门如果不能向公司内部展现其所能带来的价值,就无法成为业务部门的战略合作伙伴。"那么,人力资源部门有哪些主要工作?什么是人力资源开发?这些都是需要深入探讨的知识。

第一节 人力资源开发的客观基础

人力资源开发对于今天的中国来说有重要而特殊的意义。中国持续发展的理念与人口大国的现实、知识经济与互联网时代的来临,都决定了中国必须走人力资源开发之路。下面我们将详细论述人力资源开发的客观基础。

一、经济发展的两种战略两种结果,引起人们对人力资源开发的广泛关注

众所周知,第二次世界大战后,德国与日本均沦为战败国,当时两国经济濒临崩溃。但是由于德国与日本早在一百多年前就把科学与教育作为兴国之本,战后在十分困难的情况下仍然继承和发扬这一传统,把人力资源开发作为本国经济发展的战略。德国和日本一直存在人力资源的优势,保留了一大批具有较高文化水平与生产技能的人才,所以它们的资本吸收能力强,外资利用率高,当外部为之提供大量物质资本时,其经济就得到了迅速的发展。

同样,韩国、菲律宾、斯里兰卡、新加坡以及我国的台湾和香港等国家和地区为了发展经济,积极吸收外资,注重人力资源开发,对人力资源开发的投入量是对物质资本投入量的7倍,大力发展教育,有

机会进入中等学校的人数超过其人口总数的60%,结果外资利用率高,经济迅速发展,实现了预定的目标。

相反,20世纪40—50年代,一些发展中国家采取了与上述国家和地区不同的经济发展战略,产生了不同的效果。例如,巴基斯坦、巴西、哥伦比亚、墨西哥等国家,为了发展本国的经济,都做出了大量引入外资的决策,但这些国家只注重物质资本积累,忽略人力资源开发,对物质资本的投入是对人力资源开发投入的20倍。由于人力资源开发力度不够,有机会进入中等学校的人数只有其人口总数的1/4,经济发展过程中缺乏高水平的人力资源支持,结果外资利用率极低,浪费严重,经济发展未能达到预期效果。

20世纪60年代后,人们从总结正反两方面的历史经验和教训中,得出了一个有价值的结论:要发展经济,必须优先开发人力资源。人力资源开发的两种不同战略产生了两种不同的经济效果。

二、持续发展的理念与人口大国的现实决定中国必须走人力资源开发之路

1987年,联合国世界环境与发展委员会提出了可持续发展的概念。这一概念提出后,立即得到国际社会的认同,成为各国经济发展的理念。

所谓可持续发展,是指我们的经济发展与资源开发行为应该既满足当代人的需求,又不损害子孙后代发展的需求。在这里,可持续发展仅仅是指经济发展在时间上与速度上的前后保持性,实际上是为了保证经济发展在空间上与时间上的平衡性以及在生产诸要素组合上的协调性。发展是一个有机的综合系统,经济的发展必须依靠与带动人口、资源、环境和社会的整体发展。某一地区的经济发展不能以影响与损害其他地区的发展为代价,相反只有带动了周边地区的发展,这一地区才能保持自己后续的长期发展。在经济的可持续发展中,人力资源的开发具有关键性与先导性的作用。

中国是个人口大国,总人口约占世界的1/5,人均自然资源与经济资源却大大低于世界的平均水平,其中耕地只有世界人均占有量的1/4,石油只有世界人均占有量的1/8,森林不及世界人均占有量的1/6,淡水不及世界人均占有量的1/4。自然资源的发展与人口的

增长存在着极大的反差,自然资源与经济资源的人均占有量日趋减少。中国人均自然资源的相对贫乏决定了中国必须走集约型、资源节约型的经济发展道路,走可持续性发展的道路。然而,中国能否实现可持续发展,既取决于人力资源、自然资源与经济资源的相互协调与作用情况,又取决于人力资源、自然资源与经济资源本身的可持续发展状况。在三大资源的可持续性发展中,人力资源具有主导性与决定性的地位。科学发展观提出要统筹人与自然和谐发展。人力资源在与自然资源、经济资源的相互作用中,不但不会被消耗掉,反而会得到更大的增值,创造出新的价值。人力资源的开发,不但能提高人力资源自身的价值,而且能够降低与减少人类对自然资源与经济资源的消耗与浪费,在有限的资源上创造出更多更好的新资源与新财富。

三、知识经济的来临使人力资源开发具有更为广阔的前景

知识经济是一种以知识的生产、交换、使用与分配为基础的经济形态。

与过去的农业经济和工业经济相比,知识经济具有以下特点。

(1) 人力资源成为经济的主导要素。农业经济时代,土地成为主导要素;工业经济时代前期,矿产资源成为主导要素,工业经济时代后期,资金资源成为主导要素;知识经济时代,人力资源将成为主导要素,谁拥有优秀的人力资源,谁就拥有了财富。

(2) 高素质人才成为竞争对象。农业经济时代,土地是竞争的对象;工业经济时代,矿产等自然资源成为竞争对象;知识经济时代,人才成为竞争对象,谁拥有了人才,谁就能在竞争中取胜。

(3) 投资重点发生重大转移。工业经济时代,投资重点是机器、设备、生产线等有形资产;知识经济时代,投资的重点是人才培养、企业信誉等无形资产,在高科技企业中有形资产与无形资产之比达到 1:2,甚至 1:3。

(4) 资源形态无形无限。知识经济的资源形态是知识技能、知识产权、思想谋略、技术等,它蕴藏在人体之中,具有无形性,其使用价值具有无限性,不受地域、国界的限制。

第一章 人力资源开发概述

知识经济的上述特点,决定了人力资源特殊的经济价值与广阔的开发前景。美国经济学家丹尼森和美国劳工部对1948—1989年间美国经济增长的源泉的估算表明,教育与知识进步对经济增长的贡献率达到了42%,超过了物质资本的贡献率,若把投入生产的劳动力的数量贡献也包括进去,则人力资源对经济增长的贡献率高达63%。我国有关专家认为,目前中国人力资源对国民经济的贡献率高达73%。随着知识经济的发展,人力资源的贡献率将进一步提高。

【阅读材料】

人力资本贡献率与企业利润[①]

在经济高速发展的今天,物力资本对国民收入贡献度呈逐年降低趋势,而人力资本的贡献度却逐步提高。19世纪60年代,美国经济学家西蒙·库兹涅茨就得出结论:物力资本对国民收入的贡献率从大约45%下降到了25%,而人力资本对国民收入的贡献从大约55%上升到了75%。一个国家经济的发展,离不开人力资本的有效作用。而作为微观经济层面的企业,它们创造价值就更离不开人力资本这个重要因素。人力资本作为必不可少的生产要素,和其他生产资料一样,在企业生产过程中发挥资本"增殖"的作用。因此,人力资本应该和物力资本一样,按照其对企业价值的贡献率来参与企业收益的分配。

一项调查研究了205家上市公司的人力资本对企业资本的贡献率,发现上市公司年平均人力资本贡献率总体呈上升趋势,具体见表1-1。

表1-1 平均人力资本贡献率

年份	2004年	2005年	2006年	2007年	2008年
年平均人力资本贡献率	0.444	0.446	0.447	0.449	0.449

205家上市公司5年平均人力资本贡献率为44.7%,但各行业有明显差异,具体见表1-2。人力资本较高的行业是制造业,社会服务

---

① 资料来源:章道云、邓学芬、黄坤:《上市公司人力资本对企业净利润贡献率的实证研究》,《宏观经济研究》2011年第7期,内容有删减。

业,交通运输业、仓储业,电力、煤气及水的生产,其次是批发和零售贸易,信息技术业,综合类,建筑业,房地产业,农、林、牧、渔业,最低的是采掘业。企业人力资本质量结构和应用现代科学技术程度是影响经济效益的关键因素。制造业的平均人力资本贡献率最高,农、林、牧、渔业的人力资本对企业净利润的平均贡献率最低。各行业上市公司的人力资本对企业净利润的贡献度呈现上升趋势,这充分说明企业越来越重视对人力资本的投资,企业人力资本的水平也在不断地提高。

表1-2　行业平均人力资本贡献率

行业	各行业平均人力资本贡献率	行业	各行业平均人力资本贡献率
采掘业	0.167	农、林、牧、渔业	0.262
传播与文化产业	0.384	批发和零售贸易	0.425
电力、煤气及水的生产	0.467	社会服务业	0.476
房地产业	0.315	信息技术业	0.42
建筑业	0.365	制造业	0.479
交通运输业、仓储业	0.468	综合类	0.399
上市公司平均人力资本贡献率		0.447	

由于知识经济是靠人去推动的,是靠大批高素质的人才去推动的,因此随着知识经济时代的到来与发展,人力资源开发将成为最重要的发展产业与最有效益的事业。

四、互联网时代使人力资源开发走向个性化、便利化

信息技术和互联网技术的快速发展,正以改变一切的力量,在全球范围内掀起一场影响人类所有层面的深刻变革,人类正站在一个新时代的前沿。作为一个新时代,互联网时代带给人力资源开发一个新的视角,只有主动拥抱新时代,才能在日趋激烈的竞争环境中更好地生存与发展。

对于普通人员而言,互联网创新了学习方式。互联网,尤其是移动互联网的出现,促进了移动学习,使人们实现了在任何时间、地点

进行个人意愿性和可用性的"个性化学习";互联网创造了一个互联互通的时代,改变了传统的时空观念,创造了一个不受地理边界束缚的全球化工作环境,通过与他人的沟通交流,实现了远程"对话式学习";在信息共享的零距离时代,通过讨论和知识共享实现了"协作学习"。电子化学习(E-learning)等新的基于互联网的学习教育方式逐渐进入人们的生活。

对于管理者而言,互联网创新了领导方式。互联网时代是一个真正的人才主权的时代。互联网平台使每个人的话语权得到充分的发挥,企业里的"意见领袖"不仅来自高管,也来自于微博、微信等平台产生的有影响力的"小人物",在这些平台的作用下,群体智慧行动产生了巨大的效应。加上网络一代逐渐成为员工的主力军,加强信息技术下的领导力开发成为热门话题,电子领导力、游戏化管理等都是管理者针对时代变化做出的积极调整。

互联网创新了组织生存方式。互联网时代使得组织向扁平化、去中心化、平台化、虚拟化等方向发展,顾客需求瞬息万变、技术飞速发展、市场竞争日趋激烈,企业面临互联网变化、顾客和竞争三种力量的冲击。而互联网交流背后产生的隐含着个人需求、个性特征等各种知识与信息的大数据成为应对冲击的有力工具。互联网使基于数据的决策成为可能,使企业能够及时掌握变化,使人力资源开发更具针对性和有效性。

【阅读材料】

电子化学习助力管理人才培养[①]

IBM 公司把所有的基本管理技能学习都搬到网上,并且利用课堂教学的方式来传授更为复杂的管理问题。公司让管理者及其上级主管人员承担更多的开发责任,而公司所承担的责任则是向员工提供支持,让他们可以不受限制地参与开发活动,并为他们建立起一个支持网络。

IBM 公司的学习网络包括四个层次。

(1)管理速成:这个层次上的学习提供与 40 个常见管理问题相关的实用信息,这些信息包括经营之道、领导力和管理能力、生产率

---

① 资料来源:袁林:《IBM 的四层次 e-learning 学习计划》,《培训》2006 年第 8 期。

以及人力资源管理等。

（2）交互式学习模块和模拟：这种交互式情景强调人员和任务的管理。它要求受训者通过观看录像以及与模范员工和有问题的员工进行互动和交流，来决定如何处理一个难题、一件事情或一个请求，并获得与自己的决策有关的反馈。在这个层次的学习中，也可以使用案例研究的形式。

（3）合作学习：学习者通过公司的内联网与导师、团队成员、客户或其他学习者取得联系，通过与他们一起讨论难题、问题和解决方法的方式共享所学到的知识。

（4）学习实验室：在前期电子化学习阶段获得知识的基础上，举办一个为期五天的课程研讨会。研讨会强调同事之间的相互学习以及学习团体的建立。通过一些富有挑战性的活动和任务，管理者会对自己、自己所在的工作团队以及 IBM 公司有一个更为清楚的认识。

第二节　人力资源开发的基本概念

目前人们对于人力资源开发已有哪些解释？各自的观点是什么？本书的观点是什么？HRD 与 HRM（Human Resource Management,人力资源管理）、教育、培训和学习之间异同何在？这些问题就是本节所要论述的主题。

一、关于人力资源开发的不同观点及其比较

对于什么是 HRD,目前国内外已有众多的解释。笔者翻阅了十多本相关著作，找到以下几种不同的解释，并就国内外不同的发展脉络做出分析比较，具体见表 1-3 和表 1-4。

表 1-3　国内 HRD 定义的重要观点

国内作者	定义
鄂万友等（1989）	人力资源开发包括两个方面，不仅要从降低成本的角度来提高人才的投资收益，而且要注意挖掘人的潜在能力，即以提高人的素质为基础，挖掘人的体力、智力、技术、积极性、创造性、工作态度等各方面的潜在能量

续表

国内作者	定义
潘金云等(1991)	人力资源开发的基本内容是提高人的素质、挖掘人的潜能、合理配置和使用人力资源,通过HRD使人具备有效地参与国民经济发展所必备的体力、智力、技能及正确的价值观和劳动态度
肖鸣政(1994)	人力资源开发是指对群体或个体品德、知识、技能、智力、体力与性格取向的利用、塑造与发展的过程
陈远敦、陈全明等(1995)	人力资源开发主要是指国家或企业对所涉及范围内的所有人员进行正规教育、智力开发、职业培训和全社会性的启智服务,包括教育、调配、培训、使用、核算、周转等全过程
吴文武、牛越生等(1996)	人力资源开发是指为充分、科学、合理地发挥人力资源对社会经济发展的积极作用而进行的资源配置、素质提高、能力利用、开发规划及效益优化等一系列活动的有机整体
余凯成等(1997)	人力资源开发是对职工实施培训并提供发展机会,指导他们明确自己的长处、短处与今后的发展方向和道路
宋晓梧等(1997)	人力资源开发就是通过提供稀缺资源和服务,使初始形态的人力资源得到加工改造,成为具有相当健康水平、知识水平以及社会适应能力的合格人力资源的过程,从经济学的角度看,也是通过投资形成或增值人力资本的过程
胡春、仲继银等(1998)	人力资源开发是提高人力资源的质量、提高经济效果的一切活动。也就是采取各种切实有效的手段,充分挖掘人力资源的潜力,提高人力资源的质量,改变人力资源的结构,改善人力资源的组织与管理,以便使人力资源与物力资源的结合处于最佳状态,从而取得最大经济效果的一切活动。它既包括狭义上的人力资源开发,又包括人力资源管理的内容,如选聘、考评、激励等,因为这些工作本身包含了人力资源质量提高的内容

续表

国内作者	定义
郑绍濂等(1999)	企业组织人力资源开发,是指一个对较高级的技术、工程等专业人员和管理人员的知识再提高或知识更新而进行的有计划、有组织的一切教育培养活动。员工培训的范围较广,它以广大员工为对象,而人力资源开发则主要针对科技、工程等专业人员和管理人员而言。培训是开发的基础,而开发则是在培训的基础上有针对性的提高或知识的再更新
马新建等(2008)	人力资源开发是指对一定范围内的人们(或人口)所进行的提高素质、激发潜能、合理配置、健康保护等活动,是培育和提高人们参与经济运行所必备的体力、智力、知识和技能,以及正确的价值体系、道德情操、劳动态度和行为模式等一系列的活动内容和活动过程;旨在提高和改善一定范围内人们有效从事社会物质财富和精神财富创造活动的劳动能力的总和
叶盛、乐文赫等(2012)	人力资源开发就是把人的智慧、知识、经验、技能、创造性、积极性当作一种资源加以发掘、培养、发展和利用的一系列活动,是一个复杂的系统工程

表1-3中总结了自1989年至今国内学者对人力资源开发定义的11种探索。国外学者也对其作了界定,其中世界上最大的人力资源开发从业人员的专业性组织——美国培训与开发协会(ASTD)对HRD的定义影响最大,其定义是:人力资源开发是综合利用培训与开发、职业生涯开发、组织开发等手段来改进个人的、群体的和组织的绩效。国外其他几种定义如表1-4所示。

表1-4 国外HRD定义的重要观点

国外作者	定义
罗思韦尔(Rothwell,1985)	人力资源开发是由组织所开展的任何有计划的培训、教育和开发活动,它把实现组织的战略目标与满足组织中个人的需求与职业理想结合起来,从而既提高了劳动生产率,又提高了个人对工作的满意度

续表

国外作者	定义
莱昂纳多·纳德勒（Leonard Nadler,1986）	人力资源开发是在一定时期中为提高工作绩效与促进个人成长而进行的有组织的学习活动
麦克拉根（Mclagan,1989）	人力资源开发是培训与发展、职业生涯发展与组织发展三者的综合运用
杰瑞·W.吉雷（Jerry W. Gilley,1989）	人力资源开发是组织为促进工人与工作改进、提高工作绩效、实现发展战略而在组织内部进行的一种有组织的学习活动
斯旺森（Swanson,2008）	人力资源开发是一个为了达到提升绩效的目的,通过组织发展和员工培训与发展来培育和释放劳动者专业技能的过程
乔恩·M.沃纳、兰迪·L.德西蒙等（Jon M. Werner and Randy L. Desimone,2009）	人力资源开发是由组织给员工提供学习必要技能的机会,从而为满足当前和未来工作的需要而制定的一整套系统的、有规划的活动

上述各种解释虽然各不相同,但归纳起来有以下几种观点:(1)人力资源开发,即人力资本投资,把人力资源开发看作一种有组织、有目的的人力资本投资活动;(2)人力资源开发是提高素质、挖掘潜能的过程;(3)人力资源开发是使全社会人员合理使用与充分发挥其潜力的过程;(4)人力资源开发是对特定人员教育与培训的活动;(5)人力资源开发是改进工作能力、提高工作绩效的活动;(6)人力资源开发是从胎教到成年使用,直到退休后余热开发的全过程;(7)人力资源开发是组织与个人双重发展的过程;(8)人力资源开发是对一定范围劳动能力的开发;(9)人力资源开发是对组织内员工专业工作技能的开发。

纵观前述国内外学者的18种定义,我们不难发现,目前人们对人力资源开发界定存在不同的维度与不同的视角。

关于人力资源开发的目的,大致有以下几种观点:(1)投资观,为提高人力资本服务;(2)双重发展观,为组织与个人发展服务;

(3) 功效观,为实现特定的组织目标服务。

关于人力资源开发的对象,大致有以下几种观点:(1) 素质观,对知识、技能、品德、性向、体力、智力等的开发;(2) 个体观,让全社会或整个组织人员充分就业、充分发挥作用;(3) 群体观,进行合理配置、优化组合、科学规划的过程;(4) 社会观,对社会人员进行教育与培养的过程。

关于人力资源开发的手段,大致有以下几种:(1) 培训;(2) 教育;(3) 就业与使用;(4) 学习;(5) 规划、配置。

关于开发时间的持续性,大致有以下几种观点:(1) 从在岗工作到依法退休为止;(2) 从16岁到55岁为止;(3) 从婴儿到55岁为止;(4) 从胎前准备到退休以后。

二、人力资源开发概念的界定

通过上述对各种人力资源开发解释的比较,在本书中,我们把人力资源开发界定为:开发者通过学习、教育、培训、管理等有效方式,为实现一定的经济目标与发展战略,对既定的人力资源进行利用、塑造、改造与发展的活动。在这里,开发者既可以是政府、机关、学校、团体、协会、私有机构、公共组织等,也可以是企业雇主、主管、个人、被开发者自身等。

当开发者为被开发者自身时,开发方式即学习,开发的目的是力求发展;当开发者为企业时,开发方式一般是培训、管理与文化制度建设等,开发的目的是提高企业竞争力、生产力,增加经营利润,实现经营目标;当开发者是机关、团体、事业单位时,开发方式一般是培训、管理与文化制度建设,开发的目的是提高工作效率与质量,实现组织目标;当开发者为政府与社会当权者时,开发方式一般是教育、医疗、保障制度建设与人口发展政策的制定等,开发的目的是提高全民素质,使每个公民具备各种有效参与国民经济发展所必需的体力、智力、技能及正确的价值观与劳动态度,满足国家与社会经济的持续发展的需要;当开发者为学校、教育机构与家庭时,开发的方式是教育、教学、转化、宣传,开发的目的是提高人才的素质,促进个人发展与社会发展。

我们认为,任何一种人力资源开发的活动,都有它的开发主体、开发客体、开发对象、开发手段、开发方式、开发计划等要素。开发主体即从事人力资源开发活动的领导者、计划者与组织实施者。开发客体即接受人力资源开发活动的组织或个人,是人力资源开发活动的承受者。开发对象是指人力资源开发活动所指向的素质与能力,包括体质、品性、智力、技能、知识及其他心理素质。开发手段是指人力资源开发活动中所采用的工具与支持行为。开发方式是指人力资源开发活动中对各种要素及其表现的组织方式。开发计划是指人力资源开发活动实施前的准备工作与实施过程的书面描述。

三、人力资源开发与培训、教育、学习及人力资源管理的关系

人力资源开发,也称为人力资源发展,与培训、教育、学习及人力资源管理的关系十分密切。它们的相同之处在于各种活动所涉及的客体与对象基本一样,都包括个人及其身体内的人力资源。但它们相互之间又有很大的不同,具体地说存在以下五个方面的差异。

(1) 对象侧重不同。虽然 HRD、培训、教育、学习与人力资源管理五种活动形式的对象都是知识、技能、能力、行为方式、态度、品性、潜能等,都是心理素质与生理素质,但它们的侧重点不同。HRD 侧重潜能的挖掘与现有能力的充分发展与发挥;教育侧重于行为习惯、行为方式、智力与体力的基础素质的培养;培训侧重于知识与技能方面的掌握与提高;人力资源管理侧重于对现有人力资源的利用与发挥。

(2) 目的侧重不同。HRD 面向未来,满足将来经济发展目标的需要,其目的在于提高人力资源的经济功效性与发展促进性;教育虽然也面向未来,但侧重于基础素质的培养,侧重于最大限度地促进个体发展与社会的发展,不以经济为目的,具有一定的政治性、人才塑造性与社会服务性;培训则指向当前的实际工作需要,侧重于满足经济方面的需要;人力资源管理的目的在于保证当前组织工作对人力资源的需求。

(3) 内容要求不同。HRD 中的学习内容不一定与目前工作相关,可以是针对未来与整个社会需要而设计;教育中的学习内容是有关增加个人的责任感、适应性与能力基础的东西,不需要立竿见影;

培训中的学习内容是直接与目前工作相关的,要求精通与熟练掌握,具有立竿见影的效果。

(4) 方式与关系不同。教育、培训、学习与人力资源管理都可以成为 HRD 的一种具体手段与方式,而 HRD 也可以是中长期人力资源管理的一种手段。

(5) 效用时间长短不同。教育、学习与 HRD 的效用时间较长,而培训与人力资源管理的效用时间较短。

HRD 与 HRM 既有区别又有联系。加里·德斯勒(Gary Dessler)对 HRM 的定义为:HRM 是一个获取、培训、评价员工和向员工支付报酬的过程,同时也是一个关注劳资关系、健康和安全以及公平等方面的问题的过程。本书将从学科性质、研究对象、研究内容、工作内容、工作目的等五个方面对 HRD 与 HRM 的区别进行分析,具体见表 1-5。

表 1-5 HRD 与 HRM 的差异分析

区别	HRD	HRM
学科性质	综合性的边缘学科	管理学的一个分支
研究对象	面对的是所有人口,时空范围广阔,涉及组织周围所有相关人口及每个人的整个生命周期	面对的是组织内部的人员,涉及的仅仅是他们组织内工作的空间,即工作中的人员
研究内容	更多侧重于宏观与战略层面,侧重于未被发现的人力资源,侧重于未来的效果	更多侧重于微观与技术层面,侧重于现有人力资源的利用与维护,侧重于当前的效果
工作内容	对从业人员及尚未从业人员的教育与开发,包括对人的一生能力的发现、激发、培养与使用,是人的能力的发挥与促进,包括教育、培养、升迁、发掘等	对从业人员的招聘、培训、上岗、使用、考评、调配、保障直至退休的管理,侧重于实务,着重于操作与应用
工作目的	发现未知的人力资源,创造新的人力资源	主要是充分利用已知的人力资源,维护好现有的人力资源

HRD 与 HRM 又是相互关联的。从实践的角度看,HRD 要求不断地改进现实中的 HRM 工作,HRM 要求以 HRD 为指导,有时候,HRD 与 HRM 互为目的与手段。HRD 的目的与价值要通过 HRM 来

落实、监控与实现,而 HRM 的工作需要 HRD 来指导与优化,以便不断改进 HRM 中的不足与缺点,合理配置和使用人力资源,充分发挥劳动者的积极性。从理论与发展趋势的角度来看,HRD 与 HRM 相互关联,相互促进,趋于融合。

参考美国华盛顿州立大学人力资源开发专家莱昂纳多·纳德勒对培训、教育与开发的解释,我们结合上述观点,进行了归纳(见表 1-6)。

表 1-6 培训、教育、开发与管理特点比较一览表

活动形式	活动目的	效用时间	财政理念	风险程度
培训	满足当前的工作需要	当前	短期投资	较低
教育	满足将来组织与个人的需要	不久的将来	中期投资	中等
开发	满足将来组织的需要	将来	长期投资	较高
管理	满足目前组织的需要	现在	消费	无

第三节 人力资源开发的类型、特点、作用与功能

本节主要讨论与回答 HRD 有哪些类型、具有什么特点、具有哪些作用与功能等问题。

一、人力资源开发的类型

人力资源开发的类型,可以划分成多种形式。

从时间上看,有前期开发、使用期开发与后期开发。所谓前期开发,是指人力资源形成期间与就业前的开发活动,包括家庭教育、学校教育、就业培训等;所谓使用期开发,是指人力资源使用过程中的开发活动,比如在职培训、职业生涯设计等;所谓后期开发,是指法定退休年龄后的人力资源开发活动。

从对象上划分,可划分为品德开发、潜能开发、技能开发、知识开发、体能开发、能力开发、智力开发、人才开发、管理者开发、技术人员开发、普通职员开发、新员工开发与老员工开发等。

从范围和空间上来看,可划分为行为开发、素质开发、个体开发、群体开发、组织开发、区域开发、社会开发、国际开发等不同形式。

所谓行为开发,即为改变某一种行为方式而进行的训练或激励活动。所谓素质开发,即为培养、提高与改进某一素质的教育、教学、培训、学习与管理活动。例如,不良遗传基因控制与改进,防止近亲结婚,提倡不同民族、不同种族的人通婚,接种疫苗,日本人通过改变饮食习惯使儿童普遍增加身高等,均属于身体素质开发的范畴。

所谓个体开发,是指从既定的个人特点出发,对其人力资源进行合理的使用、充分的发挥、科学的促进与最优的发展的活动。例如因材施教、人尽其才、才尽其用等,均体现了个体开发的思想。所谓群体开发,是指从既定的群体特点出发,采取优化组合、优势互补等人力资源配置手段进行结构上的调整,以达到群体人力资源结构优化、整体生产功能与生产力水平提高的目的的活动。所谓组织开发,即指在组织范围内所进行的一切人力资源开发的活动,其主要手段是文化建设、组织建设、制度建设与管理活动。

所谓区域开发,是指为提高一定区域内人力资源数量、质量与生产力而进行的活动,如西部人力资源开发、中部人力资源开发等。所谓社会开发,是指一个国家为提高其人力资源数量与功效而进行的活动,如中国的九年制义务教育、劳动人事制度、医疗卫生保障制度改革等。所谓国际开发,即指联合国或世界各国为全球经济发展有组织、有计划地进行的人力资源开发活动,如联合国开发计划署进行的人力资源开发活动等。

二、人力资源开发的特点

人力资源开发具有多方面的特点,下面就其主要特点进行阐述。

(一) 特定的目的性与效益中心性

无论哪一种类型的人力资源开发,都有其特定的目的。国际性的人力资源开发的目的是保持世界各国人力资源对整个世界经济发展与需要的持续促进作用。国家性的人力资源开发的目的是实现充分就业,高效合理利用现有人力资源,实现社会经济效益与社会稳定的最大化以及提高全民素质,提高健康卫生水平与文化教育水平,造就各种专业技术与创新性人才,促进国民经济的健康持续发展,提高国家竞争力。教育部门与学校的开发目的是面向当前及未来社会的需要,培养与提高学生的基础素质,使每个人的优势得到最大发展,每个人的缺点与不足得到有效控制与改进,成为自己满意与社会欢迎的各种人才。体育、卫生医疗部门与机构的开发目的是通过组织宣传动员与提供各种医疗保健服务,提供体育运动指导,增强人的身体素质,使人们具有旺盛的精力与健康的体质,使现有的人力资源得到顺利的发挥与进一步的发展。企事业组织开发的目的就是提高员工整体的生产力、竞争力,提高工作效率与效益,实现组织的经营目标和战略发展的目标。人力资源开发特定的目的性,最终都体现在为实现一定的经济目标与价值目标的服务性上,都是以经济效益、社会效益与政治效益获取为中心。总之,综合效益最大化是 HRD 追求的最终目的。

(二)长远的战略性

培训是实现开发目标的一种手段,是人力资源开发的一种方式,但培训本身绝不是人力资源开发。培训是针对现实工作需要而进行的活动。当人力资源开发方案实施到近期目标时,往往需要培训活动的支持。然而,当我们制订人力资源开发方案的时候,我们的目标一定是面向未来改革的需求,面向我们战略规划与发展的需要。如果人力资源开发缺乏战略眼光与战略措施,那么这样的人力资源开发活动是没有价值的。从这种意义上来说,人力资源开发是实现人力资源中长期规划的手段与途径。我国自加入 WTO 以来,迅速地全面融入世界经济之中,目前面临世界经济形势不稳定、"一带一路"建设等多重机遇与挑战,为了保证我国政治的稳定和经济的持续发展,我国必须制定切实可行的人力资源开发战略规划,并开展全方位的人力资源开发活动。

(三)基础的存在性

任何开发都是建立在一定的对象基础上的,毫无基础的对象是无法进行开发的。人力资源开发也不例外,它必须在开发的客体或对象具有一定的人力资源数量或质量时，才有可能对他们进行有效的开发，这时的开发才有意义。前期性人力资源开发的基础具有不明显性。例如，胎儿开发的生理基础是父母，中学生开发的基础是小学时期所形成的兴趣爱好、知识技能与思想品德，员工开发的基础是员工原有的知识、能力、经验、品性与职业性向等，老年人开发的基础是其在工作期间所积累的知识、经验、能力、品性与职业兴趣等。

（四）开发的系统性

人力资源本身就是一个系统，其中包括要素结构子系统、数量分布子系统、要素作用相互影响子系统、要素相互生存与发展子系统。就一个企业内人力资源系统来说，具有年龄结构子系统、学历结构子系统、职务职称结构子系统、性别结构子系统、工龄结构子系统、工资类别结构子系统、品性结构子系统。就个体内人力资源系统来说，有知识结构子系统、技能结构子系统、品性素质结构子系统、能力结构子系统，有岗位、部门、组织、家庭、社会环境活动子系统，还有素质横向结构平衡发展子系统。如果只是注意对其中一个子系统或子系统中某一个要素的开发，那么最后所取得的开发效果就十分有限。

例如，我们欲对某一科研人员的创新能力进行开发，应该首先对与创新能力有关的因素系统包括相关知识、相关方法、相关意识、相关障碍、相关品性素质与相关环境支持、相关条件支持进行分析，抓住其中的主导因素与子系统进行重点开发，同时对其他辅助系统进行全面性相关开发，这样我们对创新能力的开发才能取得明显的成效。当然这里有一个投入与产出的效益问题，需要具体情况具体分析。

因此，人力资源系统的特点决定了人力资源的开发活动必须具有系统性，否则将事倍功半，甚至劳而无功。

（五）主客体的双重性

除个体自我开发外，任何人力资源开发都具有主客体的双重性，这是人力资源开发区别于其他资源开发的重要特点之一。开发的主体是人或组织，开发的客体也是人或组织。在人力资源开发活动中，人力资源开发的客体具有主观能动性。开发主体的目的性，必须通过被开发客体的能动接受性,才能产生预期的效果。

人力资源开发主客体的双重性,决定了人力资源开发活动的复杂性,因此开发主体要注意与开发客体的相互沟通,在开发目的、开发计划与开发措施上达成共识,不能进行强制性开发,要激发开发客体在人力资源开发活动中的积极性,发挥其主观能动性,达到开发主体与客体双赢的目的。

(六)开发的动态性

人力资源开发客体的主观能动性、开发过程的长期性以及开发活动本身的复杂性,决定了人力资源开发必须具有动态性。人力资源开发必须根据开发过程中出现的各种不确定因素及其变化,不断调整开发的阶段性目标、内容与措施。根据人力资源个体的差异性,采取不同的开发方式与方法;根据开发取得的阶段性成果与发现的问题,调整与优化下一阶段的开发计划与方案。由于人力资源具有可塑性,不进则退,因此人力资源开发还必须具有持续性与一致性。

三、人力资源开发的价值与作用

所谓价值,从哲学的角度看,是现实的人同满足其某种需要的客体属性之间的一种关系。价值同人的需要有关,但它不是由人的需要决定的。价值有其客观基础,这种客观基础就是各种物质的、精神的现象所固有的属性,但价值不单是这种属性的反映,而是标志着这种属性对个人、阶级和社会的一种积极意义,即满足人们对某种属性的需要,成为人们的兴趣和目的所追求的对象。

那么,什么是人力资源开发的价值呢?人力资源开发的价值就是它对人、对组织与对社会的功能。首先,人力资源开发具有提高人的素质、改变人的能力与引导人的期望和需要的作用。这种作用是人力资源开发的本质属性,是客观的。其次,人力资源开发能满足个人自我发展、自身修养、适应社会生活、获取社会职业的需要。最后,人力资源开发能够促进社会生产、发展社会经济、巩固社会政治、传播组织文化等。这些功能对组织来说,表现为以下几方面的具体作用。

（一）有助于人力资源管理战略性的转变

在现代化的组织中，人力资源的管理已由过去的事务性管理上升为战略性管理。人力资源管理人员不仅要参与组织战略目标的制定，更重要的是要保证人力资源能够满足未来战略发展目标实现的需求，因此人力资源管理部门及其人员必须通过人力资源开发工作来满足这一战略目标的要求。组织战略决策对人力资源管理和开发活动的要求如表1-7所示。

表1-7 组织战略决策对人力资源管理和开发活动的要求

组织战略决策	相应的人力资源管理和开发活动
设立分公司	招聘新员工 选拔管理人员，确定其待遇 组织员工岗前培训 根据人力状况，提出新公司发展方向的建议
添置新设备	组织员工技术培训 根据技术人员的专长，任用新设备技术负责人
开辟新市场	选聘新市场的营销人员，确定其待遇 根据营销人员市场供求状况，对新市场的营销手段提出建议
开发新产品	选聘新产品的开发人员 组织新产品生产的技术培训 选聘新产品的营销人员 根据新产品所涉及人员的供求状况，提出具体开发建议
采用降低成本的竞争战略	调整奖酬制度 向员工解释采取新措施的原因 开展技术培训，使员工掌握节料、节能、增效的新技术

（二）有助于现代市场经济条件下组织在竞争中取胜

现代市场经济的特点是自由公平的竞争。组织之间的竞争，表面看是产品与服务质量的竞争，是组织物力、财力及综合实力的竞争，实际上是员工实力的竞争。目前企业之间竞争力的比较，不是看经营的规模，不是看现有多少厂房设备等固定资产，也不是看有多少先进技术与设备，而是看实际产品中的高新技术含量，看其中人力资本的附加值。因此，组织之间的竞争，实际上是人才的竞争。众所周知,从一般的人转变为人才,需要经过人力资源的开发。具体模式如图 1-1 所示。

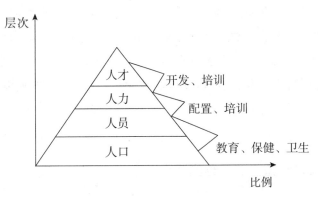

图 1-1 人口、人员、人力、人才转化发展示意图

在一个组织中,无论是取得了一定成就的显性人才,还是尚未取得成就的一般人才,都需要对他们进行持续不断的人力资源开发。一方面要保持显性人才资源的优势,另一方面要增强潜在人才的开发力度,从一般人力资源中开发出大量的人才资源。有一位企业家说过:"毁掉我一个钢铁公司无所谓,只要我拥有原公司的人员,我还可以再造一个更好的钢铁公司。"因此,从一定意义上来说,组织之间人才实力的竞争,实际上是组织内部人力资源开发水平的竞争。谁的人力资源开发水平高,谁的产品技术含量高、更新换代快,谁就能够在激烈的市场竞争中占据优势;谁不进行人力资源开发,墨守成规,陶醉在已有的成绩之中,凝结在产品中的知识技术就会越来越陈旧,最终就会在激烈的市场竞争中被淘汰。

(三) 有助于知识经济条件下组织的发展

在自然经济与农业经济时代,由于生产力水平低,社会经济的增长更多地依赖于劳动力的多寡和自然资源的丰歉。在 20 世纪 50 年代以前的工业时代,社会经济的增长主要取决于自然矿产资源的占有和配置。20 世纪 60 年代以后,随着高新技术的发展,社会经济的发展越来越多地依靠知识产业。最近十年,西方发达国家高新技术在制造业和出口中所占的份额已达 20% 以上。知识密集的服务业包括教育、通信、信息等行业中高新技术的比重更大。专家们预言,随着全球信息高速公路的全面开通,技术知识对经济增长的贡献,将由

20世纪初的5%提高到90%。美国哈佛大学教授罗伯特·巴罗(Robert Barro)认为,影响不同国家经济增长率差异的主要因素,并不是自然资源与物质资本,而是各自所拥有的人力资源数量与质量。妨碍穷国赶不上富国的原因,主要是缺乏高质量的人力资源,是人才与知识的不足,而不是缺乏有形资本。不同国家的经济发展差异,取决于所拥有的人力资源及其发展的水平。一个组织能否发展以及发展到什么水平,完全取决于它所拥有的人力资源水平及其开发的水平。

(四)有助于转型时期人力资源管理战略的实现

现代社会生产力的发展,强调以知识与信息为基础,这就赋予了员工不断发展的使命,员工只有掌握新知识、新技术,才能成为生产力中最为积极、最为活跃的因素。如果员工没有及时掌握现代科技知识与生产技能,就不可能在生产力系统中发挥能动性与主动性,也就不能提高劳动生产率。从这个意义上说,只有高水平的人力资源开发系统才能保持组织员工的高生产力水平。

随着高新技术革命的深入发展,知识更新的速度越来越快。自然科学、社会科学及其分支学科纵横交错,边缘学科林立,纳米技术、计算机网络技术、生命科学技术、空间技术等前沿学科已广泛渗入到生活与工作的各个领域,员工的知识技能需要不断更新与开发。这个时代,一方面要求员工思维系统化、知识全面化、交流立体网络化,成为复合型的"通才";另一方面又要求员工成为自己领域与业务中的专才与特才,能够独当一面,解决专业技术中的难题。因此,要求每个员工的知识技能都是"T"型结构。这就要求我们对每个员工进行经常性的人力资源开发。

随着高新技术的迅猛发展,新技术转化为现实生产力的周期日趋缩短,产业结构发生了根本性的变化,正如邓小平同志所指出的,"随着现代科学技术的发展,随着四个现代化的进展,……直接从事生产的劳动者会不断减少,体力劳动会不断减少,脑力劳动会不断增加,并且,越来越要求有更多的人从事科学研究工作,造就更宏大的科学技术队伍"①。据美国企业调查统计,近30年来普通工人在企业员工中所占的比例已经从33%降到了17%,到2020年将不到2%,到2025年普通工人将全部退出并被知识型员工所替代。同时,美国近些年来数以万计的新就业者中,知识型员工占到了90%。目前,世界各国正处于产业结构大调整、企业人员大流动、岗位人员大变动的时代,亟待加大人力资源开发的力度,以帮助下岗、转岗的员工以及转产调整的企业尽快适应市场结构的变化。

四、人力资源开发的基本功能

(一)政治功能

提高人口质量、控制人口数量是我国改革开放后人力资源开发的基本国策。目前,总人口的增长速度得到了有效控制。但由此也带来了中国人口老龄化的快速增加,劳动适龄人口连续减少,有关报告认为,年轻劳动力为主的年龄结构已不复存在。② 随着"人口红利"的枯竭,工作重心要逐渐从依靠低成本劳动力的"人口红利"转向依靠高素质创新人才的"人才红利"③。人才的开发与培养、人口质量的提高都急需人力资源开发由粗放型向集约型转变。

再就业培训工程是我国自1995年以来对下岗人员实行的人力资源开发政策。由于国家一方面促进下岗、转岗人员进行再就业,另一方面开拓了多元化的就业格局,因此,据不完全统计表明,在国有经济单位新就业者的比重,从1995年的36.1%下降为2015年的10%左右,而在其他经济单位与个体组织中的新就业者,却从40%上升到90%。这些人力资源开发策略有效地化解了社会矛盾,减轻了就业压力,有力地保证了社会的安定。

---

① 《邓小平文选》第2卷,人民出版社1983年版,第89页。
② 蔡禾主编:《中国劳动力动态调查:2015年报告》,社会科学文献出版社2015年版。
③ 人才红利是指因人才的规模增长及其充分利用所产生的超过数量简单劳动力投入所获得的经济收益。

（二）经济功能

搞好人力资源开发工作，可以为社会经济的协调发展提供最基本的保证。对于一个国家来说，提高人力资源的整体素质，是促进经济发展和社会进步的重要措施。对于一个企业组织来说，能否搞好人力资源开发工作，关系到整个组织的生存与发展。如果人力资源开发工作做好了，就可以使员工增强主体意识，使员工由被动和自我贬抑的观念，转向自主、自信、自强的主体观念，增强市场调节的意识，让自我的价值与利益关系通过市场运行来实现，通过平等竞争来实现，积极主动地在岗位工作中实现自身价值，创造社会财富。

学校教育可以使人口转变为可能的劳动力，在职培训可以使可能的劳动力转变为现实的劳动力，而提高性的培训与开发可以使现实的劳动力保持并发展其现有的劳动能力。联合国教科文组织的研究结果表明，劳动生产率与劳动者的文化程度具有高度正相关关系。与文盲相比，小学毕业生可提高43%的生产率，初中毕业生可提高108%的生产率，大学毕业生可以提高300%的生产率。因此，包括教育、培训在内的人力资源开发系统，具有显著的经济功能。

（三）发展功能

人力资源开发具有促进组织发展与社会经济可持续性发展的作用。具体表现为以下几个方面。

1. 人力资源开发是协调人口与资源关系的重要措施，是改善人口与生态环境关系的根本，对于中国未来的发展具有十分重要的意义

首先，人力资源开发有利于提高自然资源的利用率。由于我国人口基数过大，人均自然资源短缺的现象势必长期存在，因此，我们一方面要提高资源利用率，节省资源，另一方面要使资源利用的规模由粗放型转变为集约型，减少不必要的开发。我国自然资源的浪费现象比较严重。据有关资料显示，我国2014年的能源利用率约为36.3%，比发达国家低10%，产品消耗与国际先进水平差距较大。造成这种问题的主要原因之一，就是人力资源质量相对落后，人力资源开发水平低下、技术水平较差。因此,开发人力资源、提高劳动者素质、普及与推广科学技术,对于提高自然资源的利用率具有重要意义。

其次,人力资源开发有助于以人力资源替代自然资源的不足与贫乏。例如,日本与新加坡主要是通过人力资源开发,提高劳动者的科学技术素质,通过出口消耗自然资源少、高附加值的新技术产品赚取大量外汇,然后购买其所需要的自然资源。显然,通过 HRD,人力资源弥补了自然资源的不足。

最后,人力资源开发后的物化高新技术,可以实现自然资源之间的相互转化,解决稀缺的自然资源问题。例如,细胞工程技术的开发使得日益短缺的粮食问题得到了彻底改变,核能技术的开发使热能资源的短缺得到彻底解决,再生资源技术大大提高了自然资源的利用率。

2. 人力资源开发是促进经济与社会发展的决定性因素

一方面,人力资源可以造就一大批高素质的科技人员队伍,促进科学技术水平的提高与普及,促进社会生产力的发展;另一方面,人力资源开发推动科技水平的发展,科技水平的发展又将成功地推动社会产业结构的变化。18 世纪下半叶、19 世纪末与 20 世纪中叶所爆发的产业革命,都是科学技术革命的结果,都是物化的人力资源开发的成果。只有培养了更多、更好的科技与管理人才,才能推动科技的发展,促进产业结构的变化。然而产业结构变化与调整之后,又需要通过人力资源开发帮助人们去适应这种新变化。目前,我国劳动者素质低下是制约我国产业结构向多元化与高效化发展的"素质屏障",要消除这一屏障,也只有依靠对人力资源的开发。

3. 人力资源开发能为社会经济的持续发展奠定一个良好的基础

人力资源开发既可以提高人力素质与能力,又可以提高国民的收入水平、消费水平与消费需求。目前,我国经济发展过程中所出现的劳动生产率低、资源消耗大、经营质量不高等问题,究其深层的原因,都是劳动者素质差、人力资源开发不到位所造成的。因此,要想实现社会经济的可持续发展,加强人力资源开发是根本。

第四节　人力资源开发的对象与内容

由于对人力资源开发的不同理解,关于其内容,人们有着不同的解释。

国际劳工组织认为,人力资源开发应该针对职业技术教育和就业培训,以增强自谋职业的能力,并消除可以避免的结构性失业。

联合国教科文组织认为,人力资源开发主要针对人的能力与潜能的开发,包括四个方面:(1)健康,即身体健康和心理健康;(2)生存,即防御和保护自己;(3)自主,即选择的能力,没有依靠性,不受压抑;(4)个性,即与他人进行沟通的能力,适应社会环境的能力等。

联合国经社理事会认为,人力资源开发主要针对就业与劳动力开发、科学与技术发展、生活质量改善三个主要范畴。

笔者认为,人力资源包括社会、组织、群体与个体的人力资源,其开发的对象主要是身体健康素质、文化科技素质、思想道德素质、职业技能素质、潜能开发方面的素质等。

身体健康素质开发方面的内容包括遗传基因、医疗卫生、营养保健、生理机制、神经系统等。身体健康素质表现为一个人的寿命、力量强度、耐久力、反应速度(指人体对刺激发生反应的快慢)、动作速度(完成单个动作时间的快慢)、位移速度、灵敏性(受到刺激后迅速行动的反应能力)、柔韧性、精力和生命力的各项活动行为。身体健康素质是人力资源系统的客观基础。

文化科技素质开发方面的内容包括学科知识水平、生产知识水平、管理知识水平、社会知识水平、生活知识水平、科技知识水平、文化知识水平、外语知识水平等。文化科技素质既可以通过学校教育获得,也可以通过家庭、社会活动、工作实践与自我学习和观察获得。

思想道德素质开发方面的内容包括思想素质、品德素质、道德素质和政治素质等。这些素质对其他素质具有整合与统领的作用,主要通过学校教育、家庭教育、自我教育与交往活动获得。

职业技能素质开发方面的内容,按不同标准划分,可包括专门的生产知识、生产操作方法和工作技巧、职业规范与准则,也可包括就

第一章 人力资源开发概述

业前的职业能力开发与就业后的职业能力开发。

关于潜能开发，心理分析学派主要从潜意识角度研究潜能，包括潜在动机分析与开发、潜在经验分析与开发、潜在知识分析与开发、潜在背景分析与开发、潜在欲望和需求的分析与开发等。

本章小结

本章主要概括地介绍了人力资源开发的必要性、基本概念、类型、特点、作用与功能，以及人力资源开发的研究对象与内容，由此使大家对人力资源开发有一个全面性的认识。

首先，本章分析了 HRD 的必要性。20 世纪 60 年代以后，人们通过对各国经济发展的历史经验的总结得出结论：经济要发展，人力资源开发应先行。中国作为一个人口大国，走可持续发展道路，必须先走人力资源开发之路。知识经济时代的到来，决定了人力资源开发必将成为最重要的发展产业与最有效益的事业。互联网时代带来的诸多变革对人力资源开发提出了新的要求。

其次，本章阐述了 HRD 的一些基本概念。通过对现有的关于 HRD 观点的比较与分析，本书将 HRD 定义为：开发者通过学习、教育、培训、管理等有效方法，为实现一定的经济目标与发展战略，对既定的人力资源进行利用、塑造、改造与发展的活动。在这一定义的基础上，分别从活动目的、效用时间、财政理念、风险程度四个方面，将 HRD 与培训、教育、学习、HRM 进行了区分，并重点分析了 HRD 与 HRM 的区别与联系。

再次，本章详细论述了 HRD 的类型、特点、作用与功能。从时间、对象、空间形式等角度，将 HRD 划分成了多种形式。HRD 具有特定的目的性与效益中心性、长远的战略性、基础的存在性、开发的系统性、主客体的双重性和开发的动态性等特点。HRD 有助于人力资源管理战略性的转变，有助于现代市场经济条件下组织在竞争中取胜，有助于知识经济条件下组织的发展，有助于转型时期人力资源管理战略的实现。HRD 的功能包括政治功能、经济功能和发展功能。

最后，本章介绍了 HRD 的对象与内容。人力资源开发的对象主要是身体健康素质、文化科技素质、思想道德素质、职业技能素质、潜能开发方面的素质等。

▶▶ 复习思考题

1. 试述中国进行 HRD 的现实性和重要意义。
2. 试分析比较 HRD 的各种观点。
3. 分析比较 HRD 与培训、教育、学习及 HRM 的概念及各自的特点,并分析有何异同之处。
4. HRD 对组织的管理有什么重要的价值和作用?
5. 从经济学角度来看,HRD 有什么重要的价值和作用?
6. 试分析比较 HRD 的对象与内容。

▶▶ 案例与分析

奇瑞公司人才开发战略思考[①]

奇瑞汽车股份有限公司于 1997 年 1 月 8 日正式成立,其前身为安徽汽车零部件工业公司,经过多年发展,奇瑞汽车公司已经逐步走上国际化道路,为了适应企业发展,奇瑞在其发展过程中非常重视人才引进和人才使用工作,有许多独到之处,并取得了较好的成效。

一、人才开发的现状

1. 从招聘入手,严把入门关

奇瑞是白手起家,而汽车制造业又是技术密集型行业,需要大量专业技术人才。创业之初,第一任董事长詹夏来为奇瑞定下的发展哲学就是"拿来主义",缺什么人就招什么人。他们从招聘入手,严把入门关,到处招兵买马,广泛向社会公开招聘、择优录取。一方面,通过从社会上引进一大批有经验、有能力的人才,形成骨干力量和学科带头人,尽可能招收素质较高的员工,同时吸收一批刚毕业的大专院校的学生,然后进行进一步的培训、开发,形成老、中、青相结合,有特色、高素质的人才梯队。

---

① 资料来源:朱吉玉:《中国民族汽车企业实施人才开发战略的思考——以奇瑞公司为例》,《长春理工大学学报(社会科学版)》2013 年第 7 期,内容有删减。

2. 寻求多层次联合开发

奇瑞公司人才开发的第二招就是寻求联合开发。国外有很多大大小小的汽车设计公司,奇瑞充分利用这些力量来为自己迅速开发实用人才。奇瑞现在已与欧美12家世界一流的轿车研发机构建立了合作关系,有近百名奇瑞的客户人员常年在德国、奥地利、意大利和日本等国家的汽车研发部门工作。除了和国外企业联合开发,近年来,奇瑞还与国内高校之间进行合作、交流,联合开发。如今,奇瑞已经同国内近100所高校和近200家中等职业学校保持常年合作,所培养的人才已成为奇瑞加快科技创新、推动企业快速发展的不竭的动力,而学生也通过锻炼从书本走向了社会,学校为社会培养了"实用之才",形成学校与企业之间的良性循环。

3. 加强培训,成立奇瑞大学

随着奇瑞的进一步发展,奇瑞的人才战略也在改变,从最初的四处挖人,到现在开始下大力气培养员工,加大对现有人才的培养。为了降低培训成本、提高培训效益,根据奇瑞的实际需要,提供有针对的系统培训。奇瑞于2006年2月4日成立奇瑞大学,重点在于开发内部的人力资源,专门负责对奇瑞本部的12个职能部门、27个分公司和10个子公司的员工进行分阶段培训。

4. 创造让人脱颖而出的环境

首先,奇瑞公司注重营造让人脱颖而出的环境。奇瑞提出的人才观是"人人都是人才,人人都受尊重"。董事长尹同耀说:"我们重在实践,重在能力,只要想干,就给你展示的平台;只要有能力,就用你所长;只要出成果,你就拥有相应的优厚待遇。"其次,奇瑞公司注重企业文化建设。针对年轻员工多的现状,加强对青年职工的爱国思想教育,激发青年人的爱国热情。并且通过各种活动,建立学习型组织,增强员工对企业文化和企业价值观的认同感,提高了企业文化的凝聚力和向心力,为奇瑞公司走自主创新的发展之路,提供了强大的人才支撑。

二、人才开发存在的问题

1. 人才开发战略观念淡薄

奇瑞公司虽然很早就认识到人才、人力资源的重要性,但始终停在实用主义、拿来主义的阶段。企业高层领导没有树立人才开发的战略观念。重引进轻开发，重使用轻培养，和其他中国企业一样，"一手硬，一手软"，即抓技术开发、产品服务硬，抓人才开发和培养软。

2. 人才开发缺乏战略规划

奇瑞的人才管理缺乏系统性，人才开发也处于低水平，没有清晰的战略规划，工作流程也不科学，奇瑞发展到15年后的今天，规模已经跻身国内行业前四强，竟然没有成型的人才经营脉络，始终处于尝试阶段，没有自己的人才开发计划，这不能不说是一个危险的信号，是到了非改不可的时候了。人才开发绝不是一个简单的培训问题，而是一个系统问题，要有长期的战略规划，不能想到哪干到哪。

3. 未树立战略的人才培养理念

奇瑞公司与其他国有企业一样，虽然比较重视员工的培训工作，还设有专门的培训中心——奇瑞大学，但培训工作简单、落后，主要表现在以下几个方面。

(1) 没有树立科学的与组织战略相结合的培训理念。培训是一种"投资"行为，只有与组织的战略目标紧密联系，才能持久推进改善绩效与发展企业竞争力。培训应兼顾现实与未来，保持培训的持续性、超前性与后延性，奇瑞公司仅仅着眼于企业的短期培训，没有与企业的长期发展目标联系起来。

(2) 培训质量不高、手段缺乏创新。奇瑞汽车的培训方式较为单一，培训模式主要是"教师讲、学员听、考试测"的三段模式，传统的"填鸭式"教育仍是主要方法，重讲不重练，缺乏培训双方的交流与沟通。总之，培训质量不高、培训方式不灵活、手段缺乏创新是奇瑞目前存在的问题之一。

(3) 培训投入较少、师资少。奇瑞大学目前管理人员和专职教师只有几十人，培训费用每年不过1000万，这个规模远远不能满足奇瑞2.5万人员的培训任务，与企业规模和发展需要很不相称。

4. 人才职业发展规划不完善

目前奇瑞公司的员工职业生涯规划基本是空白，只是重视少数上层管理人员和"海归"的职业发展，而对绝大多数员工的职业发展没有给予应有的关注，更谈不上完整的、长期的计划。

5. 企业文化建设不够系统

奇瑞虽然比较注意企业文化建设，但重视不够，缺乏系统性、先进性。比如奇瑞高层的许多"海归",在和奇瑞度过"蜜月期"后由于"水土不服"而选择离开。问题的关键是企业文化不厚重,没有一个成熟的人才、人力资源的整体思想。从目前看,奇瑞的企业文化建设是比较肤浅和低层次的。企业文化的宣传力度还远远不够,与国内外大型企业的文化宣传理念相差甚远。

▶▶ 案例分析题

1. 奇瑞公司所采取的人力资源开发措施有哪些?
2. 如何解决奇瑞公司面临的人才开发问题?

第二章

人力资源开发的发展与趋势

本章学习目标提示

- 了解人力资源开发的发展历程,明确培训与教育在人力资源开发中的重要作用
- 了解人力资源开发的发展趋势,明确人力资源开发在新环境中扮演的新角色和发展的新方向
- 树立与时俱进的观念,能够以动态的眼光看待人力资源开发

这一章主要介绍HRD的发展历程、面临的新环境以及在新环境下的新方向和新角色。了解与掌握人力资源开发的基本历史与发展趋势,对于人力资源专业的学生来说至关重要。

【引例】

日本老年人力资源开发实践①

近年来,在号称世界"长寿之国"的日本,"少子高龄化"的现象愈演愈烈,引起了各界广泛讨论这一社会问题。"少子高龄"是指婴儿出生率降低,老年人口占总人口的比重不断增加。为应对这种情

---

① 资料来源:宋强、祁岩:《日本老年人力资源开发实践及启示》,《中国人力资源开发》2013年第19期,第83—87页,内容有删减。

况,社会体制的改革变得非常必要。其中老年人的就业就是一个重要的问题,而妥善解决这一问题,需要日本政府、企业以及个人的积极参与。对于劳动人口极其不足的日本来说,如何将老年人转化为老年人力资源,显然是日本政府和国民亟待解决的重大课题。

一、日本政府的举措

1. 国家立法

日本政府1963年制定了《老人福利法》,1982年出台了《老人保健法》,1986年开始实施《年金修改法》。这标志着日本保障体系的全部内容已经完成。1986年日本内阁颁布了《长寿社会对策大纲》;1988年公布《实现老龄福利社会措施的原则和目标》;1989年12月制定了"高年龄者保健福利十年战略";1992年,根据修改后的《老人保健法》,制定了"老年人家访看护"制度。1986年的《长寿社会对策大纲》强调:"为了充分发挥人们一生中形成的各种能力和创造性,我们提倡老年人就业和参加各种社会活动。"日本政府内阁会议批准的2001年版《老龄社会白皮书》显示,日本65岁及以上老龄人口占总人口的17.3%,预计2020年将增加到3333万,占总人口的25%。为了缓解未来社会保障开支的增加,《老龄社会白皮书》建议为老年人自立创造条件,扩大老年人的就业机会。

2. 政策支持

日本政府设立了许多老年人才中心,从老年人的特点出发,为老年人介绍工作,如 Hello Work 等。老年人才中心专门为他们介绍临时性、短期性、简单的工作。为积极推动老年人就业,日本政府对试用、录用老年人的企业,给予支持和帮助,发给"继续雇佣奖金",1980年开始在少数企业实施,之后逐步扩大实施范围。政府规定,每雇佣一名老年人,对企业每年发放(或减税)15万日元的积蓄雇佣奖金。对临时或短期雇佣者,也给予一定补助。在日本,对雇佣老年职工的雇主,政府除了给予补贴以外,还额外发放贷款。这些都是针对老年人就业管理制度和扩大工作领域的重要举措。

3. 鼓励老年创业

为积极推动老年就业,日本政府对使用、录用老年的企业,给予支持和帮助,并发放老年创业补助金。假如中老年人(45岁以上)凭借其工作经验开拓新的事业,不断地创造新的就业机会,政府就会发给他们补助金。因为他们不仅为自己创造了工作机会,也促成了产业的发展,应该得到奖励和支持。

4. 延长退休年龄

在二战后的30多年里,日本公司职员的法定退休年龄为50.55岁。从20世纪70年代起,日本政府将法定的退休年龄延长至60岁。为了保证经济持续、稳定的增长,能够使老年人更加有效地发挥其能力,创造良好的雇佣和就业环境,日本政府从1998年4月开始将60岁退休义务化。截至1997年,日本企业有90%采用了60岁退休制。到1999年1月,在21%的企业老年人可以继续工作到65岁。有条件的脑力劳动者可延长到70岁,目的在于充分发挥老年人的技术、知识和经验。

二、日本企业界的举措

1. 雇佣形态及工作时间

企业从雇佣形态、工作时间、工作内容和工作环境等方面积极开发老年人力资源。如日本企业为积极推动老年人就业、配合他们的实际状况,确定了正社员制度、契约社员和小时工等多种雇佣形态。企业与老年人达成共识,确定雇佣形态后,即可签署合同。合同约定正社员与其他员工一样出勤,契约员工和小时工则可以自主选择出勤时间和出勤天数。这样既能配合老年人的实际状况,又能实现企业灵活用人的现实需要。此外,还有企业特别安排老年员工在周末或节假日工作,以此与其他员工形成互补,从而使企业365天无停工成为可能。

2. 工作内容

虽然多数日本企业积极配合政府推动老年人就业,但并非所有企业都能为再就业的老年人提供理想的工作机会。大多数企业都是在克服经费开支、新人发展等困难后,才能去讨论老年人雇佣。所以,即使许多老年人以前担任技术骨干、部门主管,企业亦将其派到基层部门去工作。部分企业探索出有效利用老年员工的方法。如日本最著名的老年员工活用企业——加藤制造所,聘用了许多在该公司工作过的老年员工,将其安排在制造、品质管理、财务和产品开发等部门。该企业几乎所有部门内都有老年员工的身影。之所以如此,一是要这些老年员工指导和培训新人;二是希望他们发挥丰富的工作经验,监督各部门的管理工作细节。这样既节省了教育培训经费,也减少了企业管理中的纰漏。

3. 工作环境

随着老年人就业的不断普及,许多企业都在为老年人创造舒适的工作环境而努力。由于年龄的增长,老年人的体力、视力等都在下降。因此,改善企业内照明设施,将重物搬运转换为轻物搬运(例如,水泥行业为方便瓦匠和木工,将水泥袋装的重量规格从50公斤减少到40公斤)、人力搬运转换为机械搬运等一系列工作环境的改善变得非常必要。此外,有部分行业和许多企业为了雇佣老年人,如出租车行业,除了对岗位技能的掌握,对城市的地理环境、道路状况、街道门牌号的了解以外,增加了对工作经验的要求,无形中为老年人提供更多的机会。如日本的出租车司机大部分都是60岁以上的老人。为了让员工尽早为60岁以后的工作、生活做好准备,企业还会为接近50岁的员工提供第二次职业生涯培训。培训主要帮助他们了解再就业的工作内容、健康、退休金等事宜。

面对"老龄化"产生的新问题——劳动力不足情况下,如何将老年人口变成老年人力资源,日本政府和企业均积极进行老年HRD实践,以充分利用资源。

第一节 人力资源开发的发展历程

人力资源开发是一个相对较新的术语,直到20世纪80年代才开始广泛使用。早期的人力资源开发是以对员工各种各样的教育、培训以及组织与个人的发展为基础。人力资源开发活动自人类社会诞生以来就以各种形式产生、延续和发展,贯穿着人力资源开发学科发展的历史。学习与培训活动自古以来就与劳动相伴随,并随着劳动复杂程度的提高和形式的变化而不断发展。人力资源开发在人类社会发展历史中大体可以分为以下几个阶段。

一、原始社会简单的模仿和学习

生存的压力迫使人类祖先不断发展,他们开始使用最简单的形式进行培训。原始社会的教育和培训局限于家庭和部落,表现为非正式、混乱无序的教育形式——孩子们对先辈无意识的模仿。这种模仿使他们适应所生活的自然和社会,生命得以延续和发展。

人类使用火和工具的阶段,也是人类开始从事手工业和家庭式劳动的阶段。这个时期,工具的制作和使用,促使分工和合作的产生,人类个体之间在劳动中建立了相互依存的关系。同时,产生了一种新的教育和培训形式,即有意识的模仿。为了将一门技艺传承下去,必须由一个人向另一个人所提供的范例进行技艺的精确复制和模仿。当然这种模仿是不成理论体系的,是非理性的,因此这种教育培训处于很原始的阶段。正如戴维森(Davidson)所指出的:"人类文明的进步部分地归功于提供使用工具和发展合作来保持力量,而要做到这些,就需要越来越多的教育。"

二、古代的学徒制及早期的教育

人力资源开发的真正起源可以追溯到古代的学徒制。学徒式的培训在古希腊文明发展中起着重要的作用,古罗马人也是通过家庭的学徒制传承劳作技艺。中世纪,修道院对教育与培训的发展产生了关键的作用,由于手艺和行业越来越专门化,学徒制逐渐成为人与人之间传递应用性技能的形式。早期的美洲殖民者把英格兰的学徒制带到了北美,学徒制成为培训新公民和归化新移民的主要手段。随着雇佣关系的出现和发展,学徒制也日渐成熟。在学徒期,学徒向他们的师傅学习手艺,只拿很少的工资或根本不拿工资。后来学徒制突破了手工行业的限制,扩展到医生、教师、律师、船员等职业领域,成为一种早期的师傅带徒弟式培训模式。随着时代的进步,这种模式越来越正规化,现代企业又重新看重这种培训的优点,在一些新型培训方式和培训组织中都能看到这种模式的回归。

第二章 人力资源开发的发展与趋势

【阅读材料】

"1加1为何大于2"
——企业新型学徒制使华晨汽车集团释放新活力①

2015年9月,按照国家和辽宁省文件精神,华晨汽车集团结合自身行业特点,积极与辽宁丰田金杯技师学院合作,共同争取到企业新型学徒制培训试点单位资格,并按试点工作的要求,认真抓好各项工作的落实。

该集团深入旗下公司的培训部门和一线岗位进行调研摸底,全面了解岗位和技能需求情况,掌握一线员工招录和调整情况。经综合分析决策,该集团选择了汽车总装、机电维修、焊接技术作为培训工种,确定了100名企业员工作为中级工和高级工培训对象。

集团与学校的培训部门对培训内容进行精心设计,在安排授课导师、选择培训地点、设计培训内容、选取培训方法、实施培训时间等方面进行统筹安排,制订具体培训实施方案。在课程的设计上,他们坚持以培养员工职业能力为本位,着力培养员工岗位创造能力、独立工作能力、部门协调能力、遇事应变能力、挫折承受能力、综合职业能力。

新型学徒制培训采用"工学交替、学做一体"的人才培养新模式,对企业和学校来说都是一种新尝试,选择好培训教师是重要环节。为此,学校挑选在理论教学和实训教学、基础技能培训和专业提升培训等方面有丰富经验的骨干教员,集团从优秀人才库中挑选部分专项能力突出的高技能人才,担任培训导师;并依据培训内容、培训时间的变化,立足培训的实效性,选择更合适的教师进行授课。

集团与学校认真按照培训方案严格实施培训,实行登记考勤制度,并随时接受市人社局的监督与检查。针对参加培训员工实行的是三班制和两班制生产模式,在培训过程中,企业注重增强课程灵活性,培训时间按照企业生产安排进行弹性教学,需要到学校上课时采取集中授课,在企业授课时主要以分组分班的形式进行。培训管理部门对培训内容、培训时间、培训质量严格把关,学员考核按照培训

---

① 资料来源:华宣:《"1加1为何大于2"——企业新型学徒制使华晨汽车集团释放新活力》,《中国劳动保障报》2016年10月19日,第4版。

课时进行学分累加,所以很多学员经常是从车间直接走进课堂。

在校企合作过程中,企业和学校精心完善培训制度。集团在开展企业新型学徒制培训中,把培训方案结合到职业能力提升上来,注重知识和技能的结合度,突出学员职业能力训练,综合开发学员的职业能力,强化学员创新能力的培养,逐步形成模块化培训体系。

"企业新型学徒制培训工作由政府、企业、学校三方共同完成,政府的组织监督、企业的积极参与、学校的灵活施教都是关键,三方的作用缺一不可,而获得利益最大的是企业,有利于发挥企业的培训主体作用,有利于提高企业职工的技能水平和就业稳定性,推进企业转型和升级。通过这种适合的培训形式,企业不仅享受到了政府改革的成果,更推动了企业技能人才的培养,实现了'1+1>2'的效果。"华晨汽车集团相关负责人表示。

经过一年的试点工作,华晨集团新型学徒制培训试点工作基本完成。下一步,华晨汽车集团负责人表示,该集团将进一步完善培训前期学徒资格选拔制度、学徒培训效果评价制度,不断完善参训学徒学技能的激励制度,为东北老工业基地振兴战略实施和自主品牌汽车行业的发展培养更多适应新时期装备的制造业人才。

三、早期的职业教育与企业学校

18世纪中期,工业革命到来,机器的发明和使用引起工作方式的巨大改变,传统的学徒制已不适应工厂中机械化的工作流程,也不能满足工业扩张中急剧增长的对工人的需求。时代要求以不同的方式培训工人,19世纪后期,曾经风行一时的学徒制开始衰落。

为了适应对新型工人的需求,18世纪的美国参照英国行会体制成立了许多技术协会,技术协会又创办了私立技术培训学校,除教授该行业技术外,也教授阅读、英语、数学和其他科目。然而,这种教育模式还是无法适应迅速扩张的工业社会,许多公司为了尽快获得所需要的高质量工人,开办了许多技术培训学校,为本公司培训专门人才。

1872年第一个有文件记载的工厂学校在美国厚和公司成立。工厂学校更倾向于要求工人在短期内掌握完成某项特定工作所需要的技术。随着企业培训的普及,培训活动越来越专业化。另外,政府

第二章 人力资源开发的发展与趋势

也逐渐重视职业教育的作用。1917年,美国通过了《史密斯-休斯法案》,认可了职业教育的作用,同意建立用于农业贸易、经济发展、工业和教学等培训项目的基金。

【阅读材料】

中国企业大学发展趋势①

自从美国摩托罗拉公司1993年在中国建立第一所企业大学,把企业大学的概念引入中国,至今中国企业大学发展已经有20年历史。企业大学常常被认为是为企业孕育专家的摇篮,亦是源源不断产生最新商业理念的发源地。很多企业建立企业大学是基于它能够为企业培养领导者,同时又能为企业注入新的思想和理念。

一、我国企业大学的发展现状

目前国内的企业大学主要是跨国公司的企业大学和国内本土企业大学。中国科学技术研究所2005年7月的调查显示在中国五百强企业中,有8%建立了自己的企业大学;在现有企业大学的企业中,国企占50%,民营占37%,外资占13%,其中43%是自筹,19%是与高校合作建立的。2007年5月,凯洛格公司发布的《2007企业大学白皮书》显示,我国已经成立的企业大学超过了150家。《中国企业培训蓝皮书》于2008年8月—2009年4月进行的调查统计结果表明,调查样本中有6%的企业已经建立了企业大学,9%正在筹建,85%的企业没有;该课题组对前30%的429家企业的调研数据显示,16%的企业已经建立了企业大学,19%正在筹建,65%还没有建立。一方面,上述数据表明国内企业大学的数量正在逐渐增多,中小企业的企业大学比例数少于百强企业,企业大学往往是成功企业或大企业的选择;另一方面,国内企业大学在运营过程中,也存在着若干问题,比较典型的包括人才培养目标不清晰、师资队伍不合理、课程体系混乱、电子学习问题以及评估体系不完善等几方面。

一些企业建立了企业大学之后并不明白企业大学和传统的培训部门之间的区别,有的企业仅仅是为了提高其知名度和信誉度而建

---

① 资源来源:吴峰、白银:《企业大学发展及趋势研究》,《高等工程教育研究》2012年第4期;《中国企业大学依然在路上》,http://www.keylogic.com.cn/? about_news_content/tp/208/id/15.html。根据以上资料改写。

立企业大学。我国的一些企业在不具备自己管理课程的条件下就建立了企业大学,只能采用一般商学院的传统公开课程,照搬跨国公司的教材或案例。而在成熟的企业大学中,70%以上的讲师来自企业内部,15%—30%的讲师来自企业外部;75%的企业大学都专门开设自己的管理课程。部分企业大学对电子学习信心不足,推广有限,且缺乏电子学习的资源。在进行评估时,在学习和发展标准方面,无法做出质量和监控管理,因为很多培训是临时或非正式安排的。对新知识的获取和分享缺乏有效的跟踪,与企业战略目标无法匹配。

二、企业大学的趋势

企业大学或将走向独立。从企业大学发展的几个历史阶段看,它从教育领域向非教育领域进行了开拓,由主要从事培训业务转向诸如商务咨询、管理咨询、外文翻译等非教育领域。此外,在企业大学中学习,员工可以获得相应的学位,当然这不是企业大学的发展重点。随着企业大学的成熟以及顺应市场的需求,部分企业大学的业务从内向外展开,对外的服务使企业大学能够维持自己的收支平衡而不依赖于母体企业。

在线学习的扩大和发展。随着计算机网络技术的发展,企业大学授课形式也越来越多,企业 E-learning 成为课程展现的重要形式之一。摩托罗拉大学将职业技术培训课程、资料、专家讲座和图书等内容放在互联网上,供其分布在全世界的 135 000 名员工随时下载学习。未来企业大学的授课方式将转变为,企业提供弹性课程,通过电子学习网络平台,让员工自己负责他们的学习,变被动为主动。

企业大学联盟或将出现。未来企业大学在客户管理方面将实行专业化、系统化的运作方式。客户是企业大学的最终服务对象,也是企业大学运作的泉源。此外,企业大学之间或将出现协会或联盟。企业大学的数量逐渐增加,但缺乏一个统一的组织管理企业大学的相关事务,建立一个非营利性的企业大学联盟社会组织,对于企业大学的专业化、规模化都有重要意义。

知识生产与咨询职能的出现。马克·艾伦在《下一代企业大学》中这样描述到:"很多企业大学现在正在进入它们的第二代……是时候开始谈论新一代企业大学了——它们超越了培训和开发,不仅仅只是称自己为企业大学,而且能够提供多种帮助开发人才和拓展企业功能的创新服务。"笔者认为,未来的企业大学业务不仅仅是创建学习型组织,或者促进员工的发展,企业大学需要从知识传授的角色转变为知识的传授和生产,即为企业和客户提供解决方案,帮助企业和合作伙伴更快、更有效地完成目标。这一点和传统高等教育类似,高等教育不仅作为知识的传播者出现,还扮演着知识的生产者的角色。

总之,企业大学在形式和内容上都在不断满足企业与其客户的需求,随着企业大学数量的增加,业内的非营利性联盟组织也将出现,企业大学为了维持自身的发展必须能够满足企业的战略性需求,不断为其客户创造价值。

四、培训职业的发展

20世纪早期,培训意识和职业技术教育不断发展,各种企业学校和职业协会建立,关注适应企业需求的人事培训和管理。两次世界大战除了对社会带来创伤,同时因军需品的大量需要,导致了产业培训的形成。二战时,美国联邦政府的战时人力委员会(War Manpower Commission)创立了一个全国性的产业培训机构(Training within Industry,简称TWI),TWI是世界上首个培养职业培训师的机构,它的目的是帮助相关生产厂家以低成本和高质量进行高效率的生产。TWI工程以其最终结果而著名,这些结果主要包括作业教导(Job Instruction)、作业办法(Job Methods)、作业关系(Job Relations)和项目发展(Program Development)。TWI工程的四项结果孕育出了当代HRD的三个关键要素:绩效、质量和人际关系。

五、组织发展的演进

(一)人际关系学说

20世纪40年代到50年代早期,早期的组织发展(Organization Development,OD)观念和方法建立在人际关系学说的模式之上。人际关系学说试图抛开传统的认识,把重点放在个体的自我意识、个体的需求以及怎样去改善人际沟通和人际关系上。其中著名的有领导霍桑试验的埃尔顿·梅奥(Elton Mayo)等人。

到20世纪50年代中后期,组织发展研究的方向逐渐由人际关系向人本主义转变,人力资源的理念开始产生。人本主义的核心价值观包括尊重人的理性、相信人通过学习不断追求完美、承认自我觉醒的重要性等。人本主义思想的代表人物及其理论主要有:马斯洛的需求层次论、道格拉斯·麦格雷戈的X理论和Y理论。人本主义思想认为:人可以被共同的目标所激励,完成有意义的工作;个人可以自我指导和自我管理,有效的管理可以充分挖掘人的潜能。人力资源开发的理念由此逐渐发展起来。

(二)实验室培训

实验室培训(Laboratory Training)或者说T团队提供了一个对团队过程及其互动的早期研究。T团队是未经组织的、以小组为单位的课堂,参与者们在这里分享各自的体验并相互交流学习。这种培训逐渐由实验室拓展到产业领域。

(三)问卷调查和反馈

1947年,任西斯·李克特(Rensis Likert)开始了一种问卷调查和反馈的研究模式,这一过程包括对员工态度的测量、对参与者提供信息反馈和激发改进计划等。他认为,任何一个有组织的系统都可以根据所收集的资料将其归结为四种类型之一:利用型独裁主义、善意的权威主义型、协商型和参与型。他倡导创建以运用影响力、内源性回报和双向交流为基础的参与性组织。

(四)行动性研究方法

行动性研究现在已被公认为组织发展的核心研究方法,是由社会科学家约翰·科利尔(John Collier)、库尔特·莱温(Kurt Lewin)在20世纪40年代晚期创立起来的。行动性研究方法是由几个循环往复的阶段组成的:资料收集—资料分析—计划制订—方案实施—评估反馈。

(五)坦维斯托克技术

20世纪50年代,坦维斯托克(Tavistock)诊所针对社会亚系统和人群面对变化时作出的反应进行研究,后来也开展了一些与生产率和生活质量相关的研究课题。到60年代,其研究思路多样化,将技术和人有效结合,对组织系统采取组织干预技术。

(六)战略性变革

1960年以来,组织发展逐渐由对个体的关注演变到向全面的开放系统观转变,体现在对领导力的重视、对组织战略的调整、对组织结构和文化等方面的协调。

(七)向扁平化组织转型

当今社会的各种组织逐渐向扁平化转型,以减少官僚构架、节省开支和对市场迅速做出反应。与此同时,组织上工作人员日益减少,工作职责的要求增多,不少岗位在合并重构。随着组织和岗位结构的变化,与之相应的培训业必须改变。

(八)工作特性的转变

由于知识更新的加快,组织在工作中对人员有了新的要求。组织在不断"瘦身"减少工作岗位的同时,也增加了在岗者工作的复杂性。当今的工作者不能再像从前一样简单机械重复一个工作动作,负责一个工作环节,而是要了解整个组织目标和理念,明白整个工作流程。除此之外,现代组织要求一线工作者必须肩负一定的领导责任,而不能僵化地等待上级命令,必须有一定的分析和处理问题的能力。另外,在一些技术密集性领域,知识更新快,这就要求人们必须不断接受教育和培训,不断更新他们的知识技能。

【阅读材料】

管理者没变,被管理者变了[①]

互联网改变了个人与组织的关系,改变了个人与组织力量的对比,也同样改变了指导者与被指导者的力量对比。今天的组织,更像是蜂巢,CEO只是一个象征性的存在,犹如蜂巢中的蜂王,每一个成

---

① 资料来源:陈春花:《管理者没变,被管理者变了——组织变革下的平台属性》,《北大商业评论》2016年第7期,内容有删减。

员都高度自治,自我承担职责,组织甚至不再能够界定核心员工,每个成员都需要发挥各自岗位的关键作用。

张瑞敏在海尔内部倡导新的组织理念:"企业无边界、管理无领导、供应链无尺度、员工自主经营。"这一切都是为了让个体和组织组合的时候,符合互联网的组织管理要求。在华为倡导让听得见炮火的人做决策,小米科技提出合伙人组织、扁平化管理、去KPI驱动、提倡员工自主责任驱动时,美的集团也于2015年在家电行业率先推出合伙制,帮助美的具备扁平、高效、精简的"小公司"特质,具备奋斗、敬业与超强执行力的"创业公司"特质,具备开放、进取、有激情、有事业冲动的"新公司"特质。

有个关于华为管理特征的评价,描述非常形象,即"流程固化、人员云化"。任正非把华为的组织打造成"云",通过流程让人员活化,并能够让彼此交互与协同。比如华为著名的"铁三角"组织模式,将原来前线的一个客户经理对客户的模式,调整为以客户经理、解决方案专家、交互专家组成的三人小组。这样做的好处显而易见,原来客户经理接触客户,而后再流程化地呼唤后方的解决方案专家和交互专家,内耗非常多,现在三个人共同解决客户的问题。

因此,对于一个组织而言,需要让成员之间可以互动,而不是固化在各自的岗位范围内,让每个成员能够高度自治的同时,又能够与其他人共同合作,这样才可以创造尽可能大的价值,比如微软现在放弃了员工分级制,认为任何星级的员工将来都可以变成组织运行的中心,这样的调整打造了成员间非常好的互动,并构建出新的价值关系网络。

第二节　人力资源开发的新环境

随着21世纪的到来,人力资源开发所面临的环境也发生着深刻的、快速的变化。全球化的到来、信息的高速发展和市场的激烈竞争,都对人力资源开发提出了新的要求和挑战。我们将在本节讨论新环境对人力资源开发的影响。

第二章 人力资源开发的发展与趋势

一、全球化发展

全球化是20世纪80年代以来在世界范围内日益凸显的新现象,是当今时代的基本特征。全球化还没有统一的定义,一般地讲,从物质形态看,全球化是指货物与资本的越境流动,经历了跨国化、局部的国际化及全球化这几个发展阶段。货物与资本的跨国流动是全球化的最初形态。在此过程中,出现了相应的地区性、国际性的经济管理组织与经济实体,以及文化、生活方式、价值观念、意识形态等精神力量的跨国交流、碰撞、冲突和融合。① 总的来讲,全球化是一个以经济全球化为核心,包括各国各民族各地区在政治、文化、科技、军事、安全、意识形态、生活方式、价值观念等多层次、多领域的相互联系、影响、制约的多元概念。它概括为科技、经济、政治、法治、管理、组织、文化、思想观念、人际交往、国际关系十个方面的全球化。

经济、工业技术的发展使得通信、社会活动、政治活动和人类活动在范围和特点上都呈现出越来越国际化的趋势。同时,人们对生活方式和工作方式有了更多认识。因此,全球化对人类的智力、情感、社会、政治、经济和文化等诸方面都产生了广泛而复杂的影响,可以说形成了一种多维影响。

全球化的快速发展增加了全球各个领域竞争的激烈程度,这种更为激烈的竞争必然把人力资源开发摆到一个更加突出的位置。全球化要求组织内的员工们以不断提升自我的知识与技能为发展目标,因此要求员工通过学习来提升与更新自我,人力资源开发的任务就是要在组织或社区内部全面地激发这种能力,促进持续地学习。无论是对组织还是个人,这种理念对其他任何过程而言都是基本的。在人力资源开发的活动中,全球化的力量已经体现在诸多公司尤其是跨国公司对多元文化及多国人力资本日益加深的重视程度上面。一方面,这样有利于引进、吸纳多种管理技术、组织文化和优秀人才;另一方面,对如何适应、利用这些有利因素提出新的要求和观点。考虑全球化问题时,多数HRD专业人士只是停留在理解多元文化这一

---

① 〔澳〕索福:《人力资源发展战略》,曹明富、卢正芝译,浙江大学出版社2007年版,第5页。

层次上，实际上，全球化所要求的观念远不止这些。随着全球化迅速发展，HRD 专业人士必须将全球化思考与本地需求相结合，它要求企业把人、思想、产品及信息发送和传播到全世界，以满足当地的需求。因此，这就要求企业在制定策略的时候，在纷繁复杂的情况中把新的、重要的元素考虑进去，例如不稳定的政治局面、有争议的全球贸易事件、汇率的波动及不熟悉的文化背景等。简言之，全球化要求所有组织提高学习与合作，以处理变化、辨别复杂和模糊问题的能力。

1997 年，温特林（Wentling）、布林克利（Brinkley）和纳尔逊（Nelson）在互联网上做了一个人力资源开发调查，发现了这方面最热门的十个主题，分别是：(1)自我引导学习；(2)训练迁移；(3)远程教育；(4)教学技术；(5)绩效评价；(6)人力资源开发与策略；(7)学习型组织；(8)人力资源开发的投资回报；(9)顾问及帮助；(10)经验式学习。①

上述调查结果表明，全球化要求员工必须胜任在国际环境与开放环境中工作，并且具备跨文化敏感性及外语技能，以及了解彼此间的政策体制和网络工作。而以上对于员工的新要求也对人力资源开发提出了新的目标，即努力在国际层面上进行人力资源投资以发展和维护适当的全球监控和平衡及民主平等。

因此，未来人力资源开发在全球化影响下的一个主要作用是，根据不同的环境安排适合于个体的学习，同时促进社会性内容的学习和团队学习。未来的人力资源开发将关注那些能使员工在一生中以专题学习或小组学习的方式进行反复自我培训的项目。人们希望中等收入水平的工作能够改变自己的专业，而不仅仅是工作，一生中能够调换几次工作。劳动力和企业可能会越来越依靠教育机构提供人力资源开发方面的培训。在信息革命中，大学和其他教育机构将会使用多种模式在继续教育中起到极大的作用，这就要求企业和教育机构之间建立合作伙伴关系。企业将不断地对其雇员的进修培训投资。其利益将大体上属于社会，而潜在地属于世界性组织。企业将不得不用新的诱惑来吸引最优秀的人才，并努力留住他们。自由职

---

① 〔澳〕索福：《人力资源发展战略》，曹明富、卢正芝译，第 33—35 页。

业者和临时工要对自己持续的专业发展负责。

人力资源开发专业人士在全球环境下开展工作时,不仅必须关注某一文化固有的学习行为,还要关注其他文化因素如何影响学习环境,以及学习成果如何向工作实践转换。人力资源开发专业人士在全球化环境中,必须了解全球化深层次的经济意义,并更透彻地了解如何在生疏的文化环境中制订和运行教育培训计划。

二、信息技术革命

信息技术革命是指人类社会储存、处理、传播、利用信息的形式所发生的划时代的革命变化。信息技术经过三次变革,已迈向以电子计算机技术为主导的高度综合现代高科技"多媒体技术"的更高阶段的信息革命。多媒体技术的产生和应用,使社会生产的场所、组织形式甚至整个生产方式发生重大变化,使人类整个生存环境都将发生根本性变革。

在这个高度发达的信息社会,人力资源开发正面临着空前的机遇与挑战。一方面,人力资源开发以其朝气蓬勃的生命力,为新兴信息技术的使用和发展提供了广阔的空间;另一方面,依托互联网和应用系统平台,人力资源开发正在向企业战略性伙伴的目标稳步迈进。

在人力资源开发中,运用现代信息技术,可以将人力资源开发专业人员从繁冗的日常性事务中解脱出来,从而在复杂多变的环境中应对自如。

信息技术的应用可以提高人力资源开发效率。传统的人力资源开发需要挤占大量的人力和时间,而运用信息化可以使人力资源开发专业人员与客户和参与者之间保持高度密切的接触,节省了沟通时间,提高沟通效率。另外,远程教育、培训、员工职业生涯规划等方面,在有多媒体网络的参与下,大大提高了人力资源开发的效率。

信息技术的应用可以加强组织内部成员之间的联系,为人力资源开发提供良好的内部沟通环境。信息技术的应用可以迅速将组织内部成员的想法互相传递,让成员之间彼此了解,展开良性互动,小组成员互相学习的过程也是人力资源开发的一种有益形式。

从实务的角度讲,例如人力资源开发最核心的培训问题,应用互联网可以进行培训课程的安排和公告、演示。当某个员工为了更新自己的知识储备,产生了想要学习新知识的需求时,应用系统可以提供在线指导,并有可能按照个性化需求提供相应的培训项目。随着系统应用的不断深入,培训也变得更加广泛和简便。同时,利用新技术,企业用于培训的投资回报变得更加直观和容易衡量。

三、人力资本开发

人力资本就是依附于人的身上,具有可投资性和增值性的价值存量。行为主体为了增加它所拥有的人力资本而进行的投资活动就称为人力资本投资。国家、企业和个人可通过教育、培训、医疗保健、文化建设、广告宣传、社交等途径,使人力资本增值。如何增值人力资本,成为新环境下人力资源开发关注的核心。知识经济时代,企业之间竞争的实质是知识开发能力的竞争,而知识开发能力源自于企业职工的知识创新能力,由此决定了企业人力资源开发的目的就是千方百计地提高企业职工的知识创新能力。这就要求加大人力资本投资,提供分享企业内部知识、信息、经验的富有竞争力的价值分享系统和持续的人力资源开发、教育、培训等增值服务,提高人力资源的素质。

【阅读材料】

新常态下中国人力资源开发面临的挑战[①]

中国经济新常态、政治新常态、文化新常态等呈现出了不同层次和不同内容的新现象,并对中国人力资源开发形成了不同程度的影响,这意味着中国人力资源开发在解决旧常态遗留问题的同时要面对新常态带来的新挑战。

(一)人力资源开发内容的挑战

1. 人力资源知识与技术开发趋向复合化、多样化

就业难与招工难成为近几年劳动力市场上存在的现实矛盾,大学生知识与技能的开发内容和方式比较单一,与社会需求存在结构

---

① 资料来源:刘追、张佳乐:《新常态下中国人力资源开发面临的挑战及对策》,《党政干部学刊》2015年第11期,内容有删减。

第二章 人力资源开发的发展与趋势

性矛盾,导致大学生就业能力不足。随着科学技术的发展,新知识和新技能不断涌现,多学科的知识和技能交叉融合的趋势越来越明显,导致复合型岗位的需求不断增加,人力成本上升也导致复合型岗位需求增加,这就要求培养集知识复合、能力复合、思维复合等于一体的复合型人力资源,以满足新常态下劳动力市场的需求。

2. 人力资源的胜任素质亟须开发

新常态下中国经济增速放缓,人力成本上升,资源稀缺性明显等,给人力资源的胜任素质开发带来了新的难题。首先,数千年的农耕文化以及长期的竞争式经济发展模式使得中国人力资源欠缺合作精神,欠缺合作的文化既无法获取更多的信息和支持,也无法实现人力资源增值。其次,新常态下人力资源开发的重要性更加明显,人力资源开发效益的比拼成为新一轮的竞争方式,因此难免出现知识和技术加密、防止经验泄露等现象,这增加了人力资源质量提升的成本,延长了人力资源开发的时间。最后,人力资源的伦理开发值得关注,员工工作满意度、幸福度等需要引起关注。

3. 人力资源行为由被动式开发转为主动式开发

人力资源行为开发是对知识和技能开发的落实,是对人力资源素质开发的检验。目前,中国人力资源开发过程中习惯于"被动管理""制度化管理""依赖式管理",自主管理意识比较弱,但是新常态下知识和信息的更新速度加快,要求人力资源开发能够主动适应这些变化,进一步加强行为开发,如果不能通过自主管理提升自身能力,就会出现人力资源贬值现象,从而降低人力资源开发效率。

(二)人力资源开发对象的挑战

1. 人力资源数量出现结构性短缺

人力资源数量决定国家人力资源开发的基数,中国已逐步进入老龄化社会,人口老龄化将导致劳动力人口持续下降,较低的人口自然增长率也使得适龄就业人数持续下降,从而使中国人力资源数量出现结构性短缺。

2. 人力资源质量均衡性有待改善

义务教育普及、职业技能培训等政策的推行在一定程度上提高了中国的人力资源质量,但新常态下仍然有一些因素阻碍中国人力资源质量提升。一方面,教育水平不均衡持续存在。由于民族多样化、地域差异化、经济发展不平衡等因素,人力资源开发不均衡,造成东西部教育水平差距拉大。另一方面,职业教育发展缓慢,职业技术学校的教育质量亟须提升,社会认可度不高,难以为劳动力市场输送优秀的人力资源。

3. 人力资源结构有待进一步优化

人力资源结构的合理性既可以通过人力资源的密集程度与地区经济对人力资源的承载力是否相适应来衡量,也可以借助三次产业人力资源供给与需求的匹配性衡量。一方面,新常态下人口流动问题日益复杂,流动人口解决了流入地区的"工荒",促进经济结构升级,但也造成了留守儿童成长问题、空巢老人养老问题、中国人口分布格局变化等难题;另一方面,三次产业结构的变化意味着人力资源结构必须调整,2013年中国第三产业比重第一次超过了工业,这表明第三产业已成为新常态下推动经济发展的主力,产业结构调整影响就业结构变化,最终改变人力资源结构。建立产业升级与就业保障的互动协调机制等是中国人力资源开发面临的结构性难题。

4. 人力资源管理水平有待提升

在人力资源数量紧缺、质量不高、结构不合理的情况下,提高中国人力资源开发水平就需要提高管理者的能力。新常态下,80后、90后新生代员工已成为中国劳动力市场的主力军,新生代员工为企业输入新鲜血液的同时,也给管理者带来了难题,如新生代员工离职率高,常规的员工管理方式失去了效力,管理者不仅要不断创新管理模式,而且还要加大新生代员工的开发力度,特别是伦理和环境的开发。

(三) 人力资源开发技术的挑战

新常态下人力资源开发技术面临很多挑战。首先,人力资源开发技术需不断创新。传统的人力资源开发是借助人力进行知识、技能、态度、行为的开发,这种开发方式往往受到时间和空间的限制,并且大多是群体开发、一次性开发、被动开发。新常态下人力资源的个性化特征日益明显,获取知识的主动性更强,对知识和信息的传播速度与更新频率的要求更高,必须创新人力资源开发技术才能符合新常态下的要求。其次,人力资源开发信息有必要综合系统化。目前,中国人力资源开发的信息分散的掌握在教育、卫生、文化等部门,人力资源开发信息协调困难,也无法细化到具体的人力资源开发个体,有必要进行信息综合系统化,从而提高人力资源开发的针对性。最后,人力资源开发保护技术亟须加强。互联网和移动技术的普及与发展,使得信息的传播跨越了时间和空间的障碍,互联网所传播的认识、技能等的安全性,特别是互联网环境下人力资源开发的安全运行等,都是新常态下必须面对的挑战。

(四)人力资源开发效果评估的挑战

无论是个人、团队、组织还是国家层面,在进行人力资源开发时,评估是最重要且最具挑战的工作,新常态下这一挑战更为明显。首先,高信度的人力资源开发效果评估是以获取整个国家的人力资源信息为基础的,然而中国人口众多、地缘辽阔,再加上频繁的人口流动和迁移,使得收集动态的人力资源信息成为一大挑战。其次,人力资源开发效果评估标准很难确定,人力资源分流到各行各业,且各行业的人力资源评价标准并不一致,定量评估指标难以统一。最后,信息技术和移动技术的发展加快了国家人力资源开发的速度,提高了开发效率,这就需要开展及时性的评估,以及时掌握人力资源开发的进展和效果。

(五)人力资源开发模式的挑战

由于文化、国情等的差异,每个国家都有一个适合自己的人力资源开发定义,以及依据本国特点形成的人力资源开发模式。中国是政府主导型人力资源开发模式的典型代表,人力资源开发相关政策的制定、实施、监督等由政府机构来处理,政府宏观调节人力资源数量、人力资源结构、人力资源待遇等。新常态下,中国人力资源开发的模式亟须调整。首先,中国人力资源开发活动日益复杂细化,政府不可能制定面面俱到的人力资源开发战略,需要积极协调各级政府的人力资源开发目标。其次,中国人力资源开发的投入受市场经济的深度影响,需要加快建立全社会广泛参与的投入机制。最后,中国原有的自上而下的政策制定和实施过程中存在信息失真和行动滞后,准确性和及时性无法满足市场需求,有必要创新中国人力资源开发方式。调整中国人力资源开发模式,才能积极应对新常态。

第三节 人力资源开发的新方向

人力资源是资源要素中最活跃、最积极的生产要素,是企业经济进步和发展的真正动力和源泉,是唯一具有能动性的因素。随着21世纪知识经济时代的到来,随着中国加入世界贸易组织,中国经济、社会与文化生活发生了前所未有的变化。生存在这一特定时代背景下的任何一个企业,都将面临全新的挑战和机遇。作为企业生产要素之一的人力资源,因其主观能动性、创造性以及个体多样性的特点,在现代企业的发展中越来越受到企业领导者的重视。建立自身的人力资源优势已成为企业参与竞争、持续发展的关键所在。对人力资源进行科学有效的开发成为企业发展战略的重要组成部分,因此,人力资源开发也呈现出新的发展方向。

一、职能性人力资源开发向战略性人力资源开发转变

战略人力资源开发与管理产生于20世纪80年代中后期,近一二十年来这个领域的发展令人瞩目。对这一思想的研究与讨论日趋深入,并被欧、美、日企业的管理实践证明是获得长期可持续竞争优势的战略途径。相对于传统人力资源管理,战略人力资源管理(Strategic Human Resources Management,SHRM)的定位是在支持企业的战略中人力资源管理的作用和职能。目前,学术理论界一般采用赖特(Wright)和麦克马汉(McMahan)的定义,即企业实现目标所进行和采取的一系列有计划、具有战略性意义的人力资源部署和管理行为。

战略人力资源开发的角色定位是战略经营伙伴。从人力资源开发的发展与管理历程来看,企业人力资源管理部门所扮演的角色不是简单的行政辅助角色,也不是企业经营战略的一个简单的执行者,它同时是企业战略决策的参与者甚至是主导者,人力资源部门越来越多地参与企业战略规划、传播人力管理技术、推动员工群体的沟通,成为首席执行官的战略伙伴。人力资源开发人员必须由过去简单的职业技能培训角色转向高层主管的战略业务伙伴和变革倡导者。

二、单一型人才开发向复合型人才开发转变

知识经济时代需要的人才特征是素质复合化。那种知识单一、适应创新能力差的单一型技术人才将面临生存危机。人力资源开发也由过去单一的职业技能培训向综合素质开发转变。复合型人才必须具备国际视野和整体的行业发展战略观念，同时在某一方面有专业技术特长，还要具备领导和管理能力，既懂国内的法律、政策，又懂国外的法律、法规，既具有独自的科研创新能力，又具有将知识转化为商品的能力。这就要求人力资源开发专业人员自身具备全面的素质，同时重视对人才的多方面开发和利用，而不是单纯某一方面的培训。

三、重视显性人力资本开发向重视隐性人力资本开发转变

人的显性能力主要是指人为生存而具备的种种基本技能，是多年的货币投资而形成的人力资本。隐性人力资本是相对于显性能力而言，它蕴涵于基本技能之中，是人力资本的无形资产，它可以因某些外在条件转变成实在的物质或精神财富，也可能因某些外在因素造成白白的耗费。对于知识型企业来说，隐性人力资本比显性人力资本更有价值、更完善，更是组织获取持续竞争优势、建立和维持核心竞争力的基础和源泉。如果知识型组织人力资本是一座冰山，那么显性人力资本只是"冰山的尖端"，隐性人力资本则是隐藏在底部的大部分。隐性人力资本不能通过外部投资直接形成，它是主体通过自身独特的理解认知方式、行为方式、努力和领悟而获得的具有更强大增值效力的人力资本积累，是通过内隐于个体和组织关系内部的二次投资而产生的。为了以最小的投资成本获得最大的收益，加强对隐性人力资本的开发，最大限度地挖掘现有人力资源基础，是一种集约型的人力资源开发方式。

另一方面，对人事结构的重组很多时候能够进一步发挥现有人力资源的潜能，因此，组织结构重构是现代人力资源关注的新的发展方向。

四、由阶段性开发向全程开发转变

过去的人力资源开发主要集中于人的青壮年时期,对人进行教育、培训,而往往忽视继续教育和提升。但在当今知识经济时代,由于知识更新换代的速度特别快,过去的一次性培训模式已不能终生受用,个人和用人企业都有强烈的对员工进行继续培训的诉求。因此,新时代的人力资源开发逐渐由阶段性开发向全程开发转变,全程开发关注个人发展的全过程,要求从幼年到老年时期,都必须进行"充电"和"放电"。

五、由近距离人力资源开发向远距离人力资源开发转变

21世纪是信息化时代,信息网络的发达彻底改变了人们的生活方式和企业的生产经营方式,优秀的人才开发方式应该适应信息化的步伐,利用知识经济创造的丰富信息和便捷的传播方式,突破时间和空间的限制,由近距离面对面地传授知识和技术转向更多地依靠计算机、网络技术等先进科技手段来获取知识信息,并对远距离人才进行培训,节约开发成本,最大限度地储备人才。

六、由无序人力资源开发向科学规范人力资源开发转变

人力资源作为一种社会经济资源,有别于一般的物质资源,它具有能动性、时效性、可投资性。人力资源开发是一项系统工程,涉及预测、规划、培养教育以及使用等一系列问题。为了合理利用人力资源,使其充分发挥其能动性,我们必须做好预测、制定合理的规划,对其进行科学规范的开发。过去在进行人力资源开发时,往往没有制定合理的目标和计划,人力资源开发的方式单一且混乱无序。而人力资源必须通过合理使用,才能使其价值得以增进,如果闲置或开发不当,则会逐步丧失其资本存量。人力资源开发要受个体生长周期的限制,人力资源从产生、积存、释放到耗尽是一个渐变的过程,因此,人力资源开发既要及时,又要有计划、系统地进行。同时,在制定

人力资源开发规划时,一方面要考虑社会和企业的需求,另一方面要考虑个人发展的需要,做到双赢,这样才能从根本上促进人力资本存量的增长,有助于21世纪人力资源的开发和利用。

第四节　人力资源开发的新角色

随着外部环境发生着日新月异的变化,企业和社会对人才的需求也发生了变化,这就使人力资源开发活动不断呈现新的变化。人力资源是所有经济要素中最活跃的要素,为了充分发挥其能动性,增进其资本存量,使企业在变化万千的经济浪潮中立于不败之地,未来人力资源开发专业人员必定在其承担的角色方面发生相应的新的变化。事实上,20世纪90年代以后,关于人力资源开发工作者究竟应该承担哪些角色的研究逐渐增多。越来越多的研究表明,人力资源开发工作者的角色必须拓展。

一、成为企业的"战略促进者"

人力资源开发工作者应该在原有角色的基础上,更多地从战略角度出发规划企业的人力资源开发工作,成为企业的"战略促进者"。人力资源作为企业最活跃的经济要素,是企业发展的核心因子,为了激活和充分挖掘这些因子的活力,企业人力资源开发工作者必须参与到企业战略的制定、规划和实施中来,而不仅仅是过去的事务性处理的决策。他们应该在原有的人力资源开发人员、实施者、管理者的基础上,更多地承担企业人力资源开发活动的"顾问",从而能够不断加强与企业直线部门领导之间的沟通与协调,及时诊断企业、部门和员工之间人力资源开发活动的种种实际问题,并提出有效解决这些问题的对策。

二、成为企业的"终身学习顾问"

随着知识时代的到来,知识更新换代的速度加快,传统的一次性培训模式已不能满足企业和个人发展的需要,终身学习理念不断普及。在这种环境下,人力资源开发工作者应该进一步成为企业内的"学习专家",不仅自身要成为终身学习的典范,而且还应该广泛促进员工个人的学习活动,成为他们的"学习顾问"。为企业内部员工制订学习规划、选择学习内容、跟进学习进度、检验学习成果。同时,应针对不同个体制订不同的培训计划,对处于不同职位、不同级别、不同年龄的个体进行系统的教育和培训,促进终身学习理念的落实。

三、成为企业的"愿景共企者"

企业愿景包括企业战略系统、企业伦理和价值系统、企业终极目标系统和企业形象识别系统。这与通常意义上的企业文化建设存在本质区别。因为当代企业的愿景构筑改变了企业文化建设的虚假、苍白和表面化色彩,建立在真实、朴素、深刻、尊重人性、尊重社会与自然、追寻终极意义的基础之上。共同的企业愿景能够激发企业内部员工的凝聚力,能够启发他们的创造性,能够发掘他们的潜能,向着共同的愿景前进。人力资源开发者必须承担起企业"愿景共企者"的角色,缔造一个共同的愿景,通过各种手段使员工接受和认同,启动他们实现共同愿景的渴望,并付诸行动。

四、成为企业的"学习-创新型组织领导者"

自我学习与更新已成为当代企业考察员工能力的重要标准之一,可见学习在企业的重要性。创新则是非常实际的活动,在当代社会,创新发生于每一天,发生在每一个人身上。创新不一定就是伟大的、轰轰烈烈的行动,它只是当代社会的一项基本人类活动,它体现在任何一件细小的事上。也就是说,当代社会的创新已经平民化、日常化和平凡化,而不像以往的创新那样精英化、非常化和伟大化。

正因为学习和创新在当代社会的普遍性和平民化,对于企业而言,建立学习-创新型组织显得更重要。其建立不是一项孤立的任务,它与企业愿景体系的构筑及其他后现代领袖的任务相互依存。

如果一家企业没有构筑成功的愿景体系,那么它的员工培训计划的导入将没有正确的方向,最终难免失败。

基于上述原因,企业的"学习-创新型组织领导者"应该成为人力资源开发工作者的新的角色之一。

五、成为企业的"企业文化传播者"

企业文化与企业愿景都是全体员工共同认可的价值观,但企业文化更关注具体的层次,它具有较强的凝聚功能,对稳定员工起着重要作用。企业文化所追求的目标是个人对集体的认同,希望在员工和企业之间建立起一种互动相依的关系,最终使员工热爱自己的企业。建设企业文化的实质就是建立企业内部的动力机制,鼓励广大员工自觉地把个人的目标融入企业的宏大目标之中,使其为实现企业目标做出最大努力。

现阶段企业文化建设多流于表面,缺少深入贯彻,文化缺位导致企业人力资源开发缺少与之相适应的环境与氛围。人力资源开发人员需要关注企业文化的建设,营造良好的氛围和环境,在向企业内部传播企业文化的同时,注重对外宣传企业文化,让企业文化深入大众,一方面是一种良好的宣传策略,另一方面也是培养用户忠实度、吸引新用户的有效营销手段。

人力资源开发人员角色的转变以当今不断进步的时代背景为依托,当然,这种变化不能仅仅是人力资源开发人员对环境的被动适应,而应该主动进行。与此同时,新的角色变化对人力资源开发人员提出新的要求,要成为一个能够承担未来多样化角色的人力资源开发人员,必须具备综合化的素质。人力资源开发人员必须改变过去只关心教育和培训、不关心公司业务策略的心态,一定要积极全面地了解及参与公司的整体经营状况,具备一定的战略经营意识、较强的沟通能力、不断自我超越的终身学习能力、丰富的学识以及一定的信息能力。人力资源开发人员必须成为企业战略制定和执行的伙伴,成为员工可以依赖的后盾,成为企业变革的推动者。

本章小结

人力资源开发的思想由来已久,尤其是其中教育与培训的思想可以追溯到古时,本章从人力资源开发的发展历程入手,首先分阶段介绍了人力资源开发在人类社会发展中的历史概况。随着时代的发展和社会的进步,人力资源开发面临着许多新的环境和新的挑战,本章立足于新时期的特点,在介绍了人力资源开发环境变化的基础上,强调了其发展的新趋势和扮演的新角色。

首先,分原始社会简单的模仿和学习、古代的学徒制及早期的教育、早期的职业教育与企业学校、培训职业的发展和组织发展的演进五个阶段概括了人力资源开发的发展历史和演变过程。

其次,介绍了人力资源开发面临的三大新环境,即全球化的发展、信息技术的革命和人力资本开发,以及这三大新变化对人力资源开发的影响。

再次,在新环境与新变化的基础上,详细说明了人力资源开发的新的发展趋势和方向,即职能性人力资源开发向战略性人力资源开发转变、单一型人才开发向复合型人才开发转变、重视显性人力资本开发向重视隐性人力资本开发转变、由阶段性开发向全程开发转变、由近距离人力资源开发向远距离人力资源开发转变、由无序人力资源开发向科学规范人力资源开发转变。

最后,介绍了人力资源开发的新角色,即成为企业的"战略促进者""终身学习顾问""愿景共企者""学习-创新型组织领导者""企业文化传播者"。这对人力资源开发人员提出了新要求。

复习思考题

1. 人力资源开发面临着哪些新的挑战?有哪些新的发展趋势?
2. 如何理解人力资源开发在新时期所扮演的新角色和起到的新作用?

第二章 人力资源开发的发展与趋势

▶▶ 案例与分析

中国式众筹:1898咖啡馆模式①

1898咖啡馆于2013年10月18日正式成立,其运作模式非常具有时代意义和中国特色。1898咖啡馆的最初缘起是为北大校友创业联合会提供联络场所和活动平台,并且咖啡馆一直把聚焦北大校友创业圈子作为其企业目标,进入咖啡馆的人都是熟人,并经过严格筛选和甄别,聚集一批高质量的人才,服务于创业校友。1898咖啡馆的商业范式孕育于中国文化土壤和基因之中,深刻体现了中国重视熟人圈子等文化元素和特征,其相对完整的逻辑框架、操作体系和实施效果独树一帜,与目前其他众筹模式明显不同,具有极强的标杆意义和广阔的想象空间。1898咖啡馆的人才管理模式已经成为具有时代意义和有中国特色的人力资源管理模式,其模式设计具有很强的操作性,运行逻辑具有很强的自洽性,真正体现了互联网时代人力资源管理的自由、民主、开放、共享、去中心、网络化等特征。

1. 确定人力资源需求对象,形成高效的人才和价值网络

1898咖啡馆位于北大东门对面中关新园9号楼,为纪念北大诞生而命名,是国内首家"校友创业"主题咖啡馆。

"校友创业"的主题定位容易形成具有强关联性和互动性的价值链、价值网和生态圈。在定位明确的圈子网络中,参与者基于自身业务更容易捕获形式多样的网络价值。1898咖啡馆的发起人几乎覆盖北大从1977级到2000级的所有学院、专业。其中不乏蓝色光标董事长赵文权、拉卡拉创始人孙陶然、北大纵横创始人王璞、佳美口腔创始人刘佳等知名校友。同时,八成左右的发起人出生于20世纪70年代,目前多处于事业上升期,其寻求合作发展的动机非常强烈,带动了圈子活力。这样一种机制也能够最大限度地为处在各个创业阶段的校友提供所需资源。

2. 熟人推荐、执委表决、分批分层遴选,保证圈子品质

1898咖啡馆模式的另一个核心特征是熟人圈众筹。在中国的

---

① 资料来源:杨树杰:《中国式众筹:1898咖啡馆模式》,http://blog.sina.com.cn/s/blog_718d2fb90102v114.html,内容有删减。

文化、法律环境下,面向陌生人的众筹有较大的风险,且除了募资外无法形成更多更有效的价值互动,这也是许多众筹项目包括众筹咖啡馆并不成功的重要原因。1898咖啡馆模式只针对熟人圈,不接受陌生人的钱,人数不超过200人,且返还等额消费卡,不存在法律风险,也完全规避了外界通常担心的非法集资问题。

1898咖啡馆的准入依靠熟人的层层推荐。首先依据圈子定位确定一位合适的牵头人,要能够多花时间和精力推进众筹项目。然后,在牵头人的推动下确定10名左右核心发起人,要求每位核心发起人从自己的熟人圈中推荐5名左右感兴趣且符合条件的人参与(为保证圈子效果,一般每位发起人推荐的人数不宜超过10人)。确定了50位发起人,筹资额基本能够覆盖前期场地租金、装修、人员等各项成本,项目便可启动,同时所有发起人都可继续推荐自己的熟人加入。

发起人推荐的申请者必须通过执委会表决,半数以上通过才可准入。这也是该模式的一个重要特色,即"先入为主",由先入者决定后来的申请者能否加入。后来者依据圈子对自身的价值,自愿申请并得到某先入者的推荐,而先入者在熟人推荐和执委会表决环节都会选择那些对自己和圈子更有价值的人加入。这两个方面保证了进入圈子的都是优质资源,也保证了圈子内部的互动价值和合作质量。同时,在退出机制上,允许三个月内无条件退款,让参与者有充分的时间去考虑参与价值。

1898咖啡馆模式以200位股东为限,一般以开业为节点分两批招募,每批100人,两批的参与金额不同,第一批3万,第二批5万。分两批招募的金额差异是考虑到前期组建的风险和难度相对更大,一旦咖啡馆成功开业,其口碑、影响力和圈子价值日益凸显,后期参与的热情会越来越高。

3. "三位一体股东身份"使成员产生强烈参与感、归属感和荣誉感

1898咖啡馆采用独特的会员"股东"化设计,按照发起人的出资额返还等额的消费卡,内部承认其股东身份,且股份完全平均,由几位股东注册公司运营咖啡馆,其他股东的股份由注册股东代持,股份平均省去了增加或减少股东时的繁琐手续。发起人既是投资者又是

消费者,还是传播者。这种三位一体的身份特征将供给方和需求方统一起来,并实现自动口碑传播。同时,这一设计保证了每个发起人平等,大家按照规则民主参与,并没有谁是老大,大大调动了发起人的参与积极性和主人翁精神。

咖啡馆的营销模式独具特色。与车库咖啡、3W咖啡等开业初期就依靠大量媒体热捧不同,1898咖啡馆模式的成功并没有依赖强大的媒体攻势,初期甚至避免媒体大肆宣传,而是依靠圈子中的口碑营销。股东们自发组成各种小圈子在咖啡馆开展活动,把各自业务的洽谈场地放在咖啡馆,大大增加了见面和合作机会。

另外,1898咖啡馆还有许多有趣有效的玩法,例如股东值班制,咖啡馆要求每位股东每年要在咖啡馆值一天班,上午当服务员端茶送水体验,下午约朋友来聚会聊天,晚上办一场主题活动,这大大提高了发起人的参与感和归属感,也起到扩大宣传、提升消费的效果。

4. 人力资源管理去中心化

在1898咖啡馆内部,股东之间的各种合作和各种圈子非常普遍。每一个股东作为一个节点,在这个200人的网络中可以自由组合,使这个群体成为"自由人联合体"。例如,股东内部自发成立了1898投融资俱乐部,定期开展各种投融资讲座和路演,带动了许多业务和合作机会,典型的如1898发起人武寒青创办的国内著名动漫公司"青青树",其出品的动漫《魁拔III》需要融资两三千万,仅在1898投融资俱乐部组织的内部路演中,就基本完成了融资。实际上,仅在1898咖啡馆场地开展的较为正式的活动每年就有二三百场。

5. 员工自我管理

咖啡馆未来的发展和给股东的服务功能,都由股东们自己按规则协商决定。杨勇曾多次举咖啡馆可以做类似EMBA项目的例子,每个发起人提交最想请的10位老师名单,统计出排名前100位的老师,由咖啡馆出钱请老师讲课,即使每年讲20场,也可以讲五年,算到每个股东身上的成本不到北大清华EMBA的十分之一,且优势明显——同学是你自己选的,老师也是你自己选的。

可见,杨勇众筹咖啡馆模式与其他众筹咖啡馆有很大不同,是一个完整自洽的逻辑体系。杨勇给咖啡馆股东的承诺是三年不倒闭,事实上，这种模式能够做到筹钱足够多、选人足够严这两个关键点，完全可以长期持续经营。

▶▶ 案例分析题

1. 1898 咖啡馆成功的秘诀是什么？如何在互联网环境下开发企业人力资源？
2. 1898 咖啡馆的众筹模式对企业人力资源开发有哪些启示？

第三章

人力资源开发的技术

📄 本章学习目标提示

- 重点掌握人力资源开发的需求分析程序和方法,熟练掌握相关的评估技术,能够根据实际情况设计人力资源开发评估的指标和内容
- 了解人力规划技术,掌握人力规划技术的方法与类型
- 了解有关的教育培训技术,并能够在实践中根据具体的情况灵活选用
- 理解课程设计的有关思想,熟悉人力资源开发课程设计的策略,能够根据现有的几种课程设计模式设计人力资源开发课程

人力资源开发方法效用的发挥,必须有相应的 HRD 技术来支持。本章主要介绍 HRD 过程中的需求分析、人力规划、教育培训、课程设计与效果评估技术。值得注意的是,这里所说的技术是相对 HRD 活动来说的,因此,在需求分析、人力规划、教育培训、课程设计与效果评估中称之为方式方法的内容,在这一章都属于技术的范畴。

【引例】
高效的在线测评系统：MTS管理者胜任素质测评系统①

人才测评工作是企业人力资源管理者经常遇到的难题，招聘选拔、培训开发、绩效管理、领导者继任计划等一系列工作都需要人才测评技术和结果的支撑。企业尤其是中小型企业的人力资源管理人员往往面临着这样的两难选择：聘请外部专家进行人才测评工作能够给企业的人力资源管理决策提供客观、准确的测评依据，但高昂的项目成本及人员培养成本让企业难以长期承受；利用从各种途径获得的测评量表进行测试，虽然解决了成本问题，但测评结果的信效度很差，很容易造成人力资源部门的被动局面。MTS管理者胜任素质测评系统很好地解决了人力资源管理者面临的这种困境，正在成为越来越多企业人力资源管理活动的决策辅助工具。

MTS管理者胜任素质测评系统是国内资深专家以胜任力理论为基础、参考中国数十位专家的研究成果，在上百家企业管理者测评项目实践积累和大量基础理论研究的基础上历时多年开发而成，是针对企业组织、事业单位、政府机构等各类型管理者的胜任素质进行测试与评价的综合性在线管理系统。MTS系统能够基于组织和岗位需要，对被试者的胜任水平、能力特点、素质状况进行全面的分析与诊断，可以应用于组织对各级管理者进行的招聘选拔、培养开发、评价任用、绩效管理等人力资源管理活动。

与传统的测评系统相比，MTS系统在以下几个方面具有明显的特点和优势。

（1）主动测评。MTS系统可以让客户根据组织或岗位的个性化要求选取测评指标，并设定评价标准。

（2）素质剖面技术。素质剖面是介于素质指标和典型行为之间的中间形式，是相关程度高的一组行为的集合，每个指标都分为数量不等的几个素质剖面，每个指标的素质剖面一般会分为两个基本类别：意识类与行为类。意识类素质剖面主要体现被试的个性特征、价值观及能力倾向等，可以用来评价被试者的发展潜力。行为类素质

---

① 资料来源：《高效的在线测评系统：MTS管理者胜任素质测评系统》，http://www.hrdchina.org/article/view_2498.html，内容有删减。

第三章 人力资源开发的技术

剖面主要体现被试者在不同情境下的行为展现。素质剖面技术的最大价值在于对测评指标的全面分解,既能保证对每个被试者每项素质指标的深度剖析,又可以依据素质剖面对被试者的素质提升提出发展和培训建议。

(3)实践智力。MTS系统关注的测评指标是那些与绩效水平密切相关的能力,即胜任能力,如沟通技巧、带领团队、计划组织等。由于与绩效水平密切相关,测评结果对于企业的人事决策具有重要价值。

第一节 需求分析技术

需求分析是整个人力资源开发活动的前提与基础,见图3-1。

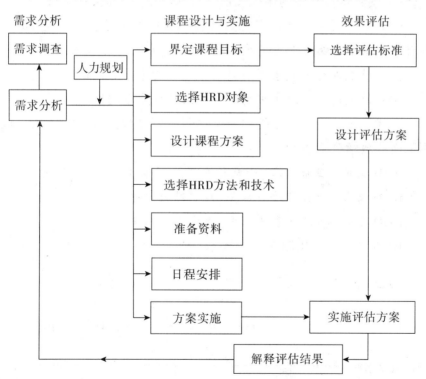

图3-1 HRD的程序操作示意图

从图3-1可以看出,需求分析是人力资源开发中十分重要和关键的一种技术。因此,本节将系统与深入地讨论什么是需求分析、需求分析包括哪些方法、需求分析以什么为主要内容、谁进行需求分析最合适、如何进行需求分析等内容。

一、人力资源开发的需求及其分析

(一)人力资源开发需求及其模式

任何一种人力资源开发活动,都是根据需求进行的,因此 HRD 需求在现实中是客观存在的。那么,什么是 HRD 需求呢?所谓 HRD 需求,简单地说就是人力资源持有者与使用者对 HRD 的需要或需求。这种需要或需求的产生大致来源于以下几方面的差距分析:

(1)组织发展目标与实现这些目标过程中人员素质水平的差距,员工现有素质水平与组织发展所要求的素质之间的差距;

(2)组织预定目标与实现这些目标实际绩效之间的差距,员工现有绩效水平与组织要求的绩效之间的差距;

(3)员工现有素质水平与员工个人理想水平之间的差距;

(4)员工现有绩效水平与员工个人理想水平之间的差距。

上述差距分析来自于组织与个人两方面,因此 HRD 的需求可以用下面的数学公式表示:

HRD 需求 = 目标需求(绩效与发展) - 现实水平(绩效与素质)

HRD 需求 A = 目标绩效水平 - 现实绩效水平

HRD 需求 B = 目标素质水平 - 现实素质水平

HRD 需求可以用图 3-2 来表示。

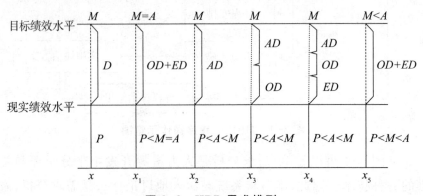

图 3-2　HRD 需求模型

其中，M＝目标绩效；P＝现实绩效；D＝差距；A＝素质；OD＝组织因素差距；AD＝个人素质差距；ED＝环境及其他差距。

从 HRD 需求模型中可以看出，HRD 需求首先产生于目标绩效水平与现实绩效水平之间的差距 x：当素质水平达到目标绩效水平所规定的要求时，绩效差距并非由素质因素产生，因此不需要进行 HRD，这种情况为 x_1，这时 HRD 的策略是改变工作环境，进行组织开发、制度开发、奖励就可以；当素质水平 A 足够低，绩效差距完全由素质因素产生时，这种情况为 x_2，此时 HRD 的需求为立即进行全方位的素质开发与培养；当素质水平 A 介于 M 与 P 之间，绩效差距来自 AD 和 OD 两个方面时，其中 AD 部分需要由 HRD 解决，而非 AD 的部分需要由非 HRD 的其他开发方式来解决，这种情况为 x_3；当素质水平 A 介于 M 与 P 之间，绩效差距来自 AD、OD 与 ED 三个方面时，此时，除进行人力资源开发外，还需要战略、其他管理措施与环境因素的改进，这种情况为 x_4；当素质 A 远远高于目标绩效所规定的水平 M 时，此时的差距并非由素质因素产生，这时的 HRD 需求并非 HRD 本身，而是制度调整、环境改善与人员激励，这种情况为 x_5。在这一系列开发活动进行后，就有可能消除现有的绩效差距，但是还需要进一步提高目标绩效水平，进行潜力开发。

（二）人力资源开发需求分析的形式

从上面的分析可以看到，HRD 需求分析实际上是一个用来辨别与揭示绩效差距背后具体影响因素及其开发方式的过程与程序。

HRD 需求分析是整个人力资源开发过程中的基础技术，它与人力规划技术、教育培训技术、课程设计技术与效果评估技术的关系如图 3-3 所示。

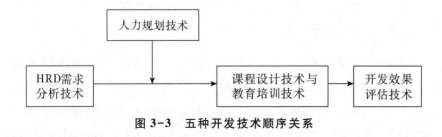

图 3-3　五种开发技术顺序关系

HRD 需求分析至少可以从组织、任务与人员三个层次来进行。组织分析的目的在于揭示组织中哪些部门需要 HRD 以及在何种背景下进行 HRD；任务分析的目的在于揭示为了有效地完成工作任务，必须做什么以及如何做，需要什么样的素质；人员分析的目的在于揭示谁需要进行 HRD，HRD 开发什么，需要进行什么样的 HRD。

（三）人力资源开发需求分析的一般程序

对 HRD 需求的分析，存在一定的程序，了解与把握这些程序，对于提高 HRD 需求分析的效率与效果十分有益。图 3-4 是进行 HRD 需求分析可以参考的一般程序。

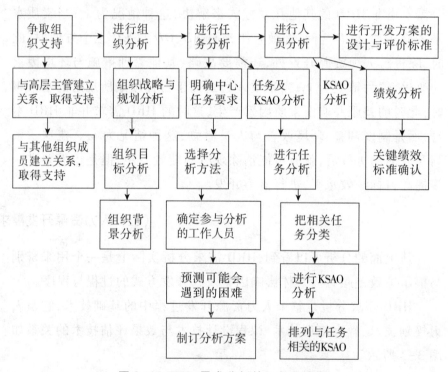

图 3-4 HRD 需求分析的一般程序图

注：KSAO 的具体含义见第 74—75 页。

HRD 的需求分析，只有在分析者获取了所有的真实情况后才能有实效。这实际上要求分析者了解组织成员的日常工作规律和工作方式，了解组织内部的真实情况，这就需要组织中高层领导与基层员工的大力支持，因此进行 HRD 的需求分析，必须首先与组织领导、成员建立关系，取得他们的支持。

组织分析首先是组织战略与规划的分析,如果人力资源开发方案和组织的战略与规划要求不一致,无助于它们的实现,那么这种人力资源开发活动毫无意义。其次,组织分析是对组织目标的分析,长期目标、中期目标与短期目标决定了 HRD 活动的深度与进度。一般而言,长期目标对 HRD 要求较高,而且持久。最后,组织背景分析包括组织的人力需求分析、组织的效率分析、组织的文化分析与组织的结构分析。

任务分析主要是对中心任务要求及对知识、技能、能力、个性特征的分析。根据中心任务要求选择分析方法与参与分析人员,预测可能存在的困难,最终制订分析方案。明确 KSAO 及其与完成工作任务、达到理想工作绩效的关系,将相关任务分类,明确说明每项工作的任务要求与 KSAO 要求,并进行匹配,使每个人都认识到承担一项工作的最低要求标准是什么。

人员分析主要是分析任职者是否达到了每项工作任务所要求的 KSAO 水平和绩效水平,实际上达到了什么水平,并由此确认关键绩效标准,决定 HRD 的具体需求。

最后,在组织支持,组织、任务、人员分析的基础上,进行开发方案的设计与评价标准。

二、人力资源开发需求分析技术

HRD 需求通过比较目标水平与现实水平之间的差异来确定,因此 HRD 需求分析技术主要是目标水平确定的技术、现实水平确定的技术以及两者之间的比较技术。根据 HRD 客体的形式,还可以把 HRD 需求分析技术划分为个体、群体、组织三个层次的需求分析技术。这种分类比较符合 HRD 的实际情况,后面将具体阐述。

(一)目标水平确定的技术

当目标水平的内容为标准的工作内容、工作能力与工作绩效的规定时,那么目标水平确定的技术就是职务分析。职务分析包括职责任务分析、职责任务要求分析、职能资格条件分析。因此,这里的标准能力与绩效水平要求,是职务本身所要求的最低标准。除此之外,还有一种期望标准以及面向未来发展的理想标准。然而无论哪一种标准,都需要专家进行规范与界定。

1. 最低标准

最低标准是指保证工作进行的最低要求,一般由职务分析具体确定。

2. 期望标准

期望标准是指高于最低标准和在当前条件下经过努力能够达到的标准。期望标准并非最高标准,而是当事人认为最好的标准。其确定方法有以下几种:(1)把其他一些优秀或类似组织已经达到了的标准作为制定的依据;(2)把公认的代表某一个行业或一类组织的中等标准或中上标准作为期望标准,例如行业协会推荐的标准等;(3)根据当前组织发展与经营目标确定有关的期望标准;(4)根据本组织过去采用与已经达到了的标准,作为期望标准制定的依据。

3. 未来标准

未来标准是指根据发展规划预测将来可以达到或应该达到的标准。这种标准建立在预测的基础上,面向未来。当然也可以把目前国内外一流组织所达到的标准或国内优良水平的行业标准,作为中下程度组织的未来标准。

(二)现实水平确定的技术

现实水平确定的内容与维度,一般根据目标水平的要求而定。确定的方法,一般是职业资格考评技术或人员素质测评技术,包括考试、心理测验、面试、评价中心技术、履历分析、日常观察、现场观察、答辩法、试用、比赛、情景模拟、实物鉴定等方法。

(三)目标水平与现实水平之间的比较技术

目标水平与现实水平之间的比较技术,主要包括测评与考评、自我评判、专家评判与集体评判。测评是指把现实水平调查及其与目标水平的比较进行一体化评判,而考评主要指通过专家或广大群众调查取证进行评判,是对现实水平的评价。

三、组织开发需求分析

组织开发需求分析,是指从组织层面对组织的当前特征及其原因进行分析,从而决定哪儿需要进行HRD,需要什么样的HRD,以及在什么情况下进行HRD。

(一)组织开发需求分析的内容要素

组织分析的重心与中心是组织的绩效目标。但实际进行组织分析时,需要在更为宽泛的范围内进行。组织分析一般包括组织目标与战略、薪酬系统、计划系统、控制系统、沟通反馈系统、决策系统、组织环境、组织资源、组织氛围、组织效率等。

例如,组织氛围的分析指标包括:(1)不满;(2)流动;(3)旷工;(4)建议;(5)生产率;(6)事故;(7)短期生病;(8)员工行为表现;(9)工作态度;(10)顾客投诉。

组织效率的分析指标包括:(1)劳动成本;(2)物资成本;(3)产品质量;(4)设备利用;(5)工资成本;(6)浪费量;(7)停工期;(8)推迟交货;(9)维修时间。

(二)组织开发需求分析的技术

组织层面的分析技术比较多,如记录报告分析、管理诊断分析、管理开发审查、组织氛围调查、组织发展预测等。组织发展预测中的趋势和机遇分析技术,主要是通过以下问题进行问答分析:(1)我们未来发展的前景如何?(2)我们未来的战略应该是什么?(3)员工需要什么样的新KSAO才能适应未来的趋势和把握未来的机遇?(4)目前可能危及我们未来市场地位和机遇的KSAO差距是什么?(5)什么样的KSAO将不再需要?(6)HRD的重点是什么?作用是什么?(7)未来潜在的资源是什么?

组织开发的需求一般取决于下列因素的变化:产品、服务与市场,原材料与能源,基础设施,技术,管理技术与方法,法律、社会、政治环境,经过相当教育与培训的人力的供给,贸易和贷款方式,区域经济的增长。

对于上述因素变化的预测,可以通过报纸、媒体以及政府管理部门发布的相关信息来分析,但这种分析结果的经验性与主观性较强,要想更为科学地预测,需要借助于技术经济预测、德尔斐技术、头脑风暴法、市场研究、人口统计与社会发展研究、战略计划等技术手段,从理论与数据上进行分析。

组织的 HRD 需求还可以通过表 3-1 中的资料进行分析。

表 3-1　组织需求分析的资料来源

资料来源	对于 HRD 需求分析的参考意义
1. 组织目的与目标	确定 HRD 的重点可以而且应该放在哪里,这些将提供分析方向及分析的规范标准,该规范标准可以反映出偏离的目标及其绩效问题
2. 人力资源存量清单	确定哪里需要 HRD 来填补由于退休、流动、年龄等问题引起的 HR 差距,提供了有关 HRD 需求范围的重要的资料基础
3. 知识技能清单	每一个技能组(工种)的员工数、知识和技能层次、每种技能的培训时间等,提供了对具体培训需求的重要性的估计,对培训项目的成本收益分析有益
4. 组织氛围指数 (1) 劳动-管理数据 (2) 员工行为观察 　● 态度调查 　● 顾客投诉	这些组织的"氛围指数"可以帮助集中解决要培训的问题(如果培训已经被作为相关问题的解决方法),所有这些与工作参与或生产率相联系的指数既对分析有益,又可帮助管理者通过培训解决他所希望解决的问题(罢工、封闭工厂等)
5. 效率指数分析	有益于填补组织预期和被认为的结果之间的差距;以阐释实际绩效与所希望的或标准绩效的比率
6. 系统或新系统的变化	更新的或技术改造过的设备可以带来人员培训需求
7. 管理要求或管理咨询	决定 HRD 需求的最常用的技术之一
8. 离职面谈	一些在别处得不到的信息经常可在此处得到,特别是有关问题领域和主管培训需求的信息
9. 目标管理或工作计划	提供绩效评估、潜力评估和长期经营目标;提供实际绩效数据,以便了解底线标准,比较和分析后来的绩效是否提高或下降

资料来源:M. L. Moore and P. Dutton,"Training Needs Analysis: Review and Critique",*Academy of Management Review*,1978,3(3),pp.534—535。

四、职务分析技术

如前所述,职务分析是通过系统地收集与分析具体工作的内容、要求、方式与方法等资料,以确定要获得最理想的绩效而需要对任职者进行什么样的 HRD。职务分析的结果一般包括绩效标准以及为达到此标准而需要的工作方式与 KSAO。

在工作分析过程中,需要完成以下任务:(1)建立工作说明书;(2)进行职责任务分析;(3)确定工作目标及最低绩效标准;(4)确定完成任务的最有效的方式;(5)观察工作样本;(6)查阅与工作有关的文献,包括专业杂志、档案、政策法规、专家研究成果等;(7)询问与工作有关的问题,包括询问任职者、主管与高层人员各种问题;(8)召开培训与开发方案研讨会议;(9)操作问题分析,包括维修工期报告、浪费行为与结果、维修原因、推迟交货、质量控制等问题的分析;(10)对所选择的 HRD 的方式方法与建议的重要性进行分类。

我们可以按照以下五个步骤进行职务分析。

(一)建立全面的工作说明书

对某一职务或几个职务建立一个全面的工作说明书。这种工作说明书主要是对职务中主要职责任务及任职条件的说明。许多组织有现成的工作说明书,而且会定期升级,以便及时准确地反映工作的变化情况。因此,我们只要得到这些资料并进行抽样核实就可以了。

(二)进行职责任务分析

职责任务分析主要是对工作中任务的结构、内容及其要求的分析,即主要弄清每个职务的主要任务是什么,每项任务完成后应该达到什么标准。

职责任务分析法可以采用以下五种方法。

(1)刺激、反应与结果分析法。即从刺激、反应与结果三个方面分析每一项任务,从而正确把握其内容、方式与标准要求。

(2)时间样本法。即由分析人员在一段时间内随机地对职务工作进行观察,记录每项任务的内容与频率。

(3) 关键事件技术法。这种方法是让那些对职务工作非常熟悉的人记录一段时间例如一年来有效与无效的重要工作行为。记录的内容包括这些重要行为发生的环境与具体表现,并描述有效与无效的原因。

(4) 任务清单分析法。首先由熟悉工作的人逐一列出所有的任务,接着以清单的形式综合出该职务所有的任务,并交给众多的主管或任职人,就每项任务的重要性和所需要的时间,进行5—7分制评估,然后进行统计分析,确定职务中各项任务的结构、内容与重要性。

(5) 职责任务与技能要求分析法。这种方法是首先把职务划分出几个方面的职责,接着找出每一项职责的任务与亚任务,然后确定完成每个亚任务所需要的KSAO。(如表3-2所示)

表3-2 职责任务与技能要求分析法在 HRD 专业人员工作分析中的运用

职位名称:HRD 专业人员		具体职责:任务分析
任务	亚任务	知识和技能需求
1. 列举任务	(1) 观察行为 (2) 选择动词 (3) 记录行为	列举行为的重要特征,给行为分类 熟悉动作所对应的动词,掌握语法技能 为人所理解,整洁
2. 列举亚任务	(1) 观察行为 (2) 选择动词 (3) 记录行为	列举所有相关的行为,给行为分类 正确地陈述,掌握语法知识 整洁,清楚
3. 列举知识	(1) 声明必须了解的知识 (2) 确认技能的复杂程度	对所有信息进行分类 确认是否一个技能代表一系列行为,而且这些行为是必须学会的

(三)确定完成职责任务所需要的 KSAO

KSAO 对 HRD 非常重要,它们是 HRD 的目标与依据。其中 K 即知识,指完成任务所需要了解的相关信息、原理、方法;S 即技能,指完成任务所需要的某些熟练性、技巧性的行为能力,其特点是准确、轻松;A 即能力,指完成任务所需要的某些身体与精神方面较综合的行为能力,其特点是直接与综合;O 即其他个性特征,包括态度、品性与兴趣因素。

对于每一个KSAO,应该就其对绩效的重要性、学习困难性与在工作中获得的机会性等进行评估性的说明。

职责任务的HRD需求还可以通过表3-3中的资料进行分析。

表3-3 职责任务需求分析资料

资料来源	对于HRD需求分析的参考意义
1. 工作说明书	概括了职务中的典型责任、义务,但并不是无所不包,有助于界定绩效差距
2. 任职资格或任务分析	列出每个工作的特定任务,比工作说明书更具体,可能扩展到工作所需要的知识和技能
3. 绩效标准	工作任务目标及其标准,可能也包括底线标准
4. 完成的结果	确定具体任务的最有效方式,但却有严重局限性,工作的层级越高,要求的绩效与其实际结果之间的差距越大
5. 观察工作样本	最直接真实的感受
6. 查阅与工作有关的文献 • 对其他产业的研究 • 专业杂志 • 档案 • 政府公布的资料 • 博士论文	在工作结构的比较分析中有用,但与特定组织内的职务设计或具体的绩效要求,可能会有很大差距
7. 询问与工作有关的问题 • 工作执行者 • 主管 • 高层管理者	能够全面了解,更有针对性、操作性
8. HRD的工作会议或学术会议	不同观点的碰撞,经常能提示HRD的需求或培训愿望
9. 操作问题分析	这可以提供任务干扰、环境因素等影响的信息
10. 卡片分类	可用于HRD的会议中,对"怎么做"的问题按照HRD的重要性予以分类

资料来源:M. L. Moore and P. Dutton, "Training Needs Analysis: Review and Critique", *Academy of Management Review*, 1978, 3(3), pp.537—538,内容有添加。

（四）确定 HRD 的具体需求

这一步主要通过分析与比较每个任务及其相应的任职条件的评估分数,确定 HRD 的需求系统。例如,任务在职务中的重要性、出现的频率或所花费的有效劳动时间、完成的难度,任职条件相对职务工作绩效的重要性、学习的难度,以及在工作中获得的机会等评估分数。通过这些评估分数的比较与权衡,具体确定哪些任务与 KSAO 应该正式纳入 HRD 的需求系统中。选择的重要标准是职务工作绩效,凡是那些对职务工作绩效具有决定性作用的任务与 KSAO,都应纳入到 HRD 需求系统中。

（五）确定 HRD 需求系统的因素级别

通过前面四个步骤,基本上确定了组织 HRD 的具体需求是什么,建立了 HRD 需求系统,显示了组织对 HRD 的各种需求。由于 HRD 是一种经济活动,在时间与投入有限的情况下,不可能让所有的 HRD 需求同时得到满足,应该考虑每一种需求的优先级别,具体确定需求系统中每一个任务与 KSAO 的开发顺序。

对于 HRD 需求的排序与评级,应该让整个组织的相关人员都参加。因为每个 HRD 需求可能涉及一个或多个部门,让更多的人了解 HRD 的需求本身,就可以促使更多的人认识到 HRD 的意义与价值,唤起更多的人对 HRD 的实际需求。

为了保证对 HRD 需求排序与评级的权威性、公正性与公平性,一般要先成立一个评级委员会,定期开会,对 HRD 的需求系统与有关资料进行全面的评估与分析。委员会的成员一般要求由组织中跨部门的人员构成,这样既可以提供不同角度的思考,又可以得到组织中各部门更为广泛的支持。

五、人员分析技术

（一）概念

人员分析技术是指通过对员工行为或工作行为的观察、需求调查与逻辑推断,对 HRD 的需求进行分析的一种过程。其中绩效差距分析最为关键,如图 3-5 所示。

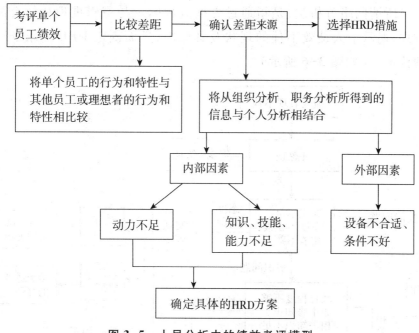

图 3-5　人员分析中的绩效考评模型

(二) 类型

人员分析的技术可以有不同类型的划分,包括总结性、诊断性、网络分析、能力行为分析与胜任力模型等方法。

1. 总结性分析

总结性分析主要是确认员工个人整体上的绩效,将员工个人的工作结果区分为成功与不成功两种类型。

2. 诊断性分析

诊断性分析主要是确认员工个人工作成功与不成功的原因,确定个体的 KSAO、努力和环境因素等是如何相互结合,并产生成功与不成功的结果。

显然,诊断性分析是对总结性个人行为分析的继续,分析的结果要回答总结性分析所提出的问题,从而准确地确定谁成功、谁没有成功,成功完成的任务是哪些、什么因素起了作用,没有成功完成的任务有哪些、原因是什么,等等。

3. 网络分析法

所谓网络分析法,是指通过方框流程图示与逻辑推理相结合的方式,揭示个人绩效不佳的现状及其原因,进而确定 HRD 需求的一种技术。(如图 3-6 所示)

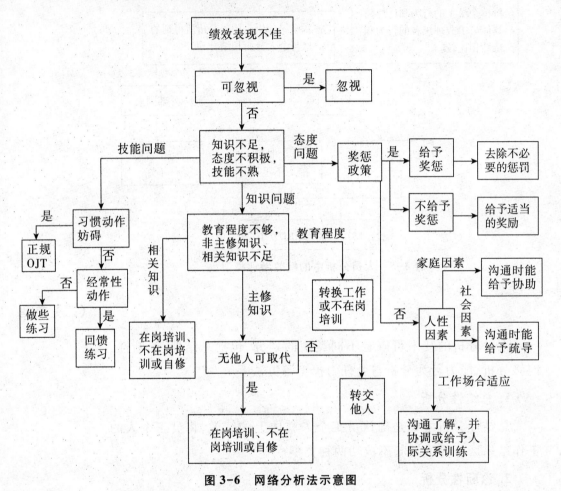

图 3-6 网络分析法示意图

4. 能力行为分析法

所谓能力行为分析法,即指通过比较被分析者个人行为表现与标准能力行为特征的差距,从而确定 HRD 需求的一种技术。

在这种技术中,首先确定相应处理人、事、物与时间四个方面问题的基本管理能力。这些基本管理能力分为九个类别,具体见表 3-4。

表 3-4　员工个人行为分类表

类别	应分析的行为特征	相对于职务的重要性	差距
1. 自我管理	效率性、依赖性、弹性、持久性、动机水平、完美主义		
2. 情景控制	容忍不适程度、容忍重复程度、对压力的反应、对回馈的反应、情绪控制性、对危急情况的反应		
3. 操作技能	谨慎、做事精密、机警、注意细节、按程序行事、核对、记录保存、分类		
4. 沟通技能	读写、口头表达、发问、说明、情绪表达		
5. 概念建构	想象力、画图、设计		
6. 判断技能	声音判别、颜色识别、形状辨别、深度知觉、事实判断、经验判断、审美判断		
7. 推理技能	调查、构造、计划、分析、结合		
8. 人际关系技能	服务、调查、机智、合作、了解、建议		
9. 领导技能	决策制定、指示他人、创新、说明、核对、协议、训练、表演		

表 3-4 中的九类能力行为特征,并非每个职务都需要,因此确定 HRD 的需求的第一步,是评判每个类别的行为特征相对于职务的必要性与重要性,必要性与重要性越大,也说明 HRD 的需求越大。第二步,要评判员工实际表现与标准要求的相互差距,差距越大,说明 HRD 的需求也就越大。两者之间要进行综合判定。

5. 胜任力模型

（1）胜任力。

1973 年,美国学者麦克利兰(McClelland)发表了题为《测量胜任力而非智力》("Testing for Competence rather than for Intelligence")的文章,首次提出了"胜任力"的概念,指出胜任力是人与工作、工作绩效或生活中其他重要成果直接相似或相联系的知识、技能、能力、特质或动机。随后学者们又提出了许多胜任力的定义。目前文献中采用较多的是美国心理学家斯宾塞(Spencer)1993年提出的定义：胜任力是指将某一工作(或组织、文化)中有卓越成就者与表现平平者区分开的个人的潜在特征，它可以是动机、特质、自我形象、态度或价值观、某领域知识、认知或行为技能——任何可以被可靠测量或计数的并能显著区分优秀与一般绩效的个体特征。可以把胜任力描述为水面漂浮的冰山，水上部分代表表层的胜任力，包括知识、技能等；水下部分代表深层的胜任力，包括自我概念、特质、动机等。

（2）胜任力模型。

胜任力模型是指承担某一特定的岗位角色应具备的胜任力要素的总和，包括胜任力的名称、定义和行为指标三个要素。表3-5为一个完整的指标样例。

表3-5 某企业胜任力模型指标样例

指标名称：系统思考		
指标定义	典型负面行为	
深入、全面地分析和思考问题，对相关影响因素进行系统考量，并善于总结和归纳问题的本质，掌握事物的发展规律和趋势	停留在问题表面，抓不住问题的实质和关键点 考虑问题不全面，用单一思路解决问题 只关注眼前，将问题看成是孤立的、静止的	
维度	等级1：注重思考	等级2：全面思考	等级3：前瞻思考
深入性	深入分析问题前后的关系，不被表面现象迷惑	从已有现象引申地看问题，深入问题的其他环节	抓住问题的本质，将问题抽象归纳，从本质上分析和解决问题
全面性	从多个角度提出问题进行分析和判断	考虑问题时，习惯从不同角度进行系统分析，综合多种信息作出判断	具有结构化思维，能系统地分析、理解问题，找出零散信息的共同特征，加以整合思考
前瞻性	注意到问题发生、发展过程中的动态变化	理解问题发生、发展过程中的动态变化，对可能发生的变化提前作出判断	准确预测事物未来的发展方向，并利用对其的预测制订针对性的计划并提前采取应对措施

资料来源：曾双喜：《揭开胜任力模型的神秘面纱》，http://blog.sina.com.cn/s/blog_8e4626210101q4tz.html。

第三章 人力资源开发的技术

构建胜任力模型的方法有很多,如焦点访谈法、专家讨论法、专家调查法、问卷法等,但行为事件访谈法是目前最常用的方法。斯宾塞等人开发了一个以行为事件访谈法为基础的胜任力模型的开发程序。通常一个模型的最终建立包括以下步骤。

第一,确定绩效标准。理想的绩效标准是"硬"指标,如销售额或利润、获得的专利和发表的文章、客户满意度等。如果没有合适的"硬"指标,可以采取让上级、同事、下属和客户提名的方法。

第二,选择效标样本。根据已确定的绩效标准,选择优秀组和普通组,也就是达到绩效标准的组和没有达到绩效标准的组。

第三,获取效标样本有关的胜任特征的数据资料。收集数据的主要方法有行为事件访谈(BEI)、专家小组、360°评定、问卷调查、胜任特征模型数据库专家系统和直接观察。目前采用的最主要的方法是行为事件访谈法。

第四,分析数据资料并建立胜任特征模型。通过对所得到的数据进行分析,鉴别出能区分优秀者和普通者的胜任特征。这一步具体包括假设产生、主题分析和概念形成等环节。

第五,验证胜任特征模型。一般可采用三种方法来验证胜任特征模型。第一种方法是选取第二个样本组,再次用行为事件访谈法来收集数据,分析建立的胜任特征模型是否能够区分第二个样本组(分析员事先不知道谁是优秀组或普通组);第二种方法是根据胜任特征模型编制评价工具,来评价第二个样本组在上述胜任特征模型中的关键胜任特征,考查绩效优异者和一般者在评价结果上是否有显著差异;第三种方法是使用行为事件访谈法或其他测验进行选拔,或运用胜任特征模型进行培训,然后跟踪这些人,考察他们在以后的工作中是否表现得更出色。

(3) 胜任力模型的应用。

1963年,麦克利兰博士在美国波士顿创立麦克伯(McBer)公司,为企业、政府机构和专业组织提供胜任素质在人力资源管理方面的应用服务。在他的指导下,麦克伯成为国际公认的胜任素质方法应用的权威机构。在各方面的努力下,胜任素质方法在人力资源管理中的优势逐渐被大家认可。在国际上,特别是先进企业中得到普遍接受和广泛运用。近年来,随着国际化、信息化进程的加速,企业所面临的管理环境发生了翻天覆地的变化。伴随着这些变化,人们越来越意识到以工作分析为基础的传统的人力资源管理模式无法为组织的持续、稳定发展提供充分的保障。在这种情况下,经过大批学者在理论领域的持续探索和麦克伯、合益集团(Hay Group)等专业性咨询公司的强力市场推动,基于胜任特征模型进行人力资源管理的理念日益为人们所接纳,并成为一种全球性的潮流。根据美国薪酬协会的调查,75%—80%的美国公司或多或少开展过胜任特征模型的应用。从20世纪90年代传入中国后,胜任力模型受到许多企业的大力追捧,它们先后在专业机构的帮助下建立了胜任力模型,用以指导人才管理的选、用、育、留工作,华为公司老总任正非甚至将其称之为华为能成功的三大法宝之一。

6. 其他技术

个人需求还可以通过表3-6中说明的技术进行分析。

表3-6 个人需求分析的资料或技术

技术或获得的资料	对于确定个人需求的参考意义
1. 绩效资料或考评结果,可作为对"不足"的揭示	包括其优缺点分析,对HRD主题和类型可以提供定量化信息,这些数据可以用来识别绩效差距
2. 观察工作样本	较主观的技术,但能提供员工行为和行为的结果
3. 面谈	与那些认为不需要学习的个人进行面谈;参与需求分析可以推动员工学习的积极性
4. 问卷	与面谈的方法相同;较易适应组织的具体情况;通过事先的分类结构,可能会导致偏见
5. 测验 　　工作知识 　　技能 　　成绩(果)	能被结构化或标准化,必须注意测量与工作有关的特质
6. 态度调查	以个体为基础,有利于确定每个员工的积极性、动力或满意度
7. 检查清单或HRD计划	根据每位员工的最新清单,指出每一项工作将来所需要的HRD
8. 等级记分法	必须注意保证员工等级及相关的可信性和客观性

续表

技术或获得的资料	对于确定个人需求的参考意义
9. 关键事件	可观察的行为,它是导致成功或不成功的工作绩效的关键
10. 日记	个体员工工作的详细记录
11. 情景设计 • 角色扮演 • 案例研究 • 会议主持 • 商业游戏	在这些技术中一定的知识、技能和态度可以得到展示
12. 诊断评分	检查清单中包括各种诊断评分的因素
13. 评价中心	将上述技术与公文处理相结合,形成一个综合的评价项目
14. 辅导	与面谈类似,一对一
15. 目标管理或工作计划	提供与组织(个人或团体的协商标准)有关的可重复的实际绩效信息,以便了解底线标准和分析实际提高或降低的绩效

资料来源:M. L. Moore and P. Dutton, "Training Needs Analysis: Review and Critique", *Academy of Management Review*, 1978, 3(3), pp.539—540,内容有添加。

(三)操作程序

在 HRD 的需求分析过程中,人员分析技术的操作程序如下:(1)通过上述技术确认有关员工个人实际的绩效水平;(2)确认支持实际绩效的 KSAO 与合格绩效水平所要求的 KSAO 之间的差距;(3)分析造成差距的原因;(4)针对差距原因选择合适的 HRD 方法,具体的分析操作程序可以参照图 3-5 进行。

第二节 人力规划技术

人力规划是一种非常重要的人力资源开发技术,是保持一个企事业组织稳定发展必不可少的工作,这一节介绍的是人力规划的概念、方法与类型。

一、人力规划概述

所谓人力规划，就是拟订一套措施，使企事业组织稳定地拥有一定质量和必要数量的人员，从而实现包括个人利益在内的组织发展目标。

一定质量在这里指企事业组织内完成工作任务的人员所需具备的能力，这种能力可以表达为受过的教育和培训、经验、年龄或拥有的相关素质。

人力规划的内容包括晋升规划、补充规划、开发与培训规划以及轮换规划等。

（一）晋升规划

晋升规划是制定各种晋升政策。对企事业组织来说，是为了在一定的时期内拥有相应合格的人员，而对各个成员来说，则是创造条件充分发挥每个人的才能并满足其要求。某类人员的晋升状况可用若干种指标来表达，例如，晋升前的平均工作年限、晋升的比例等。职务和年资配合起来，可作为衡量人员经验水平的指标。年资指在某种职务（级别）岗位上经历的年限。同一职务与年资的人中，其质量水平又有相当的差异，因此，只能针对一类人员的平均水平来讨论其质量问题。

晋升规划有的可以用每一级别年资晋升百分比来表示，如表3-7所示。数据表明，具有该级别年资11年的人，晋升率最高，为65%。

表3-7 员工晋升规划简表

某级别的年资（单位：年）	1	2	3	4	5	6	7	8	9	10	11	≥12
晋升百分比（%）	0	0	0	0	0	0	0	35	56	60	65	0

（二）补充规划

补充规划即拟订补充政策，其目的是合理地填补中长期发展过程中企事业组织人员在数量上与规格上可能出现的空缺。在补充规划中，要表明待补充的人员的数量与规格。人员规格是指其经验水平、受教育的程度、年龄及有关素质要求。

补充规划和晋升规划之间有着密切的联系。在出现空缺的情况下，企事业组织可以从较低一级人员中提升上来补充，这叫作"内部补充"。

（三）开发与培训规划

开发与培训规划是为企事业组织中长期发展过程中所需要的一些职位准备人员。开发与培训规划必须指明能享受培训与开发机会的人员数量与培训要求。制订开发与培训规划所需考虑的环境条件，包括开发与培训单位的能力限制、质量要求与接受开发培训的自愿程度等。

（四）轮换规划

轮换规划是拟订组织中长期发展过程中所需人员的轮换政策。这类政策指明了各类人员所应该轮换的职务种类与时间。它反映了企事业组织人员的横向流动。

当企事业组织的人员需求量与拥有量均具有高度固定性与高度可变性时，进行人力规划对于其中长期发展具有特别重要的意义。

固定性意味着人员需求量和拥有量不可能轻易地受到影响。可变性意味着人员需求量和拥有量将随时间的变化而有规律地变化。但是存在很不确定的外界影响时，人力规划的作用并不大。

二、人力规划的方法

人力规划的步骤包括分析、预测、决策。

（一）分析

分析即对企事业组织现有人力资源的"盘点"与调查。分析的主要内容包括人员使用情况、年龄结构、学历结构、职称结构、职务结构等。

1. 人员使用情况分析

人员使用情况分析包括人数分析与工作潜力分析。人数分析是指对现有人数与编制定员进行比较分析,然后按人员类别分部门、分工种列出具体人数。分析时要注意编制定员本身的合理性。工作潜力分析是指对实际工作率与标准工作率进行对比分析,然后据此进行工作潜力的评估。

所谓工作率,是指实际工作的时间与制度规定的工作时间的比率,即工时利用率。分析时要把直接生产工人、辅助工人、管理人员等分别对比。直接生产工人的实际工作率可以从劳动时间使用情况的统计报表中取得,而辅助工人、管理人员的实际工作率则需要靠工作日写实或工作抽样的方法,取得一次性工时分析资料。

所谓标准工作率,是指企事业组织主管部门要求达到的或企事业组织自己确定的目标工作率(P_0)。

$$\text{工作潜力(人数)} = [(P_1-P_0) \times T \times H]/P_0 \times T \quad \text{（公式 3-1）}$$

式中,P_1——实际工作率;

P_0——目标工作率;

T——制度工时;

H——分析期的期末人数。

计算采取四舍五入,以整人数为准。

2. 年龄结构分析

年龄结构分析包括平均年龄与年龄结构。职工在企事业组织内年龄的增加反映着经验与知识以及操作能力的增加,但到了一定的年龄,吸收新知识的能力则会降低,体力下降,工作效率也下降。一般职工平均年龄在25—49岁时,学习能力与工作能力处于最佳状态。

所谓年龄结构,是指按年龄组统计分析各类人员、各工种（专业）以及各类职务人员的年龄结构。企事业组织职工理想的年龄结构应为梯形,顶端接近退休年龄人员的数量,底端是刚进单位的年轻人员的数量。

3. 人力素质分析

人力素质分析包括各类职工学历、职称、获奖名次、考试成绩、资格、素质测评成绩等。

(二)预测

人力规划的第二步是在人力资源分析的基础上进行预测。企事业组织对人力的需求量会因种种因素的影响而有所波动。其中有些因素,如政策法规、人员的积极性、产业结构调整、社会影响等,不能精确地用定量来表示;而产品或劳务的需求量等因素,相对来说预测就比较容易。因此,预测的第一步是依据企事业组织今后的战略制订经营发展水平(产品和劳务总量等)的中长期产量计划;第二步是把企事业组织的产量计划转换成对人力资源需求量的预测。具体地说,人力资源预测的内容可转化为对组织结构变化的预测、产品变化对人力需求的预测、新产品发展对人力结构影响的预测、设备的技术改造与更新对人力结构影响的预测、劳动效率的预测以及减员的预测等。

例如,科学技术的进步对提高劳动生产率的影响,一般可以按采用新机器和新工艺而提高的劳动生产率来确定。靠采用新机器而提高的劳动生产率,其计算公式为:

$$\Delta L = N_E / N_P \quad\quad (公式3-2)$$

式中,ΔL——靠采用新机器而提高的劳动生产率;

N_E——因采用新机器而节约的劳动力人数;

N_P——计划期劳动力总数。

各个因素对提高劳动生产率的影响,都可以归结为劳动者人数或劳动时间的节约,因此,按各个因素确定计划期劳动生产率的提高幅度,可以用下列公式计算:

$$\Delta L_i = \sum E_i / (N_0 - \sum E_i) \times 100\% \quad\quad (公式3-3)$$

式中,ΔL_i——靠所有因素改进而提高的劳动生产率;

N_0——基期劳动者人数;

$\sum E_i$——计划期各种因素改进后节约的劳动力总数,如果把分

子 $\sum E_i$ 换成 E_i 则有

$$\Delta L_i = E_i / (N_0 - \sum E_i) \times 100\% \quad (公式3-4)$$

因此，E_i 为因某个因素改进而节约的劳动力人数。

例如，某企事业组织由于采用新设备、新体制节省下来 10 人，由于组织结构调整节省下来 5 人，由于劳动熟练程度提高节省下来 5 人，已知基期劳动者人数为 100 人，试分别计算计划期靠每一因素而提高的劳动生产率。

靠采用新机器新工艺而提高的劳动生产率：

$$\Delta L_1 = E_i / (N_0 - \sum E_i) \times 100\%$$
$$= 10 \div [100 - (10+5+5)] \times 100\%$$
$$= 12.5\%$$

靠生产组织改进而提高的劳动生产率：

$$\Delta L_2 = E_i / (N_0 - \sum E_i) \times 100\%$$
$$= 5 \div [100 - (10+5+5)] \times 100\%$$
$$= 6.25\%$$

靠劳动熟练程度提高而提高的劳动生产率：

$$\Delta L_3 = E_i / (N_0 - \sum E_i) \times 100\%$$
$$= 5 \div [100 - (10+5+5)] \times 100\%$$
$$= 6.25\%$$

（三）决策

分析、预测两步工作完成后就是决策了。人力规划中需要决策的主要问题是：(1)人员征补的决策，包括各类人员征补的数量、征补的时机、征补的方式以及对征补人员的素质要求等；(2)职业转移的规模、时机、政策以及去向等；(3)企事业组织规模扩大或技术设备更新所需增加人员的数量、质量及来源；(4)职工开发与培训的目标、方式、人数及经费分配等。

三、人力规划的类型

（一）人力需求量的规划

人力需求量的规划主要是按照以下步骤进行的：(1)估计实际

人力需求量,这可以根据组织结构图表或职务注册系统求得;(2)将求得的实际人力需求量和实际的人力拥有量进行比较;(3)让各部门负责人检查前两个步骤结果的正确性或适合性,即看前两个步骤所求得的结果与管理部门所认可的是否一致;(4)预测企事业组织内所有目标任务的工作水平;(5)把所有目标任务的工作水平要求转化为每个职务组的工作负荷量预测;(6)让管理部门从组织变化与上级要求的角度检验工作负荷量预测的正确性;(7)把预测的工作负荷量转化为人力需求预测值,这要求定额标准切实可行。

(二)人力拥有量的规划

人力拥有量取决于人员的实际结构,诸如人员数量、人员年龄、技能水平、受教育程度等因素。根据这些因素的以往变化情况,进行趋势的预测,即可以预测到组织未来的人力拥有量。

(三)人力匹配规划

人力规划中最为关键的是匹配,即要让人力的拥有量与需求量相互关联,形成一定的人事配置政策及相应的开发计划与措施。

第三节 教育培训技术

HRD 需求分析与人力规划工作完成之后,需要选择合适的 HRD 方法,合适的 HRD 方法则需要合适的教育培训技术来支持。下面将按照知识技能、品德与态度、潜能三个方面来介绍有关的教育培训技术。

一、知识技能方面的教育培训技术

知识技能的教育培训可以具体划分为一般的教育培训技术、开发创造性与改进解决问题能力的教育培训技术以及指导下属和改进管理能力的教育培训技术。

（一）一般的教育培训技术

1. 讲授法

讲授法是讲师运用口头语言系统向被开发者传授知识与技能的一种技术,包括讲述、讲解、讲演、讲读等。

2. 面谈法

面谈法又称问答法,是 HRD 者在被开发者已有知识经验的基础上,通过双方对话,使其获得新知识、巩固旧知识或检查相关知识的一种教育培训技术。

3. 读书指导法

读书指导法是 HRD 者指导被开发者阅读课本或课外参考书,以获取知识或巩固知识并培训独立阅读能力的教育培训技术。

4. 讨论法

讨论法是在 HRD 者的指导下,被开发者通过集体或学习小组的形式,发表自己对某一中心问题的意见,进行相互学习的一种教育培训技术。

5. 远程网络教育

远程网络教育是通过远程或内部计算机网络进行知识与技能教育培训的一种技术,包括电视教学、广播教学与电子网络教学等。

6. 演示法

演示法是 HRD 者运用实物、模具等进行示范性实验,或通过幻灯、录音、录像、电影等电化教学手段,使被开发者获取知识与理解知识的一种技术。

7. 参观法

参观法是被开发者通过现场的直接观察与体验,来获取实际知识与技能的教育培训技术。

8. 练习法

练习法是在 HRD 者的指导下,让被开发者运用所学到的知识与技能,进行模仿练习,以便巩固知识以及掌握一定的技能、技巧与行为方式的教育培训技术。

9. 实验法

实验法是让被开发者通过一定的仪器设备进行独立作业,引起有关现象发生或产生预定变化,通过观察分析以获取有关知识或者培养相关技能的一种方法。实验法包括把已获得的知识与方法应用于实际情景进行检验与体验,从而获得更深刻的理解与新发现的教育培训方法。

10. 实习法

实习法是让被开发者把所学到的知识与技能应用到工作实际中,从而达到加深理解、实际掌握、全面贯通目标的一种教育培训方法。

(二)开发创造性与改进问题解决能力的教育培训技术

1. 头脑风暴法

头脑风暴法是让所有参与教育培训的人,在没有任何压力的情况下,在愉快轻松的气氛中,不带任何偏见与固有观念、无拘无束地自由交换自己的想法与点子,由此激发创意与灵感、产生更多的新观点与新发现。

2. KJ 法

KJ 法又称川喜四二郎创造力开发法,是通过许多人收集到的大量意见与信息,找出有关问题的原因及解决方案的一种方法。

3. ZK 法

ZK 法又称片方善治教育培训法,是把解决无意识的日常习惯性问题作为思考途径的一种方法。例如,想想看有什么样的问题,如何解决,然后将脑海中浮现的问题及方法记录下来,再进一步思索谁较擅长处理这些问题。

4. 工作现场训练法

工作现场训练法是以现场所发生问题为契机,让现场的全体人员参与发现、分析计划与实施等活动,提高工作现场问题解决的效率,改进沟通与领导能力等。

5. KT 法

KT 法又称条理性思考训练法,是尽可能收集信息并按条理性的思考程序寻求一个适当的解决方法,防止思考上迷糊,以产生较理想的效果。

6. 案例研究法

案例研究法是把实际工作中可能发生或已经发生的、比较典型的事件和问题作为具体的案例提供给被开发者,通过分析、检查与讨论找出解决问题的方法。

7. 课题研究法

课题研究法是通过交给被开发者与实际工作相似的课题,要求其在一定时间内进行研究并得出结论,训练其收集信息、发现问题、分析问题与解决问题的能力。

8. 评价中心法

评价中心法是运用人员测评中的评价中心技术,对被开发的人员进行教育培训的一种方法。例如,让被开发者在一定时间内将大量待处理的文件处理完,以此提高解决问题的效率。

(三) 指导下属和改进管理能力的教育培训技术

1. 面谈咨询法

面谈咨询法是指管理者借与下属面谈的机会,指导下属解决问题的方法。

2. 工作实践法

工作实践法是指管理者通过日常工作安排与指导,有计划、有组织、有目的地开发下属能力的一种方法。

3. MPT 法

MPT 法又称管理人员训练法,是目前产业界最普及的管理人员培训方法,其目的是使管理人员系统、深刻地学习管理原理,从而提高他们的管理能力。

4. JST 法

JST 法又称人事研究院管理人员培训法,它是让被开发者系统地了解人和事所必备的基本原理、基本条件和基本原则,提高行政人员的管理水平。

二、品德与态度的教育培训技术

(一)品德培养法

1. 说服教育法

说服教育法是借助语言和事实,通过摆事实、讲道理,来影响被开发者的思想素质,提高其思想道德认识的教育方法,包括讲解、报告、谈话、讨论辩论、阅读书籍报刊等形式。

2. 榜样示范法

榜样示范法是运用其他人高尚的思想、模范行为、优异的成就教育和影响被开发者的一种方法。

3. 情感陶冶教育法

情感陶冶教育法是自觉地创设良好的教育情境,使被开发者在道德和思想情操方面受到感染、陶冶、熏陶,包括人格感化、环境陶冶与艺术熏陶等具体形式。

4. 实际锻炼法

实际锻炼法是通过各种实践活动,训练和培养被开发者的优良思想品德的方法,包括日常实践和专门组织的行为实践。

5. 生活指导法

生活指导法是管理者就人生的整个生命领域,结合被开发者生活中的实际问题,给予具体引导与帮助,使其获得尽可能充分和全面的发展。

6. 品德评价法

品德评价法是根据一定的要求和标准,对被开发者的思想言行做出评判,并在此基础上进行奖励、批评、惩罚与指导,促进被开发者品性优化发展的一种方法。

（二）改变态度的教育培训法

1. 促进理解讨论法

促进理解讨论法是通过鼓励被开发者开诚布公地发表和积极讨论有关问题与个人行为的看法与意见，最后达成共识与相互理解的一种方法。

2. 角色扮演法

角色扮演法是通过让被开发者扮演相关角色，加深理解、体验与了解相关角色，从而改变对相关角色态度的一种方法。

（三）人际关系改进教育培训法

1. 感受性训练

感受性训练是通过提高被开发者对他人、团体、组织与社会的感受性，感受与周围人群的相互作用，改善与他人之间的沟通方式与关系的一种方法。

2. 沟通分析训练

沟通分析训练是通过学习体验，确认自我与他人的自主性与自律性、了解人与人之间的双向要求，从而改善人际关系的一种方法。

三、潜能开发技术

（一）拓展训练

拓展训练指通过精心设计的各项教育培训活动，把被开发者置于大自然和各种刺激、困惑与艰难情境之中，让其在面对挑战、克服困难与解决问题的过程中，得到心理磨炼与品性修养。这种方法目前常用于提高自信心，保持积极进取的人生态度，培训团队精神和合作态度，培训现代人把握机遇、抵御风险的心理素质。

（二）"魔鬼训练"

"魔鬼训练"是一种在封闭环境中进行极其严格、紧张和艰苦的训练，完成向心理和体能极限挑战的课程或开发活动，挖掘被开发者的潜能,增强自信心、意志力与承受力的一种教育培训方法。

(三)"第五层次"开发

第一层次的开发对象是知识,第二层次的开发对象是能力,第三层次的开发对象是思维方式,第四层次的开发对象是观念,第五层次的开发对象是心理潜能,相应的开发技术是心理调整技术。我国著名人才专家王通讯认为,这种心理调整技术具体包括暗示、观想与梦象三种技术。暗示大家比较清楚,不再重复;所谓观想技术,比想象更贴近现实,意指不仅要在心里想到,而且要在朦胧中看到,甚至能够摸到自己所期望成为的那个形象,这种感受越真切越好;所谓梦象技术,是指引导人们见到梦中形象的技术,在梦中任凭自己自由想象,可以给人以灵性与感悟。如果能够把梦中的意象展现或尽可能构造出来,那么将会激发出许多新创造。

第四节 课程设计技术

课程设计技术在人力资源开发中处于十分重要的地位,它是知识、技能与品性开发设计的核心技术,因此这一节将系统地介绍课程的基本理论、课程设计的思想及技术。

一、课程

"课程"设计的思想始于西周的"六艺",即礼、乐、射、御、书、数。"礼"指奴隶制的典章制度,包括政治、道德、礼仪等;"乐"包括诗歌、音乐、舞蹈;"射"指射箭技术;"御"指驾驭战车的技术;"书"包括文字理解与书写;"数"指算术。

在南朝开始出现了分科分馆的教育,唐代的算学已有《九章》《海岛》《五曹》,书学已有《石经》《说文》《字林》,医学已有《本草》《脉经》,针灸科已有《素问》《黄帝针经》等。

"课程"一词正式在汉语中出现,始于唐宋时期。唐代的孔颖达为《诗经·小雅·小牟》的"奕奕寝庙,君子作之"一句作疏时最早用了"课程"这一称谓。汉语中最早给出与现代"课程"含义相近的词语,是南宋的朱熹。他在《朱子全书·论学》中有"宽着期限,紧着课程""小立课程,大作功夫"等句,"课程"在这里是指"功课及其进程"之意。英文中"课程"一词为"curriculum",是从拉丁语"currere"一词派生而来,意为"跑的过程与经历",引申为学习者的路线与经历。英国教育家斯宾塞在《什么知识最有价值》一文中最早使用了"课程"一词。在人力资源开发中,"课程"一词有时也用"program"表示,这是对课程含义的动态扩展。

"课程"是教育学中的一个核心概念,它大概有三种解释。

一是指教育教学的内容及其结构。例如,《教育大辞典》认为,课程是为实现学校教育目标而选择的教育内容的总和,包括学校所教各门学科与有目的、有计划、有组织的课内外活动。[1]

二是指教育教学的计划与目标。例如,朱智贤认为,课程是使受教育者在学校规定的期限内,陆续得到各种应得的知识和训练,以求达到一种圆满生活的精密计划。[2] 钟启泉也认为,课程是旨在保障青少年一代的健全发展,由学校所实施的施加教育影响的计划。[3]

三是指学习者的经验、体验与实际学习的东西。例如,陈侠认为,课程是学习者在学校指导下获得的全部经验,受教育者在学校范围内所引起的文明行为的养成、思想品德的提高、知识技能的增长、身体素质的改善等,都包括在课程概念之内,而且不限于课内活动,也包括课外活动。[4]

实际上,课程有活动形式、内容结构、实物表现与时间表现等不同形态,有教育教学大纲、课本、课时、教学计划等书面文件,这些都是它的实物与时间的表现形式。

广义上来说,人力资源开发可以被视作一种带有经济目的的教育与教学形式。因此,课程的概念与形式同样存在。在这里,课程是HRD的一种手段,是HRD的一种中介,是指为实现人力资源开发目标,在一定时期内所实施的有计划、有目的的人力资源开发与管理活

---

[1] 顾明远主编:《教育大辞典》第1卷,上海教育出版社1990年版,第257页。
[2] 朱智贤主编:《小学课程研究》,商务印书馆1931年版,第2页。
[3] 钟启泉:《现代课程论》,上海教育出版社1989年版,第177页。
[4] 陈侠:《课程论》,人民教育出版社1989年版,第14页。

动,包括人力资源开发的形式、内容与效果三方面的总和。狭义上来说,课程是指在特定的 HRD 活动中为达到一定的目的所精心组织与设计的教育培训内容、教育培训计划与教育培训活动。本章不作特别说明的,一般都是围绕狭义的课程论述。

二、课程设计的思想分析

学生与在职人员的区别,主要在于他们的成熟性与经验性的不同,生理与环境上的影响是次要的。因此,教育专家对于课程设计的思想,同样适用于人力资源开发中的课程设计。下面介绍比较有影响的几种课程设计思想。

(一)泛智主义课程设计思想

泛智主义主张 HRD 的活动无禁区,应该充分利用一切可以利用的知识与技能,来开发所有可以开发的人员。泛智主义以夸美纽斯(J. A. Comenius)为代表。夸美纽斯在《大教学论》中,提出了"把一切知识教给一切人"的思想。因此,在 HRD 课程设计上,这种思想主张扩大学科的知识范围,主张按被开发者的身心发展阶段确定学制与课程之间的相互联系与进程。

(二)自然主义的课程设计思想

自然主义主张 HRD 的活动应该顺应被开发者自然的心理发展与工作需要,要以被开发者的工作与生活为中心设计课程。自然主义以卢梭为代表。卢梭认为,教育有三种:我们的才能和器官的内在发展,是自然的教育;别人教我们如何利用这种发展,是人的教育;我们对影响我们的事物获得良好的经验,是事物的教育。①

自然主义课程设计的思想,主张按照受教育者身心发展的内在规律来安排课程,让受教育者在自然情景中自然而然地发展,所谓一切顺其自然而教。持这种观点的代表人物还有杜威(John Dewey)。他认为,应该把受教育者的本能作为他们获得教育的基础,作为教育

---

① 〔法〕卢梭:《爱弥儿》,李平沤译,商务印书馆 1978 年版,第 2 页。

的出发点,课程的设置只能顺应这种本能的自然倾向,发展和满足这种自然倾向,而不能压抑和违反这些倾向。

(三) 兴趣主义的课程设计思想

兴趣主义主张 HRD 的课程设计要以被开发者的兴趣为基础,在 HRD 活动过程中,要注意充分挖掘、培养与利用被开发者的相关兴趣。兴趣主义以赫尔巴特(J. F. Herbart)为代表。赫尔巴特认为,教学的最后目的在于德行,在知、情、意三种因素中,知是主要的,情和意的存在与表现,都要依靠知,而对于知识的传授要在培养受教育者多方面兴趣的基础上进行。他认为,在课程的设计过程中,要尽力培养与利用这种兴趣,即经验的兴趣、思辨的兴趣、审美的兴趣、同情的兴趣、社会的兴趣与宗教的兴趣。

(四) 功利主义课程设计思想

功利主义课程设计的基本思想,是把知识是否具有开发人力资源的功用价值作为选择的标准,即主张把那些能直接为生产生活需要服务的知识作为 HRD 课程的内容。其代表人物是英国教育家斯宾塞。他把学习活动按照它们有助于社会生存的用途分为五种,并以此为依据来确定课程。①

(五) 要素主义课程设计思想

要素主义的课程设计主张在 HRD 过程中,把人类文化遗产中的精华传授给被开发者,而不是依据被开发者自己的活动与需要。这一理论的代表人物是美国哈佛大学教授巴格莱(W. C. Bagley),他认为,社会文化、种族遗产是人类的宝贵财富,而这些财富光靠被开发者个人的生活经验是学习不到的。要素主义主张课程的设计要有科学性、系统性与专门性。

持这种思想的还有德国的瓦根舍因(M. Wagenschein),他主张通过那些隐含着本质因素、根本因素、基础因素的典型事例,来帮助被开发者掌握科学的知识、方法与原理。他认为这样可以让知识学

---

① 〔英〕赫·斯宾塞:《教育论》,胡毅译,人民教育出版社 1962 年版,第 2 页。

习与方法掌握相统一,实质训练与形式联系相结合,主动学习与接受教育相统一。MBA案例教学可以说是这种思想的具体体现。

(六)结构主义课程设计思想

结构主义主张HRD课程的设计务必使被开发者理解有关学科的基本结构,即基本概念、基本原理、基本方法与发现知识的基本过程。这种理论以瑞士心理学家皮亚杰(J. Piaget)的结构主义心理学为依据,其代表人物是美国的布鲁纳(J. S. Bruner)。

(七)发展主义课程设计思想

发展主义的课程设计主张,HRD课程不仅要适应被开发者现有的发展水平,而且要具有促进其进一步发展的作用,因此认为HRD的课程设计要有必要的难度、必要的速度与必要的强度,要以被开发者的"最近发展区"为依据,而不仅仅是以现有的发展水平为依据。其代表人物是苏联的赞可夫。

(八)目标主义课程设计思想

目标主义的课程设计主张以HRD的目的为依据,决定有关的课程内容与形式。课程设计人员经常以教育目标指导选择相关内容,组织与时间安排等相关设计活动,并据此形成详细明确的目标,转换成学习经验,最后加以评鉴,作为课程设计的基础。其代表人物有巴比特(F. Bobbit)、查特斯(W. Charters)与泰勒(R. W. Tyler)等人。下面具体介绍巴比特的课程设计思想。

巴比特认为,教育实质上是一种显露人们潜在能力的过程。在设计课程内容时,应该首先进行人类的经验分析,即将人类的广泛经验分为若干主要领域;其次,进行职业分析,把已经分类的领域进一步分成更为具体的活动;再次,提炼教育目标,即将人类经验分成若干类别,并进一步做出活动分析,判断不同专业中学生经验与这些经验的联系,在此基础上拟定教学方法;最后选择教育目标。

三、人力资源开发课程设计的策略

针对上述各种设计思想,HRD课程的设计可以采用以下几种策略。

(一)以知识能力建设为中心

这种设计策略主要考虑的是被开发者应该掌握哪些知识与能力,要让被开发者掌握这些知识与能力,开发过程中应设置哪些学科,各学科中应该包括哪些科目,为什么要包括这些学科与科目,这些学科与科目怎样适当安排,前后的次序如何排列,应该采取什么形式等问题。

古今中外的课程设计,大都是以知识能力为中心。例如,中国古代的"六艺"(礼、乐、射、御、书、数),古希腊的"三艺"(语法、修辞、逻辑学)与"四艺"(算术、几何、天文学、音乐)。现代的要素主义课程设计和布鲁纳的结构主义课程设计等,都属于以知识能力为中心的设计策略范畴。

以知识能力为中心的设计策略,在泰勒的课程设计思想中表现得最为明显。泰勒在1944年出版的《课程与教学的基本原理》中认为,课程设计应致力于回答四个问题:第一,学校应该达到哪些教育目标?第二,提供哪些教育经验才能实现这些目标?第三,怎样才能有效地组织这些教育经验?第四,我们怎样才能确定这些目标正在得到实现?

由此推论,笔者认为要实现以知识能力为中心的HRD课程设计策略,应该包括以下几个步骤。

1. 需求分析

根据工作分析对社会、行业、组织与职务需求进行调查,广泛收集任职过程及任职者能力发展中所需要的知识、技能、能力与相关的品性素质,并把这些收集到的信息准确地表达为相关的开发目标。

2. 筛选开发目标

从调查与工作分析中得到的开发目标,在数量上一般比较多,全部当作收集和编制课程的依据既不必要,也不可能,应该把那些不重要与相互矛盾的目标筛选掉。筛选人力资源开发目标的标准,一是组织所奉行的管理理念与价值观,二是根据被开发者的水平现状以及组织的环境条件、制约条件,选择那些估计可能达到的目标,即保证开发目标的可实现性。

3. 以操作方式表达开发目标

需求分析与筛选开发目标两项工作,仅仅完成了开发目标的内容与方向的选择,保证了开发目标的合理性。然而开发目标还必须具有可操作性,应该有助于选择开发的方式与手段,有助于指导整个人力资源开发过程。目前人力资源开发目标的表达,有的是对开发者要求的表达,例如,介绍企业管理的问题与难点,演示人力资源管理的过程;有的是列举一个或几个相关的问题、概念、原理或内容要素,例如,企业发展的历史、当前企业面临的问题、企业的彼得原理;有的是采取概括化的行为方式表达,例如,发展创造性思维,形成企业所需要的敬业精神,培养解决某种问题的能力。

要让人力资源开发目标具有可操作性,关键在于指出开发应该引导被开发者形成什么样的行为,这种行为不但要具有外显性,能够被观察、被把握与被测评,而且要能揭示与表现相应的知识与能力。

4. 选择适当的开发方式与学习经验

人力资源开发目标必须通过特定的开发行为方式与学习经验才能实现。因此,能否选择到适当的开发行为方式与学习经验,实际上决定着开发目标能否实现。

开发行为方式与学习经验的选择,必须遵循以下五条原则:

(1) 在所选择的人力资源开发行为方式中,被开发者应该有足够的时间与机会来理解、操作与运用开发目标中所规定的知识与能力,获得足够的学习经验;

(2) 在人力资源开发的实践活动中,被开发者能够因为实践开发目标中所隐含的行为方式、知识与能力而获得满足感;

(3) 在人力资源开发的实践活动中,学习经验中所期望的反应在有关被开发者力所能及的控制范围内;

(4) 在人力资源开发的实践活动中,被开发者可以通过一种学习经验获得多种不同的知识与能力；

（5）在人力资源开发的实践活动中，被开发者可以获得许多特定的经验，用以掌握同样的开发目标中所要求的知识与能力。

5. 科学地组合开发行为方式与学习经验

思维方式、行为习惯、观念态度、持久的兴趣爱好以及品性素质等方面的形成与改变，都是缓慢的，因此，必须把各种相关的开发行为方式与学习经验组合在一起，以形成连贯一致的开发活动，这样才能让所有的开发行为方式与学习经验产生积累效应与效果，实现开发目标。无论是开发的课程内容设计，还是开发的行为方式与学习经验的组合，都应该遵循连续性、顺序性与综合一致性原则。

思维连续性原则，是指对那些重要的知识与能力的开发行为方式与学习经验，应该让被开发者有机会反复地涉及，以便其真正理解与掌握。

思维顺序性原则，是指每种开发行为方式、学习经验与知识能力的掌握，都是建立在前面的经验基础上，同时是对前面的行为方式、经验与内容进行更为深入与广泛的延伸与发展，难度与深度上不断增加，而不是同一水平的简单重复。

思维综合一致性原则，是指各种开发行为方式、学习经验与课程内容要素间的关系具有相互渗透性、联结性与互补性，要让被开发者逐渐获得一种统一的观点、统一的知识与能力，最后达到开发目标规定的各种标准。

6. 引进评估机制，确保开发目标的逐步实现

完整的课程设计应该包括最后对课程目标实现度的评估，评估的对象必须是被开发者实际的变化以及对知识能力的真实掌握水平。

评估的程序共有四个步骤。首先，确定评估的目标。即以开发目标为依据，直接制定出评估内容的双向细目表，其中包括评估的内容与行为标志。其次，选择与创设评估情境。创设、选择并确定哪些情境下被开发者有机会表现出开发目标所规定的知识与能力。再次，选择评估手段。评估手段的选择与设计，要与评估情境相一致。例如，知识水平的评估可以采用笔试形式，而工作适应能力的评估则

应该采用观察与记录的形式。最后,分析与运用评估结果。评估的结果可以帮助了解课程组织实施后的实际效果与有待改进的地方,可以为课程的再设计与改进提供直接的依据。

以知识能力为中心设计课程的优点是,便于按照开发目标的要求来确定课程的内容,选择内容、编制教材时目的明确,便于操作。一般来说,以知识能力为中心的课程设计,内容体系逻辑性强,结构严谨,理论周密,便于学习。但是,这种设计形式容易忽视被开发者的学习兴趣与需要,容易理论脱离实际。一般来说,以知识能力为中心的课程设计策略适用于学校与中长期培训开发的课程设计。

(二)以被开发者的发展为中心

这种课程设计主张课程、教材都要以被开发者为中心,一切围绕着被开发者来运转,重视被开发者本身的特点,重视发展被开发者的个性,满足被开发者的需要。这种设计策略的依据是人本主义课程论,孔子提出的因材施教原则、夸美纽斯提出的适应自然原则、卢梭的自然教育论、赫尔巴特的兴趣性原则、杜威的儿童中心论等,都在不同程度上体现了这种课程设计的策略。其中,杜威的儿童中心论把这种课程设计的策略推向了高潮。这种课程设计策略充分体现了人本思想,重视被开发者的兴趣与需求,强调开发活动要适应并调动被开发者学习的主动性与积极性,重视理论与实际相结合,重视被开发者的个性发展。其表现形式为活动课程、经验课程与随机课程。这种设计策略的不利之处是,被开发者获得的知识与能力缺乏系统性,大多是一些零散的、支离破碎的、眼前需要的知识,不利于开发目标的有效实现。

(三)以社会或组织需要为中心

这种设计策略是依据社会或组织自身的需要来设计开发课程。这种设计一般采用以问题为核心的办法,所以叫作问题中心课程,又叫作核心课程。例如,企业中的专项培训一般都是以解决企业当前实际问题为中心,把相关的知识与能力组织起来的课程体系。这是时代发展对人力资源开发课程设计提出的新要求。

目前科学技术发展十分迅速,如纳米技术、电子技术、遗传基因工程技术等,正越来越多地应用于企业生产。因此在实际的工作中,一方面涉及的知识水平越来越深入,另一方面涉及的知识面越来越广泛。这使工作面临着许多新问题,需要自然、社会、思维及其边缘交叉科学等多方面的知识才能解决。必须建立起相适应的学习型社会、学习型组织与学习型的人力资源开发系统,才能及时解决我们实际工作中不断面临的新问题、新情况与新课题。

这种课程设计策略的优点是针对性强,有助于解决目前现实中的各种问题;缺点是缺乏长久的持续性开发效应。对于组织内部的人力资源开发来说,这种课程设计策略比较实用。

上面所介绍的三种人力资源开发课程策略,主要是依据开发的需要划分。实际上,人力资源开发课程的策略还可以按照开发目的来划分,分为基本素质开发目标取向、行为开发目标取向、特长素质开发目标取向与个性发挥型开发目标取向四种。

所谓基本素质开发目标取向,是指根据组织内各种职务要求分析、工作内容分析与员工个人开发需求分析,确定一些共同而基本的知识、技能、能力与品性素质,甚至引申出一般的开发宗旨与原则,将它们直接运用于课程内容设计与开发实践活动,成为人力资源开发活动过程中一般性与规范性的指导方针与具体目标,因而具有普遍性、抽象性、根本性、模糊性、规范性,可运用于任何部门与员工的人力资源开发。例如,工段长的开发目标是"掌握计算机操作技能、具备组织与领导能力、成为车间有效的工段长"。

所谓行为开发目标取向,是指根据具体的岗位工作方式与内容,根据知识、技能与品性素质的具体表现,用一些外显的与可观察到的具体行为表述开发目标的内容与要求,它指明了开发活动结束后,被开发者身上发生了什么样的行为变化,因此其特色是比较精确与具体,具有可操作性。行为开发目标的取向很可能是传统师徒制的一部分。在作坊中,师傅常常要求徒弟在规定的时间内完成特定的与具体的任务。行为开发目标取向始于课程开发科学化的早期倡导者巴比特。他在1924年出版的《怎样编制课程》一书中,曾用"活动分析法"对人类经验与职业进行系统分析,提出了10个领域中的800多个行为开发目标。20世纪六七十年代,美国著名教育学者梅杰(R. F. Mager)、波法姆(W. J. Popham)等人认为,行为开发目标中应该包括三个行为要素:(1)用被开发者的外显行为揭示开发的结果;(2)评价者能观察到这种行为表现的条件;(3)行为表现好坏有公认的评判标准。例如,给被开发者一张三视图纸,看他在5分钟内凭借自己的智力是否能够从众多的立体实物图形中识别出唯一对应的一个。

所谓特长素质开发目标取向,是指根据每年被开发者已形成的较为突出或十分缺乏的知识、技能、经验、能力与品性素质,设计相应的开发内容与目标,其目的在于扬长避短与取长补短。例如,把一个下岗的体育教师开发为运动器件销售人员;对一个国内著名的音乐家进行英语水平培训,将其开发为国际型的音乐家。这种特长素质开发目标取向最具经济性与高效性,它投入少见效快。这种开发目标取向起源于杜威的"教育即生长,教育即改造"的观点。人力资源开发的重要目的之一就在于就地取材、取长补短,在最短时期、用最少花费开发出员工的现实生产力;人力资源开发的重要目的之二是发挥优势,弥补不足,使员工更具生产力,更具战斗力与竞争力;人力资源开发的重要目的之三是促进员工现有生产力的发展,使之提高到新水平。这三个目的都与特长素质开发目标取向相一致。

所谓个性发挥开发目标取向,是指根据每个员工已形成的生产力、个性素质以及所在的具体生产环境条件,最大限度地引导与激发其行为表现与个性发挥。在这种情况下,个性发挥取向与特长素质开发取向一样,我们对被开发者应该达到的具体标准是无法预估的,因此,这种人力资源开发所注重的是开发过程以及最终的目的,而不是每个阶段的具体目标。个性发挥取向还有一个特点,就是它所追求的不是被开发者反应的同质性、统一性与标准化,而是反应的多元性、特殊性与充分性。因此,它更加强调被开发者的创造性、方法性与个性化。个性发挥开发取向策略特别适用于高层人员的开发与研发人员的开发。

四、人力资源开发课程设计的模式

关于模式,不同的研究者有不同的解释。在这里,我们把模式看作理论的价值取向及相应的实践操作方式的系统,是结构与功能、形式与内容的具体统一。单纯的理论论述与具体的操作陈述都不能成为模式。课程设计模式就是关于课程设计的价值取向与相应操作方式的统一体。

（一）泰勒目标模式

关于如何设计 HRD 课程，可以参考美国著名课程专家泰勒在《课程与教学的基本原理》一书中所提出的四步法，具体如图 3-7 所示。

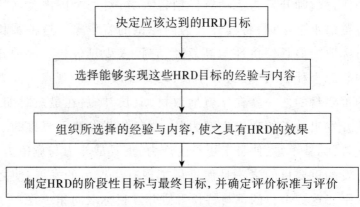

图 3-7　泰勒目标模式

（二）塔巴模式

塔巴（H. Taba）是泰勒的学生，他把泰勒提出的四个步骤扩展为八个：第一，课程设计者应该分析被开发者的需求，了解其不足、缺陷及背景差异；第二，在确定被开发者需求的基础上，建构所要实现的开发目标；第三，依据所制定的开发目标，参考各种可供选择的内容、方法与手段的有效性与重要性，选择课程的内容与主题；第四，根据被开发者的成熟度与现有水平，安排、组织课程与学习的题材、主题的适当顺序；第五，根据题材、主题及其顺序，选择适当的学习形式或开发形式，例如听讲、实验、观察与讨论等；第六，对所选定的开发形式与内容加以组织、合理安排与实施；第七，设计适当的方法与工具，评价被开发者所产生的变化，确认开发目标达成的程度；第八，试用并验证其有效性与可操作性，依据具体情况与需要修正与调整教学。根据上述思想，可以制定塔巴的模式，具体步骤如图 3-8 所示。

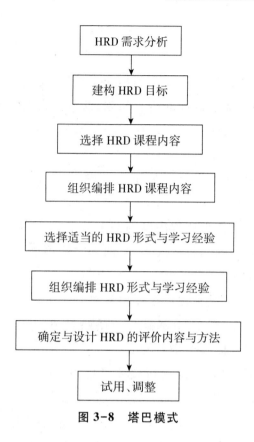

图 3-8 塔巴模式

（三）惠勒模式

英国课程专家惠勒(D. Wheeler)的贡献在于将泰勒的直线四步法转变为封闭循环式。惠勒认为,在泰勒的直线四步法中,如果评价结果不符合预定的开发目标,就不能实现反馈,这不利于课程的重新修订与编制。其设计模式如图 3-9 所示。

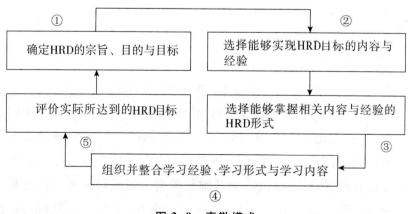

图 3-9 惠勒模式

（四）施瓦布的集体审议模式

美国课程专家施瓦布(J. J. Schwab)认为，无论什么样的模式都不可能解决 HRD 课程设计的所有问题，课程设计与编制中所涉及的因素是多种多样的，而且相互依存与相互影响，因此课程设计应当在实践中进行。

施瓦布认为，课程设计中要重点考虑科目内容、被开发者、开发情景、开发者四个因素。

科目内容是指作为课程内容的知识。这些内容在实践中的操作形式与开发课程中的编排形式不同，两者之间不能直接转化，需要通过"审议"才能完成。

考虑被开发者，是指课程审议要从被开发者的实际出发，除了解被开发者的认知水平、知识基础与年龄特征外，还要考虑他们的情感、兴趣、生活背景以及个别差异。

考虑开发情景，是指课程审议要考虑可能影响被开发者学习的各种因素。例如课堂、企业文化、家庭、价值观等。

考虑开发者，是指课程审议要考虑开发者的因素，开发者是确定课程目标和解决整个过程中问题的一个基本要素，是课程审议的第一手信息来源。

施瓦布认为，集体审议就是要对以上四个共同因素进行慎重思考，并作出决议。他建议由组织领导、开发主管、开发者、被开发者、用人单位主管共同组成"课程审议小组"，由课程主席负责，通过小组成员的合作，进行集体审议，根据课程实践中的复杂性，做出有关课程设计的各种决定。

（五）斯滕豪斯的过程模式

英国著名课程理论家斯滕豪斯(L. Stenhouse)认为，HRD 课程设计的重点在于选择那些具有内在价值的知识与活动而不是开发的目标。他认为，理论具有两种职能：一是把人们已获得的资料与事实组织起来，提供对事物与现象的一种理解；二是具有一种引导我们实施与思考的倾向，为行动提供一个基础与依据。虽然目标设计理论提供了一种设计的手段与方法，但它强调了逻辑性，而失去了基础性。高

第三章 人力资源开发的技术

度综合的理论,从知识进步的角度看,也许有很大的效用,但在应用于实践时,必须格外小心。它们逻辑上越令人满意,可能就越不适用,因此他对 HRD 课程设计表现出只问耕耘不问收获的倾向。他认为,如果选择的知识与活动形式真正合理,那么课程质量也就一定有保证,课程设计的重点在于保证其中知识与活动形式的合理性,无须服从于人为制定的开发目标,更无须用评价标准来衡量目标的达到程度。

关于知识与活动形式内在价值的选择,他在引用拉思(J. D. Raths)成果的基础上提出了以下 12 条标准:(1)引导被开发者自主做出选择,并对选择所带来的结果做出反思;(2)要求被开发者进行相关探究的知识与活动比其他知识与活动更有价值;(3)引导被开发者充当主动角色而不是被动角色的知识与活动比其他知识与活动更有价值;(4)引导被开发者涉及真实的物体、材料与人工制品的知识与活动比其他知识与活动更有价值;(5)能够由不同水平的被开发者完成的活动或掌握的知识比其他知识与活动更有价值;(6)要求被开发者在新的背景下审查一种观念,进行智力活动的应用,并研究一个问题的知识与活动,比其他知识与活动更有价值;(7)引导被开发者研究一些习以为常而被忽视的问题的知识与活动比其他知识与活动更有价值;(8)引导被开发者与开发者共同处于成功或失败体验的活动与知识比其他知识与活动更有价值;(9)引导被开发者改造、重温及完善已开始的各种尝试的知识与活动比其他知识与活动更有价值;(10)引导被开发者学习与应用有意义的规划、标准与准则的知识与活动比其他知识与活动更有价值;(11)能为被开发者创造一个和别人分享制订计划、执行计划及活动结果的机会的活动比其他活动更有价值;(12)引导被开发者主动表现的知识与活动比其他知识与活动更有价值。

【阅读材料】

基于岗位能力素质模型的培训课程开发[①]

云南电网公司为实现打造国内领先的省级电网运营企业的目标,需要根据形势实施各种管理创新、技术创新,而人力资源管理的核心,就是围绕公司战略目标的要求,运用更加先进和实用的人力资

---

① 资料来源:曲聪、方俊、梅晓芸:《基于岗位能力素质模型的培训课程开发》,《中国人力资源开发》2010 年第 8 期,内容有删减。

源管理手段,为目标的实现打造和提供人力资本平台,对人力资源进行系统的开发、培养和利用。基于这一认识,云南电网使用了基于岗位素质模型的培训课程开发。本次课程开发,以标杆岗位人员的能力素质要求为依据,以隐性素质培养为重点,通过系统的逻辑思路与方法,对目标岗位人员所需要提升素质的培训课程进行了精准的开发,并总结出了可供持续进行课程开发的规范,达到了预期的目的。下一步,云南电网公司将继续对其他岗位开展培训课程开发研究,全面建立基于岗位能力素质模型的员工培训课程体系。下面对其具体操作过程进行详细阐述。

第一步,云南电网公司根据能力素质模型的相关理论及方法,建立了供电企业5类职系、26项职能、涉及640多个岗位的能力素质模型,并总结出一套基于岗位能力素质模型的课程开发标准模式。

第二步,培训要素分析是课程开发中最重要的环节之一。云南电网公司将标杆职位的能力素质分为共通性能力素质和差别化能力素质两类。

第三步,结合对能力素质的关键行为要求,运用投入、过程和产出分析方法,分别分析该岗位人员需要在投入、过程和产出三个环节上有什么样的行为表现,形成培训要素。

第四步,将提取的培训要素表编制成调研问卷,在基层供电局选取了103位班组长进行调研,广泛听取意见。

第五步,培训主题归纳与合并。

第六步,专家和课程开发团队共同研讨,最终确定培训主题模块搭配及课程名称。

第七步,提纲编写。

第八步,课件开发。课件开发前,专门制定了课件标准格式,明确编写思路,确定编写时限,并对编写进度及过程中出现的问题及时审核把关,做到编写工作稳步推进,顺利完成了基层班组长培训课程课件编写。

五、课程设计的方法

课程设计是指拟定一门课程的组织形式和组织结构。设计过程中受到设计者价值观与设计技术的影响。课程内容与活动形式的选

第三章 人力资源开发的技术

择,基本上取决于设计者对课程在 HRD 过程中起什么作用的价值观点;课程的形式与结构的设计,取决于课程目标、内容、学习活动、学习材料、学习时间、学习空间与环境、设计策略等因素的安排与实施要求。

课程设计一般按照宏观、中观与微观三个层次顺序进行。宏观设计主要解决 HRD 课程的一些基本理念问题,包括课程的价值、课程的根本目的、课程的主要任务、课程的基本结构等。设计的成果表现为课程设计的基本原则或计划方案。当课程是针对一个时期设计时,宏观设计还要说明各类课程的比例关系、门类结构、开设顺序、时间分配等。

中观设计是将宏观设计后的开发课程计划具体化为各门课程的大纲或标准,并以课本或其他媒体形式表现出来。

微观的课程设计是将中观设计的课程大纲、课程标准或课本,依据具体的开发对象、被开发者的基础、开发环境、开发条件以及可利用的相关资源,制订具体的课堂开发方案。

三种设计的操作及其依据如图 3-10 所示。

图 3-10 课程设计操作顺序图

【阅读材料】

促进深度学习的翻转课堂设计[①]

信息技术的快速发展和在社会生活中的普及,使得信息的获取变得更加便捷,然而在这样的环境下,知识的增长和更新速度要比接收速度快得多,随之而来的浅层读图、信息娱乐化、碎片化现象抑制了学习的深度,使学习者倾向于浅层学习带来的即时满足感,而对知识的深度加工避而远之。而深度学习在本质上是一种以理解为导向、以理解深度为表征的学习,旨在追求对学生高阶能力的培养。同

---

① 资料来源:陈明选、张康莉:《促进研究生深度学习的翻转课堂设计与实施》,《现代远程教育研究》2016 年第 5 期,内容有删减。

样,作为互联网时代特有的创新教学形式——翻转课堂,旨在让学生由浅表学习走向深度学习,由初级理解向深度理解发展。为促进研究生深度学习,我们在微观层面从课前自我理解、课中分享理解、课后反思理解和课终迁移应用等四个方面设计了翻转课堂(如图 3-11 所示)。

1. 课前自我理解,认识初步成型

为了避免传统的"灌输式"知识授导型教学的情形,实现课前自我理解,需要设计引导自我理解的策略:首先,在课程学习前公开能够引领学生迈向重要学习中心、推动学生进行深度理解、相互关联、明确可操作的学习目标,由此设置的学习目标对学生来说是进行深度学习的出发点和引导学习过程的方向牌。其次,为了拓展学习的深度和广度,需选择具有占据学科中心、需要发现、具有持久价值、有吸引力四方面特征的学习内容,具有此特征的课程内容更容易以"衍生性问题"的形式来引发学生的兴趣,进行持久的探索。

2. 课中分享理解,矫正认知偏差

翻转课堂的课上环节首先选取课前各"衍生性问题"的思考者之一来分享展示的环节,要求学生将自己对问题的思考和看法讲授给教师和同伴,此环节同时会选择师生共同点评、师生根据汇报内容提问与汇报人答疑的策略来协助活动有效进行。其次,教师根据网络教学平台"课前讨论区"中的课前疑问和讨论情况与学生就课前疑问系统地答疑解惑。最后,根据之前活动的进行情况适当扩展其他学习内容。

3. 课后反思理解,认知能力得以训练和提高

通过研究观察,最终形成有效的反思策略:一方面,通过图示的办法让学生反思课堂学习活动后对某个概念或问题认识的思维变化过程,以达到自我认识的目的;另一方面,通过与教师、同学的互动,总结与反思课程实施过程中的新收获。

4. 课终协作建构课程内容,知识体系得以迁移应用

为加强课程内容知识概念间的连接,帮助学生形成清晰的课程知识体系,我们设置了绘制课程概念图的小组协作任务在课终进行展示。在此过程中,教师需要通过一定的手段指导或给予学生反馈。

第三章 人力资源开发的技术

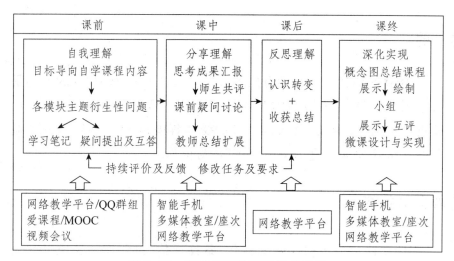

图 3-11 微观层面的翻转课堂设计

通过对促进研究生深度学习的翻转课堂的设计及应用研究,可以看出,引导研究生进行深度学习的成效不仅表现在思考问题的思维结构水平的变化,即问题探究能力的提升,还表现在学生、师生之间互动频率的提高;另外,个人在深层学习动机、学习投入及深度学习策略应用方面也发生了显著的变化。

正如戴维·珀金斯所言,学生即将面对的是兼具未知与已知的灵活多变的世界。教育的任务不仅仅是传递"已经打开的盒子"里面的内容,更应该培养学生对"尚未打开的盒子"和"即将打开的盒子"里面内容的好奇心,而正确的方法是帮助他们找到打开盒子的钥匙。①

第五节 效果评估技术

HRD 效果评估是指收集培训成果以衡量培训与开发是否有效的过程。为了正确把握 HRD 评估技术,有必要对 HRD 评估的目的、内容与指标、技术及应用加以简单介绍。

---

① 〔美〕戴维·珀金斯:《为未知而教,为未来而学》,杨彦捷译,杭州:浙江人民出版社 2014 年版,第 18 页。

一、评估的目的

HRD 评估的主要目的有以下六个方面:(1)评判 HRD 的目的是否达到;(2)评判 HRD 成本与效益的比率;(3)检查 HRD 的程序、优缺点与适用性;(4)评估被开发者的受益程度;(5)评估组织的受益程度;(6)为将来改进 HRD 提供资料与依据。

二、评估的内容与指标

HRD 评估内容包括背景评估、条件评估、过程评估和成果评估四个方面。这里重点介绍一下过程评估和成果评估。

(一)过程评估内容与指标

过程评估是评估 HRD 组织实施的过程,评估指标包括完善的 HRD 规划、相关配套措施、适当的评估与追踪管理措施三个方面,如图 3-12 所示。

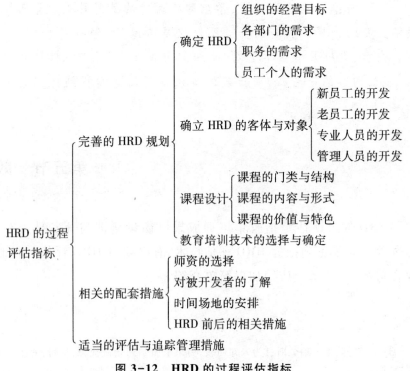

图 3-12　HRD 的过程评估指标

第三章 人力资源开发的技术

（二）成果评估内容与指标

成果评估是判断 HRD 对个人、岗位、部门与组织产生的实际效果，包括内部成果和外部成果，如图 3-13 所示。

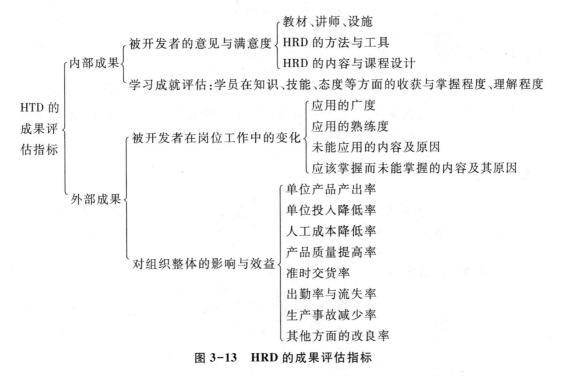

图 3-13　HRD 的成果评估指标

三、评估的技术

（一）笔试

笔试又叫测验，是通过纸笔测验的形式对被开发者进行考试，以此检查 HRD 的效果。这种方法比较适用于知识、技能开发效果的评估。

（二）问卷调查

这种方法通过问题调查表的形式，向有关人员收集信息，并由此对 HRD 的效果做出评价。问卷的对象可以是被开发者、管理人员、开发人员、顾客等。这种方法比较适合于满意度、感受、意见、态度等的调查与评估。

(三)跟踪观察法

跟踪观察法是在 HRD 活动结束后,经过几个月或半年以上的时间,以问卷调查、实地访谈与观察的形式,了解 HRD 相关效果的一种方法。这种方法比较适合于外部成果的评估。

(四)座谈会议法

座谈会议法是在 HRD 活动结束时或其后一段时间,以座谈会的形式,收集有关人员对 HRD 效果的评价意见,由此对 HRD 进行评估的一种方法。

(五)面谈法

面谈法是直接与被开发者、管理人员面谈,收集有关信息,并对 HRD 做出评估的一种方法。

(六)产值效益计算法

产值效益计算法是通过相关的数学公式计算 HRD 效益的一种方法。评价培训成果效益的公式是:

$$\Delta U = TNdtSD_y - NC$$

式中,ΔU——培训方案的收益;

T——培训对工作绩效产生影响的时间(年);

N——受训者数量;

dt——以标准 Z 为单位的已受训雇员和未受训雇员之间实际工作绩效的平均均值(参见下面的效用尺度公式);

SD_y——未受训雇员工作绩效的变化度(标准差);

C——人均培训成本。

说明1:如果培训不占工作时间,C 仅含直接培训成本。否则,除直接成本外,C 还要包括由于培训而误工的所有费用。

说明2:dt 称为效用尺度。首先,我们假设在已受训雇员(实验组)和未受训雇员(对比组)之间没有工作绩效的差别。然后,通过效用尺度来判别:(1)两组之间是否存在差别;(2)这种差别有多大。

效用尺度公式是:

$$dt = \frac{\overline{X}_e - \overline{X}_c}{SD\sqrt{R_{yy}}}$$

这里,$\overline{X}_e$——已受训雇员(实验组)的平均工作绩效;

$\overline{X}_c$——未受训雇员(对比组)的平均工作绩效;

SD——未受训雇员工作绩效的标准差;

$\sqrt{R_{yy}}$——工作绩效评价过程的可靠性(指不同评价者的评定结果相一致的程度,也称为相关系数)。

下面我们看阿波矶(Apoyee)宇航公司的应用实例。

阿波矶是一家航天用电子元件的制造公司。它在下属工厂 A 为质量控制检验员制订了一个新的培训方案。新方案强调以直观教具及有步骤地发现和解决问题为指导。下属工厂 B 与工厂 A 的地理位置不同,但两个工厂检验员的数量、平均年龄、资历、受教育程度及工资率(人均每年 2 万美元)都相同,其中最高工资 28 000 美元,最低工资 12 000 美元。工厂 B 作为对比组。培训结束 6 个月之后,对这两个组进行了一次考试。考试时发给每位检验员一个已知缺陷数量的标准元件,要求他们在给定时间内检验元件并找到缺陷位置。

假设培训产生影响的时间为 3 年,阿波矶期望得到的改进工作绩效的收益是多少呢?

工厂 A 和工厂 B 的基本情况参见表 3-8。首先假设,工厂 A 的已受训工人与工厂 B 的未受训工人之间没有工作绩效差别,然后计算 dt:

$$dt = \frac{9.5 - 6.0}{2.5 \times \sqrt{0.90}} = \frac{3.5}{2.37} = +1.48(变化范围从-3 到+3)$$

表 3-8 工厂 A 与工厂 B 情况介绍

	工厂 A	工厂 B
工人数量(人)	125	125
已查出的缺陷平均数量(个)	9.5	6.0
标准差	1.85	2.5
受训者人均费用(美元)	800	0
评价者的评分相关程度	0.9	

将 dt 与其他给定值一起代入方程(请记住,工作绩效的变化度为 SD_y = 20 000 美元×40%-8000 美元):

$\Delta U = TNdtSD_y - NC$

$\qquad = 3 \times 125 \times 1.48 \times 8000 - 125 \times 800$

$\qquad = 4\ 440\ 000 - 100\ 000$

$\qquad = 4\ 340\ 000 (美元)$

把这个总数分摊给125名工人,便是每位受训者由于改进工作绩效3年获得的平均收益34 720美元,或者说每年人均收益为11 573美元。

(七)员工绩效考评法

员工绩效考评法即通过对比分析员工个人在HRD前后的绩效考评成绩变化,对HRD进行评估的一种方法。

四、评估技术的应用

结合上述有关评估的内容与评估技术,各种评估技术可以通过表3-9加以应用。例如,表3-9中的第一层次的评估方法的应用,可以首先设计一份HRD活动评估表、被开发者满意度调查表以及小组面谈记录表等,然后进行评估活动,最后分析评估结果,主要分析不满意者的反应事项、不满意的频率或次数,以及顾客满意度指标等。

表3-9 HRD效果评估内容与技术选用一览表

层次	名称	主要指标	评估的内容与指标	技术选用
第一层次	意见评估	被开发者的满意度	教材、开发者或讲师、设施、方法、工具、内容、环境、组织与管理等	问卷法、面谈法、会议座谈法等
第二层次	学习评估	被开发者的学习成就	知识、技能、观念、态度与其他素质变化	笔试、问卷法、面谈法、会议座谈法等

第三章 人力资源开发的技术

续表

层次	名称	主要指标	评估的内容与指标	技术选用
第三层次	行为评估	岗位工作的改善程度	出勤率、产品合格率、工作效率、事故减少率、工作态度变化等	跟踪调查法、实地观察法、绩效考评对比法等
第四层次	绩效评估	整个组织效益的改善程度	单位产品产出率、单位成本降低率、人工成本降低率、品质提高率、准时交货率、事故下降率等	产值计算法、跟踪调查法、跟踪观察法、会议座谈法等

例如,某企业采用模拟场景的方式对员工销售沟通技能进行培训,销售经理作为专业评估员,在培训过程中,认真地忠实于模拟场景来评估学习者的表现。销售经理本身接受了相关培训,以便可以判断出"标准以上、符合标准、标准以下"等级的具体区别。在培训结束后 60 天内,仍是由同样的销售经理运用表 3-10 所示测评工具,评估每个学习者在实际销售工作中的表现,以使每个学习者在培训结束之后可以获得达到标准的分数。

表 3-10 销售沟通培训技能测评表

测评内容	根据标准制定的评定等级		
	1分	2分	3分
	标准以下	符合标准	标准以上
开场白和结束			
价值和证据			
听课			
提问			
支持材料			
总计			
总分			

根据以上测评工具计算出学习者的技能平均分,对比前后两次得分,就可对培训效果做出评估。

总之,HRD 的技术比较多,本章主要介绍了需求分析、人力规划、教育培训、课程设计与效果评估等方面的技术,其中教育培训与效果评估两方面的技术阐述比较简要,这方面的资料比较多,通过本书的参考文献可以找到更为详细的资料。

本章小结

本章主要介绍了人力资源开发过程中的需求分析技术、人力规划技术、教育培训技术、课程设计技术与效果评估技术。

第一,本章介绍了人力资源开发需求及其模式,指出人力资源开发需求一般来源于对组织要求和个人的差距分析,阐述了人力资源开发需求分析的一般程序,介绍了人力资源开发的三种分析技术,即目标水平确定的技术、现实水平确定的技术及目标水平与现实水平之间的比较技术,详细论述了组织开发的需求分析技术、任务分析技术和人员分析技术。

第二,本章介绍了人力规划技术,以及人力规划的内容、方法和类型。

第三,人力资源开发需求确定之后,就需要选择合适的人力资源开发方法。同时,合适的人力资源开发方法需要合适的教育培训技术来支持。本章按照知识技能、品德与态度、潜能三个方面详细介绍了有关的培训技术。

第四,对课程的概念进行了深入的探讨,介绍了几种比较有影响的课程设计思想,提出了人力资源开发课程设计的三种策略,即以知识能力建设为中心的策略、以被开发者为中心的策略和以社会或组织需要为中心的策略。为了寻求课程设计的价值取向与相应操作方式的统一,阐述了五种人力资源开发课程设计的模式:泰勒目标模式、塔巴模式、惠勒模式、施瓦布的集体审议模式和斯滕豪斯的过程模式。

第五,本章简述了人力资源开发评估的目的与内容,详细介绍了对人力资源开发评估的七种技术,即笔试、问卷调查、跟踪观察法、座谈会议法、面谈法、产值效益计算法和员工绩效考评法,对评估技术的具体运用作了简单介绍。

第三章 人力资源开发的技术

▶▶ 复习思考题

1. 你是如何理解人力资源开发模型的?
2. 人力资源开发需求分析的一般程序是什么?
3. 简述并比较人力资源开发需求分析的技术。
4. 任务分析的步骤是什么?
5. 人员分析技术有哪些类型?
6. 什么是人力规划?人力规划的主要内容与作用是什么?
7. 人力规划按照什么程序进行?有哪些方法与类型?
8. 教育培训技术可以分为哪几类?每类都有什么方法?
9. 人力资源开发课程设计的策略有哪几种?
10. 人力资源开发课程设计的模式有哪几种?
11. 人力资源开发评估的内容和指标一般包括哪些?
12. 人力资源开发评估技术有哪几种?

▶▶ 案例与分析

DK公司的国际化培训体系探索与实践①

DK公司成立于1988年,其总部位于河北省秦皇岛。DK公司是中国大陆第一家铝车轮制造企业,全球最大的铝车轮及铝制底盘零部件供应商,第一个闯入全球汽车零部件配套供应商百强的中国企业。2011年起,DK公司致力于产品多元化和国际化,目前DK公司已在美国和欧洲的汽车大国建立了7个生产基地,并以其优质的产品和服务完成了全球市场布局。在欧洲,半数以上的汽车上都有"DK制造"的零部件,DK公司已经成为全球最大的铝车轮及铝制底盘零部件供应商。然而,DK公司的国际化进程并非一帆风顺,面临着诸多挑战,如工人的技术技能难以满足海外公司持续扩大、自动化生产的需要,中西文化差异,以及西方员工对中国制造的认同度和接受度较低等问题。为此,DK公司进行了国际化培训体系探索。

---

① 资料来源:徐渊、石伟、刘俊双、骆南峰、顾珊、杨丽:《国有制造企业国际化战略中的培训体系探索与实践——以DK公司为例》,《中国人力资源开发》2016年第16期,内容有删减。

1. 国际化培训体系建立的目标和原则

DK公司是全球最大的铝车轮和铝制底盘零部件供应商,其在未来还将进一步加强国际化进程,因此培训体系的总体目标是推动企业国际化战略目标的实现。为确保目标的实现,根据海外建厂过程中遇到的实际问题,如语言沟通障碍、思维方式差异、东道国员工对中国技术的观望态度等,考虑到成人培训的特点以及海外业务对人才的需求,在设计企业的培训体系和正式实施培训之前,DK公司制订了7条培训原则:第一,系统性,即根据海外的实际培训需求,确定各阶段的工作安排,并且有效地保证各阶段的工作都顺利进行;第二,先进性,按照海外DK公司产业升级的标准,设计组织岗位;第三,实践性,DK公司的培训体系必须为实践而学、在实践中学、用实践检验;第四,激励性,作为培训体系还必须具备激励性,与薪酬定级、内训师队伍、职业发展、荣誉激励挂钩;第五,合适性,培训体系的设计必须符合东道国员工的思维方式、有趣易接受;第六,传承性,授人以鱼不如授人以渔,实现在海外本土传承,保证培训能够实现良性循环;第七,安全性,培训体系的设计必须符合海外公司所在国的法律法规和文化习惯,确保人身财产安全。培训体系的设计原则既考虑了企业的实际需求以及培训的传承性,也强调了文化融合以及海外的经营环境等。

2. DK公司的培训课程体系

培训课程体系的建立是培训需求到培训课程的转变,根据企业的实际需求和不同层次、不同阶段人才的能力提升开发合适的课程,一方面可以保证人才能力满足企业发展的需要,另一方面能够为员工的成长和发展提供助力。

DK公司的培训课程体系在整个培训体系中发挥着十分重要的作用,培训内容主要包括企业文化、生产运营以及技术技能。其中,企业文化培训主要通过文化讲解、企业总部参访以及东道国员工和母国员工互动等形式,让东道国员工了解中国文化、了解DK公司文化、建立起对DK公司的文化认同。生产运营培训内容包括产品介绍、工艺介绍、质量管理以及设备管理,这一部分的培训主要是针对海外基地的运营管理人员。技术技能培训主要让员工了解、掌握、胜任工序操作、设备使用和质量检查,具体包括基础技术和岗位实操。

第三章 人力资源开发的技术

DK公司在设计培训课程体系时从海外公司的培训需求出发,保证学员在接受培训后能够立即将学习到的技术投入实际生产中,重视对文化的培训,强调培训的传承性,充分体现了培训体系的战略匹配性、学以致用、文化与业务并重以及长期性四个特点。

3. 培训讲师体系

培训师是培训活动的主导者,直接决定着培训的现场效果,同时也是培训计划能否顺利实施的关键因素,是培训体系中不可或缺的重要组成部分。由于内部培训师更加了解企业的培训需求、对企业的培训工作更加负责并且能够有效利用企业现有优秀员工的技能和经验,从而大大降低了企业的培训成本,因此,DK公司的海外培训师主要由内部人员组成。

DK公司培训师队伍的一大特点是总经理亲自参与。培训师按照培训任务主要分为企业文化、生产运营和技术技能三组,目前一共有讲师13名,助理讲师33名。企业文化培训师主要负责向学员传递企业的文化,由总部的总经理担任。为了更好地与学员互动,确保培训效果,总经理利用业余时间练习英语,达到了可以用英文授课和日常交流的目的。而总经理担任文化讲师不仅能够向海外学员们准确地传递企业文化,同时能够从更高的角度来诠释企业文化和企业战略之间的关系,最重要的是由总经理亲自担任文化讲师能够充分体现出公司对东道国员工的重视,有利于东道国员工认同感的培养和建立。生产运营和技术技能组的讲师主要是由公司在相应模块具有丰富经验、技能熟练且有一定语言基础的骨干员工担任。

4. 培训的实施策略

为了提升东道国员工的技能,加强不同文化之间的融合,同时保证培训课程的落地和培训效果的达成,DK公司创造性地实施"三步走"的培训实施策略:第一步,来华培训;第二步,东道国现场培训;第三步,传承培训。每一阶段的培训各有侧重、互相补充,为DK公司不断扩大的生产提供充足的人力资本,保证海外经营的可持续发展。

来华培训主要是选派东道国的核心骨干,包括工段长、班组长、核心工艺员等,到DK公司的中国总部接受为期一个月的培训,文化熏陶先行,使核心员工了解中国,了解和认同DK公司的文化,在此基础上熟悉轮毂生产的基本流程,学习一部分关键的生产技能。

东道国现场培训是由 DK 公司外派至东道国的工程师为东道国员工提供生产现场的实际操作培训，使东道国员工在岗位上边干边学。现场培训以岗位胜任为目标确定关键技术技能，基于技能差距分析制订培训计划，阶段性评价培训效果，及时进行培训计划的改进与调整，为关键生产节点提供人员技能保障。

传承培训是由已经接受过前两个阶段的培训且通过培训技能评估的东道国核心员工进一步将体验到的母国公司文化、生产技能传授给其他员工，产生多米诺效应。

总之，来华培训是基础，东道国培训是有效补充，传承培训是必然选择。"三步走"的培训策略，有效地解决了文化、技能和可持续经营的难题。

5. 培训的持续改进

国际经营环境复杂多变，一套行之有效的培训体系更需要与变换的环境和生产经营状况相匹配。对于 DK 公司而言，没有现成的成功模式可以套用，只能在实践中摸索、尝试、不断前进。在发达国家设立工厂的国际化过程中，DK 公司就秉承执行、总结、改进的原则，结合自身实际，创新性地建立了一套初步有效的培训体系。

▶▶ 案例分析题

1. DK 公司的国际化培训体系使用了人力资源开发的哪些技术？
2. 在企业国际化战略实施过程中，哪种人力资源开发技术最有效？为什么？

第四章

人力资源开发的途径

📖 **本章学习目标提示**

- 了解HRD的各种形式与特点
- 掌握HRD系统的结构及其相关思想
- 重点掌握HRD中的职业开发、管理开发与组织开发方法

人力资源开发的方法包括开发的途径、方式、工具等中介手段。由于HRD方法多种多样,因此从系统论的角度确立人力资源开发方法观点十分必要。本章主要阐述如何建立科学的HRD系统以及目前组织人力资源开发的几种主要途径。

【引例】

张大爷的开发故事

北京的看门人很多,俗称"看门老头"。不少看门老头态度不好,为什么不好?这个岗位基本上没事干,一见面,"喂",把你喊住了。你一愣神,他说:"过来。""干吗?""登记。""我找人事科。""二楼。"他为什么态度恶劣呢?"我这人很有本事,你却让我看门。"嘴上不说,心里这么想。长此以往,心里窝火。如今成立了人力资源部,人力资源部部长说:"张大爷,我们人事部改成人力资源部了,知道为什么吗?""不知道。""告诉您,我们要开发您了。""开发我,怎么开发?""您不是有很多本事吗?没事干,烦得慌,是吗?您是我们的窗口,您的形象很重要,要讲礼貌。""我懂。""不仅如此,您的工作内

容也增加了,每个季度给总经理写一份《客户流量分析报告》。何时来的人多,何时来的人少,什么原因,如何吸引客户,这个报告归您写,春夏秋冬各写一份。"张大爷说:"这么说我挺忙的,加了4份报告?""不仅如此,您还得上大学学习呢!您这个位置经过研究,必须大学毕业,您什么水平?高中毕业。那不行,想要写好报告,没有墨水不行啊,您必须上大学,实在不行,上个夜大,读个文秘专业吧,要学会写调查报告。""好吧,这是个好事,"老人家想:"过去没人理我,现在一年让我写4份报告,总经理还要看,看来我这个人很重要。"

张大爷的工作态度变化的原因是什么?人力资源部门对张大爷的开发方法是什么?本章将会进行更加详细的讲解。

第一节　建立科学的人力资源开发系统工程

一、人力资源开发系统工程概述

人力资源及其开发对象本身是一种结构系统,需要组织各种技术进行系统的开发。科学的人力资源开发系统工程与一般人力资源开发方式有所不同。在一般的人力资源开发系统中,其主要形式是职业技术培训和人才的选拔、录用、配置。职业技术培训的目的在于提高劳动者的专业工作技能,以适应岗位工作要求。它一般采用短训班的形式。我国在"九五"期间,曾以这种教育培训形式对全国大中型企业中层以上的管理人员进行了一次岗位职务培训,收到了较好的开发效果。但是,这种短期与单方面的培训形式是不是一种优化的人力资源开发形式呢?其开发的效果是否最佳呢?答案是不一定。从系统论角度来看,这种只局限于当前工作岗位需要的职业技能培训,只是一种单一"点开发"形式,其效果无法达到优化状态。如果不把它纳入组织人力资源的整体开发系统工程中,其所展示的开发效果也只能是暂时的与短期的。人才的选拔、录用与配置,常常是"一日许配,终身伴侣"。显然,这是一种"显开发",是以人力资源当前已显示的、已发现的结果为依据。同时,它也是一种"静开发"。在传统的人事管理中,除非调离或升学,否则"人"与"事"一旦配置,就长期稳定不变。

人力资源是一个复杂的结构系统,它的形成与发展是一个不断衰退、不断更新与不断生长的动态过程。这种特性决定了HRD需要一种全面的与系统的开发工程形式,才能取得最佳的效果。

无论是微观的个体人力资源,还是宏观的群体人力资源,它们的结构至少存在三个子系统:一是现实需要的人力资源,二是非需要的辅助人力资源,三是再生当前所需要的潜在人力资源。只有对这三个人力资源子系统进行协调性的开发,最后才能产生最佳的开发效果。目前,人力资源开发的职业培训形式,只是限于对现实需要人力层的显开发,而缺乏对辅助人力层与再生人力层的潜开发。人力是一种活的资源,它不同于一般的矿石、煤炭与天然气等"死"的资源,它具有充分的再生能力。我们应树立全面系统的开发观点,注意人力资源的显开发观点,注意人力资源的显开发与潜开发相统一,点开发与面开发相统一,静开发与动开发相统一。虽然物理学上"永动机"的制造目前无法实现,但是建立全面而系统的人力资源开发工程,将有可能使人力这一活资源奔涌不息。

二、人力资源开发全程模式

人力资源开发系统工程旨在建立一种全过程、多层次、多角度和统一化的人力资源开发模式(如图4-1、图4-2与图4-3所示)。

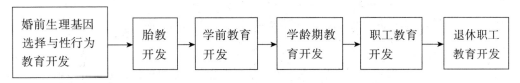

图4-1 人力资源开发系统工程之一:全过程的终身开发模式

人力资源是随着个体生长而不断形成与发展的,建构全过程的终身开发模式的目的,在于把当前我国处于分离状态的开发系统协调起来,纳入到统一的人力资源开发轨道上来,形成人力资源开发的系统合力。

终身教育的思想虽然已被人们接受,但它是针对大学与工作后教育提出的。对于个体从生到死的发展过程中的终身教育的系统化的研究,却很少见到。因此,目前个体发展过程中各阶段的开发,或残缺不全,亟待建立与健全,或各自为战,缺乏连续性与联系性,造成内耗与低效。我国当前婚前教育的开发,由主要是计划生育办公室的工作人员进行政策性宣传向自我学习转变。但就我国婚前教育现状来看,从研究成果到实践经验仍然不成系统,也并没有明确的制度来保障婚前教育的实施。胎教开发只停留在少数人的研究之中,且只有妇科保健医生的生理保护工作;学前教育开发也只是注重身体保育、知识填鸭与规范灌输;中小学忙于应试教育;大学专注于专业基础教育;职工教育主要是技术培训与学历提高教育;退休职工教育开发更处于空白。

由此可见,目前我国人力资源开发缺乏一个全过程的终身开发教育系统工程,人力资源形成与发展的各阶段教育开发或缺或弱,尚未形成系统合力。这是导致目前我国人力资源的数量多而质量不高和人力资源潜而不发的一个重要原因。建立个体发展全过程的终身开发系统工程的意义,就在于它能减少现有各种开发工作相互间的重复、内耗与局限,弥补当前人力资源开发系统中的空白点,尽快提高我国人力资源开发的整体效率与效果。

三、人力资源开发的素质结构模式

HRD 的素质结构模式如图 4-2 所示。

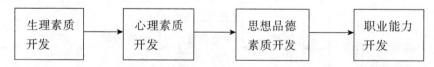

图 4-2 人力资源开发系统工程之二:素质结构的综合开发模式

现实的工作能力是个体身心素质的综合体现。建构素质结构的综合开发模式的目的,就在于把目前生理素质、心理素质、思想品德与职业能力的培养与开发工作,纳入到统一的人力资源开发轨道上来,形成整体开发的合力,提高开发效果。当前我国的现状是:心理素质教育的开发空白;生理素质、思想品德与职业能力方面的开发不足;德育、智育、体育、美育与劳动技术教育的设置,缺乏明确的人力资源开发意识,在实施过程中,或趋于片面发展,或泛泛而论,陷入漫无目的的"全面"理想主义之中。这种现象可以说是造成目前我国人力资源教育开发低效的原因。

四、人力资源开发系统结构模式

HRD 系统结构模式如图 4-3 所示。

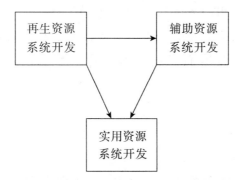

图 4-3　人力资源开发系统工程之三：系统化人力资源开发模式

无论是群体的人力资源，还是个体的人力资源，都是由实用资源系统、辅助资源系统与再生资源系统共同构成的整体系统。建构系统化人力资源开发模式的目的在于，纠正目前人力资源开发实践中人们习惯于局部与片面开发的短期行为，树立全面开发的整体意识。

总之，在众多资源的开发比较中，应当首先选择人力资源开发；在开发人力资源的多种手段中，要特别重视发挥教育系统开发的作用；要走出目前培训开发中的"点""显""静"的观点圈，建立终身开发、全身心开发与群体开发的系统工程。只有这样，才能发挥组织人力资源的优势，取得预期的经济效益与人力资本效益，提高组织的核心竞争力。

第二节　人力资源配置

人力资源配置问题关系到劳动者如何与生产资料结合、如何利用生产资料以形成直接的社会生产力，涉及员工如何与岗位相匹配以产生现实的经济效益的问题。因此，它一直是经济与管理中的关键问题,是组织人力资源开发与管理中的核心问题。无论是古典的经济学家,还是马克思主义学者,无论是一般的社会管理研究者,还是专业的组织人力资源管理研究者,都不同程度或不同角度地涉及与关注这个问题;然而,不论是经济发达的国家,还是经济不发达的国家,也不论是理论研究上,还是实践管理中,人们对这个问题的探索都未得到令人满意的结果。当前我国经济发展进入新常态,全球化加速,如何进行组织人力资源的优化配置、提高组织的生产力与竞争力,在有限的人力与物力条件下取得最大的经济效益,是摆在组织面前的一个十分紧迫而又重要的问题。本节拟就这个问题进行阐述。

一、人力资源配置及其作用

什么是人力资源配置?从不同的学科领域,可以做出不同的解释。

从社会经济与管理的角度来说,是将社会中的所有人力资源充分合理地运用到社会经济活动中,达到充分就业与合理分布,保证社会经济发展对人力资源的需要,以取得最大的社会生产力与管理效果,实现人力资源作用的充分发挥与社会生活的稳定。

从组织管理的角度来看,人力资源配置就是将组织内外的人力资源通过一定的方式与手段合理地运用到既定的组织结构中,在组织经营与生产过程中实现人、财、物诸要素的有机结合与充分发挥,提高组织的活力与实力,取得最大的组织经济效益。

从劳动人事管理的角度来看,人力资源配置就是将组织内外的劳动者通过一定的方式与手段合理地分配到组织内部的工作岗位上,使人尽其才、物尽其用,保证组织各项任务目标按时、保质、保量完成。

从静态的观点看,人力资源配置是管理过程中的一个环节,甚至可以说是劳动人事管理过程中的一个环节,但从动态的观点看,人力资源配置却是一个过程,是整个人力资源管理的过程。可以说,从人力资源的战略规划与招聘到人员培训、人员考评、人员分流与报酬,都是属于为组织完成任务提供充分有效的人力资源配置范畴。

第四章 人力资源开发的途径

从抽象的角度看,人力资源配置可以说是一定时期中对一定范围内人力资源的分配。这里的"一定时期"是指社会生产劳动与经营活动的计划时间,小到几小时几分几秒,大到三年五年甚至几十年。计划时间的界定,要以相应的人力资源在质量、数量与结构上相对稳定或变化的程度为依据。"一定范围",大到一个地区、一个国家甚至全球,中到一个企事业组织,小到一个班组与个人;"人力资源"在这里有数量与质量的问题,有地区、产业、行业与组织内部结构的问题,有性别、年龄与能力水平结构的问题,在个体内部还有素质结构与发展差异问题。

从实际工作来看,人力资源配置则是一项非常具体的人力资源管理工作,更多地属于人力资源管理技术范畴。

从组织内部管理的角度看,人力资源配置问题就是员工配置。广义上说,员工配置是组织内部人与事的结合,是人力资源与物力资源、财力资源的结合,是人员与生产资料的结合,人员只有与生产资料相结合,其劳动能力与价值才能得到发挥与展现。因此,从这个意义上看,员工配置是人力资源发挥经济性作用的前提;否则,人力资源对企业来说只是一种消费性资源而不是经济性资源。狭义地说,员工配置是员工与岗位的组合,是一种劳动人事的组织活动与形式,是组织内部一项人力资源管理与开发的具体工作。国外学者对员工配置也有着不同的解释,有的将其称作"placement",有的称作"matching",有的称作"orienting association",虽然三个单词都是指员工配置,但是不同的解释有着不同的管理重点。"placement"强调的是对员工的安排或安置,使员工有事可干,有干事的条件与环境,即找到一个适当的岗位;"matching"强调的是对员工与岗位双方面的选择与配合,这种配置具有双向性、动态性、协调性与匹配性;而"orienting association"强调的是员工既要适合岗位又要适合群体,既要适合物理环境又要适合心理与社会环境,这种配置具有整体性、互补性与社会性的特点。员工配置是组织人力资源管理工作中的一个关键环节,同样的人、同样的岗位,不同的配置会产生截然不同的效果。员工配置既是人力资源管理的起点,又是人力资源管理的终点,任何一个组织人力资源管理工作者所追求的目标,都是使合适的人干合适的事,人事相配,做到人尽其能,能尽其用,用尽其事,事尽其效。

合理的人力资源配置不但实现了劳动者与生产资料在时间上与空间上的有效结合,也实现了劳动者与企事业组织在择业、择岗、择人上的公开、公平、公正、自主与效率,有利于组织内部资源的优化重组与利用,有利于人力、物力资源的充分挖潜与发挥,能够极大地促进组织工作效率与经济效益的进一步提高;科学的人力资源配置系统的建立不但有利于提高社会生产过程中的要素配置效率与效果,而且有利于完善我国目前各种发育不良的劳动力市场与人才市场,有利于市场经济在我国的进一步发展与深化;公平的人力资源配置不但有利于组织与劳动者个人在择业、择岗、择人上的机会均等,而且有利于配置主体各方积极进取,努力开拓,改进自己的不足,实现自我开发和自主发展,实现组织与个人的理想目标。

二、人力资源配置问题的产生与发展

人力资源配置问题可以说最早产生于社会生产中的劳动分工。柏拉图认为:由于社会需求纷繁复杂,所以不可能满足人们所有的愿望。相对而言,要求建筑工匠、农民、鞋匠、纺织工人和其他工人适当地专门化,做他们力所能及的工作,并尽心竭力地为社会服务,更现实可行。这种由特定的工人从事特定的工作的社会分工方法,将会为社会做出更大的贡献。然而,随着我国市场经济的发展,以及国有企业的全面调整与深化改革,人力资源配置的问题目前显得更加突出与复杂。

在计划经济条件下,各种生产资料的所有权、经营权全部归国家与集体所有。各个企事业组织的管理者对于身边的生产资料缺乏应有的支配权与经营权。所有的劳动者都是生产资料的主人,劳动者及其劳动力也均归国家所有。国家对所有的劳动者实行统分、统包、统配、统酬制度,劳动者没有选择劳动岗位与劳动形式的自由,只能无条件地服从国家分配,一切听从组织安排。因此,人力资源配置与产品一样,都是在统一计划下进行,人力资源配置的主体是高度统一的政府职能部门。这种配置形式带有很大的主观性、集权性与高度统一性,人力资源配置问题并不突出。然而随着市场经济的深入与发展,我国的经济体制发生了重大变化,生产资料所有制由单一的国

第四章　人力资源开发的途径

有制向国有、民营、集体所有、组织所有与地方所有以及外国所有的多元化体制发展,形成了多种多样的经济实体。与此同时,劳动者、劳动力与劳动三者相分离,劳动力与劳动成为商品,劳动力由国家所有转变为归劳动者个人所有,劳动成果及其价值也由国家所有向国家或企事业、集体或劳动者个人共有分享的体制发展,企事业组织成为独立的法人,可以根据自己的任务目标自主选择合格的员工,劳动者个人也可以根据自己的条件与愿望选择合适的企事业组织。因此,人力资源配置的主体由过去的政府职能部门的单一型向多元型分化。人力资源配置主体的分化,导致了配置主体的独立化与个性化,市场经济条件下的竞争机制、价格机制以及人力资源的供求矛盾、层次差异、地区差异、结构差异、个体差异与价值取向差异,使人力资源配置的问题更加复杂与尖锐。当前,我国经济建设中的产业结构调整、行业结构整合、企业产品与技术及设备的更新、组织结构与经营管理方式的变更和竞争,则使人力资源配置的问题更加突出。

在计划经济条件下,虽然从人事部到每个企事业组织都有负责员工配置的部门与机构,例如,原国家劳动人事部有流动调配司,企事业单位有调配处、调配科、调配员,但由于过分强调组织要求,忽视个人需求,要求服从革命工作的需要,服从分配,服从领导,员工配置工作没有发挥应有的作用,员工一旦进入了企事业组织,将被终身固定在某一个岗位上。这种静止的员工配置理念违背了人力资源管理的客观规律,束缚了人力资源开发的思想。实际上,人与事、员工与岗位的矛盾始终存在。员工与岗位的适宜性是暂时的与相对的,而不适宜却是绝对的与持续的。尤其在当前市场经济与知识经济的条件下,一方面,产业技术结构调整频繁,设备更新换代加快,科技创新日新月异,生产经营变化迅速,这无疑将引起岗位工作内容与要求的变化;另一方面,市场经济带来个性的发展与解放,知识经济带来学习型社会的形成,员工的品德素质、工作能力不断得到提高,发展潜能的愿望日益强烈。与此同时,在同一组织内待久了,难免会发生个性冲突,人际关系不融洽,出现对工资福利、待遇不满意等现象,这就加剧了员工流动与交换工作岗位的期望与要求,员工不愿意一辈子把自己固定在一个岗位上,不愿意每年都干相同的工作,每时每刻都重复相同的行为操作。西方人力资源专家关于库克曲线与卡兹曲线的研究成果值得我们注意。这两条曲线告诉我们：(1)员工从上岗至达到创造高效率的黄金期，大约需要2年半左右的时间，创造高效率的峰值期大约1年左右的时间，然后便开始进入创造效率衰退期，因此，创造效率的强盛期总共大约4年左右，从第5年开始便需要我们及时进行新岗位的配置或变化岗位工作内容；(2)一个组织，小至一个班组、一个岗位群，大至一个部门，从组成至融合需要1.5—2年的时间，然后进入成熟发展高峰期，从第5年开始便进入了衰退期，此时就需要进行新的岗位配置或者进行组织重组、改革与变动，这就是组织寿命理论。

员工个人发展的需要与组织寿命理论启示我们，员工配置工作是一个动态的过程，贯穿整个组织管理过程，是一项无止境的管理工作。

岗位的类别差异客观存在，员工的个人差异客观存在，这两种差异的客观实在性使进行经常性的员工配置工作成为必要，也是可能的。有关研究表明，特定的岗位类别对员工的素质有特定的需求，而特定的员工类型也有其相适宜的岗位类别。

三、人力资源配置的模式与形式

人力资源配置的模式从外部来说主要有三种。第一种是计划配置，也称行政强制型配置，即依据有关行政职能部门制订的计划，按一定比例分配劳动者，使人力资源与各部门、各机构相互配合；第二种是市场配置，即通过市场机制，通过报酬杠杆互相选择，调节人力资源供求关系，实现劳动者与企事业组织的相关配合；第三种是计划与市场相结合的综合型配置，它是一定计划机制条件下的市场配置，或一定市场机制条件下的计划配置。

笔者认为，上述三种配置在一定意义上是人力资源的整体配置与宏观配置，解决的只是劳动者与企事业组织之间的配合问题。其中，计划配置中关键的问题是要做好对人力资源需求的调查与规划；市场配置中关键的问题是要建立与完善劳动力市场，这种人力配置的最终结果是劳动合同。

人力资源配置工作不仅存在于企事业组织外部，更多的与更困难的工作存在于企事业组织内部。从目前的实际表现看,企事业组织内部的人力资源配置形式大致有以下三类。

(一)人岗关系型

这种配置类型主要是通过人力资源管理过程中的各个环节,来保证组织内各部门、各岗位的人力资源质量。它是根据员工与岗位的对应关系进行配置的一种形式。

就组织内部来说,目前这种类型的员工配置形式大体有以下几种。

(1)招聘。当组织内员工数少于岗位数时,需要进行一种定向、定位的招聘,或者进行定位公开的招聘。这实际上就是一种以岗招人的配置形式。

(2)轮换。当组织内的员工数与岗位数相等时,如果员工对岗位不满意或不适应,或者为了进一步挖掘员工的内在潜力,往往需要进行岗位轮换,这便是一种交叉或循环轮换配置形式。

(3)试用。当组织内员工数大于或等于岗位数时,对于新上岗的员工,往往采取试用的形式进行配置,合格者保留在岗位上,不合格者则调离岗位,这便是一种试用配置形式。

(4)竞争上岗。当组织内员工数大于岗位数时,为了让最优秀者上岗,往往采用竞争上岗的配置形式。

(5)末位淘汰。当组织内员工数多于岗位数,或者为了保持一定的竞争力时,在试用过程或竞争上岗过程中,对能力最差者实行下岗分流,这便是一种末位淘汰配置形式。

(6)双向选择。当组织内员工数与岗位数相当时,往往先公布岗位要求,然后让员工自由选择,最后以岗选人,这便是一种双向选择配置形式。

(二)移动配置型

这是一种从员工相对于岗位的移动进行配置的类型。它通过人员在上下左右岗位的移动来保证组织内每个岗位人力资源的质量。

这种配置的具体表现形式大致有三种:

(1)晋升,即从下一级职务向上一级职务发展的岗位配置形式;

（2）降职，即从上一级职务向下一级职务移动的岗位配置形式；

（3）调动，即从一个岗位向周围同一级职务不同的岗位移动的配置形式。

（三）流动配置型

这是一种从员工相对于组织岗位的流动进行配置的类型。它通过人员相对于组织的内外流动，保证组织内每个部门与岗位人力资源的质量。

这种配置的具体形式有以下三种。

（1）安置。安置指具体分派新招聘员工的工作岗位。招聘有时是按大类工种的最低要求录取人员，而不可能按每一个具体岗位的要求去"对号入座"，所以在见习期或试用期满后，就要根据具体岗位要求和新员工的素质来安置他们的工作岗位。安置所考虑的因素有性别、气质、能力倾向等。这是一种流入组织内的配置形式。

（2）调整。调整即在组织内部进行人员岗位的相互变动。从员工数量的多与少、领导班子的强与弱、技术水平的高与低、岗位结合的合理与不合理等角度考虑，进行调整，以求得人与事适当配合、员工与岗位的最佳结合，以适应新产品开发、新设备与新技术的要求等。这是一种组织内部相互流动的配置形式。

（3）辞退。辞退是与不适合岗位要求、严重违反纪律或法规并严重失职的员工解除劳动关系。这是一种流出组织的配置形式。

组织内员工配置的形式虽然很多，但都具有的一定的局限性，具体表现为主观性、强制性、单向性、盲目性、无序性、经验性、随意性。例如，在定向定位招聘过程中，有些组织因为对有关的岗位缺乏具体的工作分析，对有关的应聘人员缺乏客观可靠的素质测评方法与程序，主要凭个人经验与对应聘者简历的了解或单凭面谈的印象决定是否录用，有些则是凭个人关系确定是否录用；竞争上岗、岗位轮换与双向选择，往往缺乏一套科学有序的操作程序与衡量标准，带有一定的盲目性与无序性，对什么人适宜轮换到什么岗位、双向选择应以什么为选择标准、竞争上岗应以什么为竞争准则等问题，管理者常常心中无数或模糊不清，以致有些组织配置效果不佳，人际矛盾四起，甚至出现不正之风；对试用期人员的考核没有科学全面的考核方法，只要试用期没有出错即认为能够胜任工作,过于宽松随意,以致有些组织新员工上岗不久便出现重大事故;对安置、调动与调整,主管人员带有一定的主观性与单向性,事先很少对被安置、调动与调整的员工与岗位进行深入细致的分析,一般是按上级单位领导的意图或形势要求行事;末位淘汰带有一定的强制性,常常缺乏对岗位与员工匹配性的研究,缺乏对岗位要求阈限值的分析与把握,只要排在末尾,无论如何都得下岗。

第三节 自我开发

HR的能动性决定了HRD的内在主体是被开发者自身。外在主体的开发必须通过内在主体的开发,才能发挥效用。实际上,自我开发是建构HRD系统的出发点与目标。自我开发是被开发者向开发目标自我努力的过程,也是被开发者自我学习与自我发展的过程。

自我开发的形式在目前的组织中,主要是自我学习与自我申报制度。

一、自我学习

自我学习是指学习者为了实现自我发展或自我变化的需要主动地获取信息、改变行为、适应环境与开发目标的活动。人们总是通过各种经验与经历,学习适应环境的方法,通过观察模仿与思考改变自我,通过知识、技能与品性的学习使个人获得成长。如果一个人不能自我学习,就难以在社会中生存,难以适应现代社会市场经济与经营环境的飞速变化,因此,联合国教科文组织提倡个人终身学习与组织终身教育的理念。

自我学习在这里是指对工作与经验的体验,以及新知识、新技术、新技能、新思想、新行为与新资格的获得与发展等。

自我学习的形式比较多样,其中操作学习、积累学习、发现学习、结构学习、范例学习、试探学习、观察学习与联想学习等理论与方式值得我们借鉴。

（一）操作学习

操作学习是指通过对某一种技能或方法的实际运用来获取真正的知识、技能与思想方法。所谓实践出真知就是这个道理。一般来说，通过操作实践获得的知识经验，体会较深，把握牢靠，经久不忘，比较适合那些较为复杂的、抽象的理论知识与具体实用的技术方法的学习。这种学习形式的基础是动手能力、直觉能力与归纳能力。

（二）积累学习

积累学习是指通过对某种学习对象的逐渐认知、记忆与理解而掌握相关的知识、技能与思想。这种学习建立在大量练习与活动的基础上，依据从量变到质变的哲学思想，主张一分耕耘一分收获。这种学习形式的基础是观察能力、记忆能力、联想能力与归纳能力。

（三）发现学习

发现学习是指通过模拟前人当时的研究与探索过程，获得对某一知识、技能与思想的理解与掌握。发现在这里并不局限于发现人类尚未知晓的"真理"，而是包括用自己的头脑亲自获得"真理"的一切形式。

例如，如果我们想让一个儿童发现代数学中的"交换律"，就可以让他按照以下方式学习：先让他自己动手操作，在天平的左边距离中心点为 9 的钩子上挂上 2 个小环；然后让他在天平的右边，寻找能保持天平平衡的各种组合，并把它们一一记录下来。在上述操作下，这位儿童就会根据玩跷跷板的经验，发现在天平的右边距离中心点为 2 的钩子上挂上 9 个小环，在距离中心点为 3 的钩子上挂上 6 个小环，或者在距离中心点为 6 的钩子上挂上 3 个小环，都能保持天平的平衡。这样，这位儿童不但知道了 $2\times9=9\times2, 3\times6=6\times3$，而且还知道了 $2\times9=9\times2=6\times3=3\times6$，甚至能推断出 $a\times b=b\times a$。因此他就像数学家一样，发现了代数学中的"交换律"。

通过发现学习掌握的东西将经久不忘。这种学习形式的基础是记忆力、观察力、直觉思维能力与推断能力。这种学习形式有助于培养与开发员工的创新能力。

(四)结构学习

结构学习是指通过对学习对象基本框架结构的了解,达到对具体知识、技能与思想的掌握。这是一种忽略具体细节、注重整体思路与结构的学习方法,有助于开发与培养员工的抽象概括能力与宏观把握能力。例如,在上述的天平操作学习过程中,操作者先是通过天平发现 $2×9=9×2,3×6=6×3$,后来移去天平,让他凭借头脑中形成的视觉映象来运算,他会发现 $1×18=18×1,1×7=7×1,6×5=5×6,……$ 最后熟练掌握了运算规则,不用实物视觉映象,用符号也能自如地运算了,发现 $a×b=b×a$,等等。因此,只要把握每种知识、技能与思想的基本结构,根据员工表象系统形成的特点来设计培训,那么任何智力正常的员工都能掌握任何难度的培训内容。结构学习所注重掌握的是相关知识、技能与思想的结构,而不是具体的内容,因此,必然会迫使学习者注意学习过程、学习方法和学习态度,而不仅仅是学习结果。结构学习的基础是记忆能力、想象能力与直觉思维能力。

(五)范例学习

范例学习是指通过少数具体典型的个案学习,达到掌握更为全面与系统的知识、技能与思想的目的,是一种解剖麻雀式的学习方法。例如,MBA 中的案例教学就是范例学习。这种学习方式适用于那些经验性较强的知识与技能的学习。在浩如烟海的知识、技能系统中,对人们真正有启发作用的并不太多,全面掌握不如选择其中较为典型的范例进行精心研究。这种学习形式的基础是分析能力与演绎能力。

(六)试探学习

试探学习是指通过不断试验与探索,获取第一手资料与信息的学习形式。"摸着石头过河"就是这种学习思想的表现。当前每个人、每个组织都会面临许多新问题、新环境、新变化与新挑战,改革与创新是当前时代的最强音,这些都需要我们进行试探学习,才能适应工作要求。这种学习形式的基础是创新能力与操作能力。

(七) 观察学习

观察学习是指通过观察别人对知识、技能与思想的学习行为,达到获得与掌握相关知识、技能与思想的目的。这是一种间接学习,其具体程序如图4-4所示。

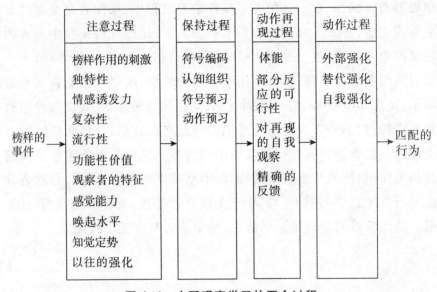

图4-4 支配观察学习的四个过程

资料来源:施良芳:《学习论》,人民教育出版社1994年版,第387页。

实践中,许多知识、技能与思想并不需要我们都去试探、操作与亲自学习,而是可以通过观察榜样或模仿来掌握的。进行观察学习的基础是注意力、观察力、记忆力、想象力。

(八) 联想学习

联想学习是指通过把未知的东西与已知的东西联系起来学习的一种形式。例如,由鸽子联想到鸟,由沙发床联想到家具,由北京、上海联想到大都市,由《共产党宣言》联想到马克思,由鸟的飞翔联想到飞机设计,等等。许多发明创造与仿生学其实都是联想学习的结晶。这种学习形式适合于创新能力的开发。进行联想学习的基础是观察力、类比分析力、记忆力、想象力。

第四章 人力资源开发的途径

【阅读材料】

构建以人才自我开发为导向的企业大学网络学习平台[①]

国网江苏省电力公司隶属于国家电网公司，主要从事江苏省境内电网的建设、运行与管理，经营江苏境内的电力销售业务。公司下辖南京、苏州等13家市供电公司、51家县供电公司，同时管理经研院、电科院、检修分公司等15家直属单位。近年来，公司以能力建设为核心，推动培训工作转型，公司培训工作取得了重要突破，同时也面临新形势，特别是2005年以来，公司实行的技能人员单元制培训模式极大调动了员工的培训积极性，员工对自我学习、自我提升的愿望迫切，而公司各级培训机构现有设施设备等容量有限，无法容纳日益高涨的员工培训需求，各个层次员工的个性化学习诉求也无法得到满足，需要开辟新的培训途径，实现培训模式的转型。公司于2006年启动网络学习平台建设，建立了国网苏电大学网络学院。利用网络的特点，结合培训的管理流程，突破传统思维，实现学习模式的创新。平台经过多年的发展与完善，已经成功为员工自我学习和提升打造了一个没有围墙的开放式网络学习校园。

网络学院的推广应用丰富了传统理论教学、测试方法，拓展了培训的时空界限，实现了资源优化利用，潜移默化地改变了企业培训的理念，"网络学院学理论、培训中心练技能"逐渐成为一种学习习惯，员工的学习观念也从"要我学"向"我要学"进行转变。截至发稿，网络学院总登录人次已经超过1000万，累计学习时长870万小时，形成专业题库50多万道，数字图书馆资料2000多万篇，参加考试人次210万，单日同时在线最高峰值8005人。网络学习课件覆盖了人力资源、财务、物资、规划、建设、调控、检修、营销、科技信通、人力资源、领导力等专业，总计超过2500门。网络学院运营以来经济效益显著：以2013年数据为例，苏电大学网络学院全年参加考试达到95万人次，节省成本近4亿元；全年利用网络学院进行课件学习时长超过115万小时，创造经济价值超1.1亿；利用虚拟教室及情景化会议室进行视频会议超过5000人次，节支超过200万元；合计节支超过5.1亿元。

[①] 资料来源：文乐斌、赵新冬、马生坤、徐建：《构建以人才自我开发为导向的企业大学网络学习平台——国网苏电大学网络学院运营实践》，《中国人力资源开发》2014年第22期，内容有删减。

二、自我申报

(一) 概念

日本学者认为,自我申报是员工对自己的工作内容和适应性进行自我分析与自我评价的过程,包括定期申报轮岗、能力开发的计划与申请。

在日本,自我申报一开始是一种收集员工人事信息的方法,是一种辅助性的人事考核制度。所以,申报(制度)一直是作为人事考核的相关制度得以实施。然而,随着人们对职业发展的重视与关注,申报(制度)逐渐与职业发展管理配套使用,作为职业发展中员工开发的一种方法。

据日本学者尾原丰教授介绍,自我申报表的格式以及提交的方法,都有很成熟的做法。申报表中的项目一般包括对性格、资格、技术、特长、技能、业务能力、适应性等的自我分析与评价,同时还包括自己现在或将来想承担的业务、想要参加的培训、家庭状况以及对公司的意见等。

(二) 作用

在员工开发中,自我申报能为开发者提供以下的信息及帮助。

(1) 在了解员工工作的情况时,可以提供以下帮助:让工作分工更合理化,为工作分工的变更提供依据,分析知识、技术教育与指导方面的需求,改善岗位环境,改良、补充、完善岗位的各种设备,改革、完善完成工作的各项系统。

(2) 在了解工作以外获得的知识技能时,可以提供以下帮助:作为判断员工流动动向的依据,为根据员工兴趣和趋势进行最有效的配置提供便利。

(3) 关于工作建议方面的申报要求,可以开发员工的创造力。

(4) 可以消除对岗位的不满和抱怨。

(5) 有助于工作设计,以便适应员工的生活环境与素质条件,或增强员工对工作的适应性。

我国学者罗锐韧、曾繁正认为,自我申报是为任职者创造一种最大限度发挥现有能力的氛围。

按照行为科学的理论，人只有在做他喜好的事情时，才会有最大的主观能动性；任职人只有在做适合自己的个性素质的工作时，才有可能最充分地发挥出他所具有的潜力；当任职者具有工作选择权、员工意识到自己对工作的自主性时，才会产生企业主人翁的责任感。

（三）程序与方法

按照制度规定，当员工在组织内工作到进行自我申报的时间时，首先由员工本人完全根据自己的思想、愿望、要求等，填写申报表（具体形式见表4-1）。接着，本部门主管进行汇总与阅读；然后，部门主管根据工作的需要与整个部门其他人的申报情况，与申报人进行面谈，互相沟通思想，统一看法；最后，部门主管在申报表上签署意见，上报人力资源部。人力资源部集中研究，反馈申请表，经部门检查后确认存档。整个过程大约需要3—4个月。在此期间，部门主管可能要反复与申报人进行沟通，做思想工作。整个操作程序如图4-5所示。

表 4-1 自我申报表

姓名		等级：级号		所在部门	处科班	家庭	□未婚□单身 □已婚□抚养人口□人
就职	就业时间：年 个月 本企业工龄：年 个月		□毕业生就职 □中转职工	现任职务		住所	□自宅 □寄宿 □租房 □公房 □合租 □其他
现有学历	□大学及以上 □大专、中专 □高中 □初中	于 年	□毕业 □肄业 □正在 □学习中	主要工作经历	工作种类与年限	技术资格或学术证书、称号	
	专业科目：						
对现任工作的看法	工作适应性 □非常合适 □基本合适 □一般 □不太合适 □不合适		工作忙闲（工作量） □工作太忙（工作量太多） □相当忙（稍嫌过多） □正合适 □再增加一些亦可 □空闲过多（工作量太少）			工作难易度 □太难 □稍嫌困难 □正合适 □再复杂些亦可 □过分容易	

续表

对过去一年中工作的回顾	（从自己的适应性、素质、能力考虑，自由填写对过去一年间工作的感想）
对今后工作的展望	（请写出对今后工作的想法，包括今后希望的或争取承担的职务、职种、工作地点等）

直接上级的观察（职务_____姓名_____）	
关于现任工作	（从适应性、能力、效率、协调性等观点出发）
关于今后工作（指导要点等）	（从能力开发、教育培训计划等观点出发）

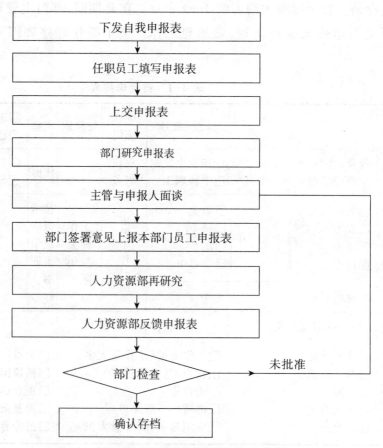

图 4-5　自我申报操作程序示意图

第四节 职业开发

所谓职业开发,是指通过职业活动本身提高与培养员工 HR 的开发形式。就目前组织内部的活动来看,职业开发主要包括工作设计、工作专业化、工作轮换、工作扩大化、工作丰富化等。

一、工作设计及其人力资源开发功效分析

(一)概念

工作设计一般指根据组织目标要求与工作者个人需要,对工作特点、工作方式、工作关系与工作职能进行规划与界定的过程。工作再设计是指根据组织目标要求与工作者个人需要,对已有工作中的特点、任务、方式、关系与职能进行一方面或多方面的改变过程。工作设计因素构成图见图4-6。

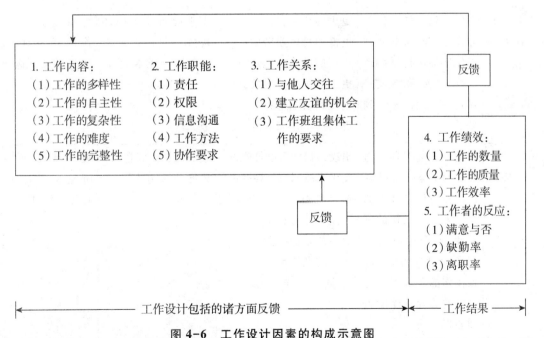

图 4-6 工作设计因素的构成示意图

资料来源:孙彤:《组织行为学》,高等教育出版社1995年版,第310页。

(二)类型

工作设计包括激励型、机械型、生物型与知觉运动型四种。不同的类型对员工的影响与开发的效果不尽相同,具体见表4-2。

表4-2 不同工作设计方法及对员工影响分析表

工作设计方法	关注点	积极结果	消极结果	举例
激励型方法	关注提高员工工作动机、改善工作满意度,以此提高工作效率	更高的工作满意度;更高的激励性;更高的工作参与度;更高的工作绩效;更低的缺勤率	更多的培训时间;更低的利用率;更高的错误概率;精神负担和压抑出现的可能性更大	工作轮换、工作设计、工作扩大化、工作丰富化
机械型方法	强调寻找一种能够使效率达到最大化的最简单方式来构建工作	更少的培训时间;更高的利用率;更低的差错率;精神负担和压力出现的可能性降低	更低的工作满意度;更低的激励性;更高的缺勤率	工作标准化等
生物型方法	目标是以人体工作的方式为中心来对物理工作环境进行结构性安排,从而将工人身体的紧张程度降到最低	更少的体力付出;更低的身体疲劳度;更少的健康抱怨;更少的医疗性事故;更低的缺勤率;更高的工作满意度	由于设备或工作环境的变化而带来更高的财务成本	力量设计、工作位置设计、环境设计、运动设计等
知觉运动型方法	侧重于人类心理能力和心理局限,通过降低工作对信息加工的要求来改善工作的可靠性、安全性以及使用者的反应性,以确保工作的要求不会超过人的心理承受能力和心理局限	出现差错的可能性降低;发生事故的可能性降低;精神负担和压力出现的可能性降低;更少的培训时间;更高的利用率	较低的工作满意度;较低的激励性	视觉型设计、听觉型设计、心理型设计

资料来源:〔美〕雷蒙德·A.诺伊等:《人力资源管理》,刘昕译,中国人民大学出版社2001年版,第161页,有修改。

根据我国的实际情况,可以把工作设计归纳为以下四种。

1. 促进型工作设计及其人力资源开发功效

促进型工作设计的理论根据是赫茨伯格的双因素理论。双因素理论认为,组织中影响人的积极性的因素主要有两大类,一类是激励因素,另一类是保健因素,激励因素的发挥可以使人得到满意,而保健因素的缺乏或不足,将使人产生不满与消极情绪。无论是激励因素还是保健因素,往往都与工作本身的特点和内容直接相关,例如,工作的多样性、工作的完整性、工作的自主性、工作的重要性、工作的反馈性、工作的责任性等。因此,这种类型的工作设计主张,让员工主动工作,让工作要求适当高于任职员工的现有水平,通过增加工作的多样性、完整性、自主性、重要性、成就感、责任感、人际性,来开发与提高任职员工的相关知识、技能、能力与品性素质,提高员工工作满意度,促进员工的创造性与个性的全面发展。但这种工作设计将可能给一部分员工带来心理压力,损伤身心健康。

2. 优化型工作设计及其人力资源开发功效

优化型工作设计的理论依据是古典工业工程学与泰勒的科学管理思想。这种设计类型的操作思路是,通过工作分析中的方法分析手段,寻找完成某一工作的最好方法,使工作效率最大化与工作方式最简化,减少工作过程的复杂性,让工作方式变得尽可能简单,降低培训成本与任职资格要求,从而使任何人只要经过简单而快速的培训就能胜任工作。例如,目前高科技的转化与应用、计算机的应用与自动化、技能的简单化、方式的重复化等工作设计趋向,有利于任职员工的个性解放。这种工作设计要求任职员工具备态度认真、一丝不苟、细心耐心、静心等品性素质,但这种工作设计可能造成部分员工智能退化。

3. 卫生型工作设计及其人力资源开发功效

卫生型工作设计的理论依据是人体工程学。它所关注的是个体心理生理特征与物理工作环境之间的交互作用与影响。这种设计以保护任职员工的生理与心理不受伤害、有利于身心健康为目的,是以任职员工个体的生理与心理活动特征要求为中心,对岗位周边物理环境、工作条件进行布局性安排与改善,从而将员工的身心紧张度降低到最小,将工作中对人体身心的负面影响控制到最低点,减少身心疲劳、痛苦以及健康损害等不良影响。例如,办公室座位的布置、环境的布置、座椅与桌面高低调节的设计、计算机键盘高度及鼠标的设计等,都是这种设计的代表。这种设计有助于任职员工健康素质的提高与开发,但这种工作设计可能带来任职员工身体对工作环境适应能力的退化。

4. 心理型工作设计及其人力资源开发功效

心理型工作设计的理论依据是人本主义。工作对人类来说是一种生活手段,是一种生活活动,不是生活的目的;工作是一种快乐的生活方式,而不是一种谋生的痛苦经历。因此,要让工作适应人类本身,而不是让人类适应工作,要以人为中心,而不是以工作为中心。所以,卫生型工作设计是人本主义工作设计的一部分,卫生型工作设计所关注的是人的身体能力和身体的局限性,而心理型工作设计所关注的是人的心理能力与心理局限性。

心理型工作设计是以人类心理能力及心理的最低阈限值为依据,对相关职位(岗位)的工作内容及其方式进行设计,使能力最差的员工也能胜任工作要求,完成工作任务而不出什么差错。因此,这种工作设计通常是通过降低工作对心理能力的要求来改善工作的可靠性、安全性以及任职员工的反应性。例如,"傻瓜"照相机、计算器、翻译机都是心理型工作设计的成果。这种工作设计的优点是可以让任职员工从工作中解放出来,有利于员工个性爱好与兴趣的发展,但是却像优化型设计一样,不利于工作能力的提高,限制了任职员工个体对相关岗位技能的进一步探索以及对极限的突破。

二、工作专业化及其人力资源开发功效分析

随着社会化大生产的出现,工作分析的复杂性日益增加,工作量日益增多,一个人往往难以从头至尾完成整个流程的工作,因此有必要对整体的工作进行分解,把整体的划分为部分的,复杂的划分为简单的,让每个员工从事很小的一部分工作,使工作操作得以专业化与标准化。

第四章 人力资源开发的途径

工作专业化可以降低任职要求与工资成本,减少培训时间与费用,尤其是与机械化相结合的专业化工作,不需要有关人员进行管理监督,降低了管理成本,更为重要的是工作专业化大大提高了工作的效率。

工作专业化可以大大提高与工作专业相关的知识、技能、品性等人力资源的开发效率与效果,使任职员工的人力资源向专业所要求的方向发展。这种单向性与定向性的人力资源开发,将促进人力资源的专门化开发,有利于突破与达到人力资源的新发展与新水平。然而,正如马克思当年所指出的那样,这种专业化的分工将导致员工的片面发展。在这种专业化分工生产体系下,每个员工都只能隶属于一个生产部门,受它束缚,任它剥削,变成畸形物。工作专业化压抑了工人多种多样的生产兴趣和生产才能,人为地培植工人片面的技能,使个体本身也被分割开来,成为某种局部劳动的自动工具。

三、工作轮换及其人力资源开发功效分析

(一)工作轮换的概念

工作轮换是让员工从一个工作岗位流动到另一个工作岗位,保证工作流程不受重大损失,见图4-7。

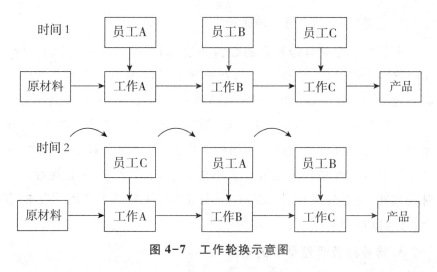

图4-7 工作轮换示意图

工作轮换的目的,在于让员工的工作在一定时段中多样化,降低员工的厌倦情绪。然而,如果所有的工作岗位都相似而且是机械化

的,工作轮换也就达不到效果;如果轮换的工作岗位之间差距过大,每个员工轮换一次就得从头学起,那么将带来工作效率与效果上的负面影响。因此,轮换必须适度,既相异又不能跨度太大,轮换一般应该在同类范围内进行。

(二)工作轮换的形式

对于工作轮换在组织中 HRD 的具体形式与运用,我国学者罗锐韧等作了较为全面的概括。一般来说,工作轮换主要适用于以下几种情况。

1. 管理类新员工的巡回轮换

一般来说,新来的管理类员工不会直接被安排在管理部门工作,而是分配到不同部门去工作。在部门内,为了使他们尽早了解到工作全貌,也为了进一步进行适应性考察,不立即确定他们的工作岗位,而是让他们在各个岗位上轮流工作一定时期,亲身体验各个不同岗位的工作情况,为以后工作中的协作配合打好基础。经过这样的岗位轮换(每一岗位结束时都有考评评语),企业对于新员工的适应性有了更清楚的了解,最后才确定他们的正式工作岗位。这一过程一般需要一年左右时间。这种巡回轮换常常用于专业性不太强的其他新员工。

2. 培养"多面手"员工的轮换

企业为了适应日趋复杂的经营环境,都在设法建立"灵活反应"式的弹性组织结构,要求员工具有较强的适应能力。当经营方向或业务内容发生转变时,能够迅速实现转移。于是,员工不能只满足于掌握本职专长,而必须是"多面手"与"全能工"。在日常情况下,企业有意识地安排员工轮换做不同的工作,以取得多种技能。否则,一旦关键时刻出现某些员工流失或不能工作的情况时,企业将难以应对。此外,通过轮换培养"多面手"员工后,既提高了原有员工的素质,也可以抑制某些专长人才的傲气。

3. 培养经营管理骨干的轮换

对于高级管理干部来说,应当具有对企业业务工作的全面了解和对全局性问题的分析判断能力。这种能力的培养只在狭小部门内作自下而上的纵向晋升,显然是远远不够的,必须让干部在不同部门间横向移动,开阔眼界,扩大知识面,并且与企业内各部门的同事有更广泛与深入的接触。这种转换以基层与中层干部为多,转换周期较长,通常为2—5年不等。现代组织管理中,一般不会让某些人以特定"接班人"的身份参加轮换。实际上,在现代大企业中,几乎没有特定接班人的概念,所有下级干部都是上级职位的潜在接班人,能否及时晋升,完全以各人的工作成绩、能力水平和适应性为决定因素,衡量这些因素时,又都以平时积累的人事考评资料为主要依据。所以,企业全体员工都应努力埋头工作,竭力争取较好成绩,以便在旷日持久的晋升竞争中取胜。这种轮换可以极大地开发组织内的人力资源。

4. 潜能开发性的轮换

根据心理学的研究,就普遍规律而言,一般人都具有墨守成规的弱点,换句话说,长期固定从事某一工作的人,不论他原来多么富有创造性,都将逐渐丧失对工作内容的敏感而流于照章办事。这种现象被称为疲顿倾向(mannerism)。疲顿倾向是提高效率和发挥创新精神的大敌,组织定期对员工进行工作转换,可以使员工始终保持对工作的敏感性和创造性,克服疲顿倾向。例如,国外高校系主任任期一般限制在2—4年,能力再强也得中途让位,参加轮换,2年后再竞争上岗;在一般制造型的大企业中,产品设计人员从事产品设计工作,基本上没有超过10年的,这种制度的目的在于给设计部门不断补充新鲜血液,使产品设计不致落后于时代潮流。现代企业中,销售服务部门与产品设计部门之间人员互相轮换较多,这种轮换还起到强化相互联系、改善新产品开发质量的作用。

5. 其他形式的轮换

组织需调整某些部门的年龄构成、员工出现不能适应工作的情况、需加强或合并某些业务部门等,都可能相应发生工作轮换。在大企业中,每年都有相当数量的员工被宣布进行横向流动。这已成为现代企业的普遍特征。

（三）工作轮换的作用

工作轮换有助于对员工的人力资源开发，尤其是那种与螺旋式逐步开发相结合的轮换，最终可以达到对员工全面开发的目的。但这种开发方式是分开与独立进行的，时间上前后不统一，因此总体的开发效率与效果相对于工作丰富化与扩大化而言要差一些。

除了在能力开发方面的作用之外，工作轮换制度在组织管理上也有很重要的作用。首先，工作轮换制有助于打破部门横向间的隔阂和界限，为培养团队精神与协作配合打好基础。有些组织与部门间的本位主义或小团体主义比较严重，这种现象的发生往往是因为对其他部门的工作缺乏了解，以及部门之间人员缺乏接触，通过轮换便可消除这些弊病。其次，有助于员工认识本职工作与其他部门工作的关联，从而理解本职工作的意义，提高工作积极性。最后，对管理干部来说，在基层岗位进行轮换的经历，有助于使他们保持体察下情的谦虚态度，从而减少上下级之间离心离德的可能性。例如，某地有一个以经营效益高著称的旅馆业企业，它的经营秘诀之一就是规定所有的新员工都必须把整理客房、打扫卫生、准备膳食等最初级的工作逐项轮换做完一遍，才有可能申请担任管理职务，哪怕是名牌大学的毕业生也不例外。

（四）工作轮换的负面影响

推行工作轮换制度，会遇到一些困难和阻力。每年大量的员工横向流动是很麻烦的事情，加重了人力资源部门的工作，也会给组织造成一定的影响。工作轮换制中可能出现的问题主要有：对掌握某些复杂专业技术不利，可能使这类技术水平降低或停止发展；对保持和继承长期积累的传统经验不利，可能使工作效率降低；因故未能及时参加轮换可能让员工产生"错过班车"的感觉而影响情绪；常常由于业务上的需要而不能如期实行轮换；工作轮换的出发点是组织与个人的长远利益和发展前途，因而它和当前的利益会产生一些冲突。但是，如果把自我申报制度与工作轮换制度结合起来，就能在一定程度上减少工作轮换的负面效应。因为这样做可以使组织的战略规划与个人发展目标更加趋于一致,有助于员工在工作变动较多的情况下加倍努力工作学习。

因此,应从增强组织的竞争力与持续性发展的战略高度看待工作轮换问题,而不能以眼前利益的一得一失为标准。对工作轮换实践中出现的某些问题,应该采取积极的态度予以解决,应该通过改进或完善其他制度来适应工作轮换的需要,绝不能因为怕麻烦而废止工作轮换制度。

四、工作扩大化及其人力资源开发功效分析

与工作轮换相比,工作扩大化是扩大原有工作岗位的职责范围与任务,是工作任务与职责数量上的增加。例如,一个原来只负责打字的员工,后来既要求她打字又要求她校对与排版,显然,她的工作职责与范围就比原来扩大了;再比如,原来只负责送货与取款的销售人员,现在让他参与谈判与合同的签订工作,他的工作范围也扩大了。这种工作职责范围的扩大,就要求打字员由原来只注意打字技能的掌握,扩大到对校对知识、校对技能的掌握,扩大到对排版知识与排版技能的掌握;销售人员也由原来只专于送货与催取款的经验能力,发展为既会送货催款又能与人谈判签约的全面发展型人才。

然而,在进行工作扩大化时,应该注意所扩大的职责和任务要与原有岗位具有关联性,要注意扩大后的工作量与任职能力的适应性,如果把一些不相关或机械重复的职责任务增加到原有的岗位,很可能会遭到任职员工的抵制。因为他们会认为,只不过多增加了一些令人厌倦的重复性劳动量或毫不相干的额外工作量,这些职责任务的增加不但没有使他们的工作多样化与有趣,反而会让他们付出更多的劳动时间,减少了过去的轻松与自由感,也达不到进行人力资源开发的目的。

五、工作丰富化及其人力资源开发功效分析

如果说工作扩大化是让岗位的工作向横向扩展、向量的方面增

加的话,那么工作丰富化则是让岗位的工作向纵深渗透、向质的方面提高。

工作丰富化表现在对原有岗位工作六个方面的改变。

（1）责任。不仅要增加任职者的工作责任,而且还要使他们具有相应的控制责任,并保持工作的计划性、连续性和节奏性,使任职者感到自己有责任完成一件完整的工作,具有成就感。

（2）决策。通过确定工作标准、控制工作速度以及改变某些领导的控制程序,给工作者更多的工作自主权,以提高他们在工作中的权威性和自主权。

（3）反馈。把工作者所做工作的成绩和效果情况及时直接地反馈给工作者本人,甚至允许工作者如实地收集和保存这些反馈的资料。

（4）考核。根据工作者达成工作目标的程度,给工作者以奖励和报酬。

（5）培训。为满足工作者成长和发展的需要,工作中给他们提供新的学习机会,并且鼓励他们为自己更好地发展提出改进现行制度的建议。

（6）成就。通过提高工作者的责任心和决策的自主权,来培养和提高他们对所做工作的成就感和价值观。

工作丰富化与常规性、单一性的工作设计方法相比,能够提供更大的激励和更多的满意机会,从而提高工作者的工作效率和工作质量,还能降低工作者的离职率和缺勤率。工作丰富化的缺点是,为了保证工作者适应丰富化后的工作,需要工作者掌握更多的技术,组织因此要增加培训费用,增加整修和扩充工作设备的费用,给工作者支付更高的工资等。工作丰富化的五个标准:(1)工作者感到工作有意义、很重要;(2)工作者感到领导对他是重视的;(3)工作者感到这个岗位能施展多种才华、多种本领;(4)工作者感到工作有反馈;(5)工作者能够看到工作成果的整体。

工作丰富化的设计模式及其 HRD 功效分析见图 4-8。

第四章 人力资源开发的途径

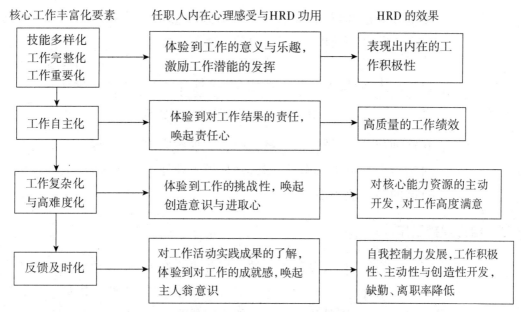

图 4-8 工作丰富化设计模式及其人力资源开发功效示意图

常见的工作丰富化设计形式及其 HRD 的功效分析如下。

（一）客户关系的处理

让员工同产品的用户直接接触，是工作丰富化的最重要的方式之一。一般来说，员工只对分派任务的上司负责，而对其服务的顾客不太注意，觉得自己只为上司工作而不是为客户工作。这一点在公共行政、事业单位及企业组织中都普遍存在，尤其是那些中间层次上的岗位更是明显，这样久而久之，中间层次岗位上的员工只会与上级处理关系，而不善于与下级或客户处理关系，在专业技能上的发展与提高也会因此受到较大的限制。例如，销售中心的任务分配常常如图 4-9 所示：

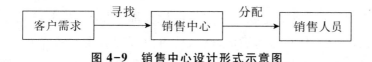

图 4-9 销售中心设计形式示意图

在这种情况下，销售人员的工作是被动的反应型，因为客户在未经销售中心的分配前，对于销售人员来说是不确定的。对某一销售人员来说，这个月的客户可能是西北地区的，下个月可能就是东南地区的了。因此销售人员重点是对销售中心负责，在关系处理能力上会产

155

生重心偏移,而在业务能力开发的心态上是被动等待。如果改变为客户关系直接处理型,开发的功效就不一样了,如图 4-10 所示:

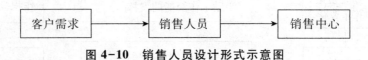

图 4-10　销售人员设计形式示意图

在这种情况下,销售人员将会产生一种对客户负责、客户至上同时又对销售中心负责的积极心态,会积极主动地去寻找客户,全方位提高自己的销售业务能力。

(二) 自行安排工作计划

在组织中,大多数员工的工作都由组织安排,这种职业安排不利于员工潜能的开发,员工的工作带有很大的被动性。让员工自行安排工作计划,则是相信员工有能力安排自己的工作计划,因此主张组织只需确定工作最后的期限或目标,具体工作计划与程序由员工自己设计。目前科研开发部门的弹性工作制、项目工作制,可以说都是这方面的尝试。在这种职业活动中,员工的自主性与工作潜能得到极大的开发与提高。

(三) 全程工作任务制

员工设计完整个生产工序或完整地写完一份报告时,会感到取得了更多的工作成就,因此全程工作任务制允许员工完成一项完整的或完全的任务,以促使他们产生自豪感和成就感。这种心理效应会大大提高员工完成工作的质量与满意度,激发员工内在的潜力。

(四) 直接反馈

一般来说,员工完成工作之后由检验部门检验,检验的结果统一反馈到员工所在的部门确认,确认后再由部门分发到各个员工,这种反馈具有间接性与一定的消极性。直接反馈则不然,它是让检验的结果不经过任何其他管理人员而直接反馈到员工本人,由员工对有关信息直接确认,并采取改善与提高措施。有的工作检查的责任也交给员工本人,由他本人直接检查自己的工作结果,找出错误,必要时才提请他人检查。这种直接反馈的职业活动,可以消除或减少反馈过程中的歪曲与延误,提高有关员工的自主性、自信心与自强性。

第五节 管理开发

所谓管理开发,是指通过管理活动来开发人力资源,把人力资源开发的思想、原则与目的渗透到日常的管理活动之中。通过管理活动进行人力资源管理开发,是一种非常重要而有效的方式与途径。这一节将讨论管理开发的必要性、重要性与管理开发的具体形式,以及管理制度、领导者、组织文化、团队活动等其他 HRD 形式。

一、管理开发的必要性与重要性

管理是任何组织都存在的一种活动。管理开发的必要性与重要性主要体现在以下几个方面。

（一）管理本身要求进行人力资源开发

众所周知,人力资源是一种活性的资源,对人力资源的管理不能像对物力与财力资源的管理那样,过于硬性化与机械化,要管好管活,要实行人性化管理与人本化管理,充分调动员工工作的积极性。泰勒的"科学管理"是使劳动者"机器化"与"零件化",经典的能力主义管理只注意员工是否有能力,不考虑员工是否喜欢自己的工作,不考虑个性是否与现有的工作相适应,因而被称为"非人性的管理"。如果组织不注意挖掘员工的潜能,不注意调动员工的工作热情与积极性,就等于在浪费组织内的人力资源。因此,要进行人性化管理,要以人为本。组织通过人性化的管理,让员工多发挥出自己的一份能力,就意味着在没有增加任何费用的情况下为组织提供了一份经营效益。这正是组织管理的最终目的,即以尽可能少的投入获得尽可能多的收益。然而,人性化管理还要求,在管理过程中,组织最终要与员工个人实现"双赢",即在组织获得发展的同时,员工个人也要获得发展。这就要求在人力资源管理的过程中进行人力资源开发,在使用与消耗员工个人人力资源的同时,也让他们的人力资本得到增值。

（二）组织的持续发展与竞争力提高，要求在管理中进行人力资源开发

目前组织之间的竞争实际上是产品质量的竞争，产品质量的竞争归根到底是技术与人才质量的竞争，而人才质量的竞争实际上是人力资源开发策略、效率与效果的竞争。因此，组织能否保持自己的竞争优势，保持发展的持续性，关键在于组织管理中的人力资源开发工作做得如何。一个组织如果具有健全的人力资源开发机制与动力，那么这个组织就能始终向前发展，保持自己的竞争力与可持续发展。人力资源对于组织竞争力的作用，在科学管理、能力主义管理与人性管理三个不同时期，分别表现为以下三个模式：

在科学管理时期，

组织竞争力＝（财力＋物力）×[人力×（管理＋开发）]

在能力主义管理时期，

组织竞争力＝（财力＋物力）×[人力×（管理×开发）]

在人性管理时期，

组织竞争力＝（财力＋物力）×（人力×管理^{开发}）

第一个模式表明，组织中的人力经过管理与开发的各自作用得到提升，提升后的人力对有限的财力、物力将产生放大作用。在这里，开发与管理对人力及其物力、财力的放大作用相互独立发挥。

第二个模式表明，开发与管理对人力及其物力、财力的放大作用并非相互独立。在这里，开发先对管理进行乘积式的放大，然后通过管理再对人力进行放大，最后通过人力对物力与财力进行放大。

在第三个模式中，开发先对管理进行乘方式的放大，然后再通过管理对人力进行放大，最后通过人力再对物力与财力进行放大。

显然，在上述三种模式中，开发最后对人力、物力与财力的作用及其在综合竞争力形成过程中所起的实际作用不尽相同，现代人力资源管理应该充分发挥人力资源开发的这种放大作用。

（三）任何一种人力资源管理都要以人力资源开发为指导

任何组织的人力资源管理，都必须最大限度地满足当前及未来组织发展对人力资源的需求，保持人力资本的保值与增值。然而，没

有开发思想的人力资源管理是难以保证组织内人力资源不贬值的。实际上,任何组织的人力资源管理,既要通过培训对个体的人力资源进行持续开发,又要通过招聘、流动、退休等方式,对群体的人力资源进行规模开发与动态维护。在现代的人力资源管理中,没有开发作用的人力资源管理是不存在的,没有开发思想的人力资源管理也是任何组织都不允许的。

(四)通过人力资源管理活动进行人力资源开发,具有可行性与现实性

在组织管理中,人力资源管理活动所占的时间最多,是组织管理的中心工作。它在管理体系中的核心地位与时间上的优势,有助于保证人力资源开发思想的落实。在组织管理活动中,人力资源管理覆盖面最广,对员工的影响最深,有利于人力资源开发活动的进行。

要使人力资源管理获得良好的开发效果,必须强化管理者进行人力资源开发的思想,并进行开发方法的教育与培训。要使全体人员明确,人力资源开发不仅是人力资源部门的事,而且是全体管理者的共同责任。

二、管理过程中的人力资源开发

人力资源管理本身可以成为一个 HRD 过程。组织中的人力资源管理过程,包括人力规划、人员招聘与选拔、人员配置、人员培训、人员激励、人员考评、人员报酬等。

(一)人力规划

人力规划是人力资源管理战略与开发战略的具体体现,是人力资源开发与管理工作的起点与目标,是人力资源开发的设想与计划。人力规划在人力资源开发与管理中的作用,表现为前瞻性、预测性与预防性。它通过对组织人力资源开发战略、目标、步骤、时间、措施的制订,来实现对整个人力资源管理过程的开发价值观导向。台湾学者李声吼认为,人力资源规划是一种根据组织内人力资源开发的观点,从长远的发展战略出发,制订计划,确保具备适当条件和能力的人可以适时地被安置在适当的职位上,也就是适才适岗的配置计划。

因此，人力资源规划的编制要以组织的总体发展战略为指导，以人力资源开发为导向，进行人力资源开发的需求评估，在对开发需求进行评估的基础上拟订人力资源开发计划，这样才能实现人力资源管理规划对人力资源工作者的正确引导，才能保证管理期内对人力资源的保值与增值。

（二）人员的招聘与选拔

人员招聘与选拔是针对组织的工作需要，从组织内外招募、甄选与聘用所需要人员的活动。它是一种把目前与生产资料相脱离的人转化为直接与生产资料相结合的人，把低职位的人提拔到高职位的管理活动，是一种识别人员、发现人员、举荐人才的过程。因此，人员招聘与选拔本身既是人力资源管理过程中的一个环节，又是人力资源开发的一种活动。

（三）人员配置

人员配置是把所聘人员与所聘职位相互对应并进行安排的活动，它是对人员直接使用的活动。因此，人员配置具有人力资源开发的作用与特点，可以把人员配置看作人力资源开发过程中最为关键的一个环节。因为只有通过人员配置，人力资源才能与物力资源实现真正意义上的结合，人员才真正获得了人力资源的价值与作用，人力资源的前期开发与后续开发的价值才能得到实现，才因此变得更有意义。

（四）人员培训

人员培训是针对所配置职位的任职需要对人员的培养与训练。无论是新员工还是老员工，完成人员配置后，人员与职位之间并非100%的完全匹配，需要通过一定的人员培训活动来解决两者之间的适应性问题。人员培训实际上是把任职基础能力的基本条件转化为当前职位工作所需要的具体能力与具体条件的过程，把不相关的能力与素质开发转化为能直接运用的能力与素质的过程，把可能的劳动力转化为现实的劳动力的过程。

（五）人员激励

人员激励即激发员工的内在动机和相关思想需要，使之形成并产生实现组织工作目标与职位工作所需要的特定行为的过程。它是把相关思想与需要转变为直接行为能力的过程，是维持与保持职位工作所需要的思想过程。因此，从某种程度来说，培训是一种能力开发的具体方式，而激励是一种行为开发的具体方式。

（六）人员考评

人员考评是依据职位的工作要求，对任职员工进行素质、行为与结果的全面考查与评价的活动。它是对员工工作行为的一种检查与反馈，具有激励作用。通过考评达到标准要求的员工会有一种成就感，与标准相差一点的员工会有紧迫感，而与标准差距较大的员工会有一种危机感或压力感。具体详细的人员考评会具体指明哪些行为达到或超出了既定的标准要求，哪些行为未达到标准要求，差距有多少，哪些行为得到了肯定与鼓励，哪些行为得到了否定与批评。由此可见，考评本身对员工的行为具有一种导向性、激励性与鞭策性，考评本身就是一种开发手段。

（七）人员报酬

人员报酬是依据人员考评的结果与任职员工的实际价值和贡献，进行的一种薪金待遇的分配活动，包括奖励与惩处在内，它是对员工工作行为的综合性强化或消退。当员工所表现的工作行为及其结果得到较高的劳动报酬时，员工相应的思想行为会进一步得到强化与发展，否则就会抑制与消退，或者出现员工调动或流动现象。由此可见，人员报酬对员工的工作行为具有激励或调整作用，本身也是一种开发手段。

综上所述，人力资源的管理过程本身就具有开发的机制与作用。然而，人力资源管理中的这种开发功能与作用，在人力资源管理的实践中并非自发产生，关键要有意识地去把握、去发挥。人力资源管理的开发作用见图4-11。

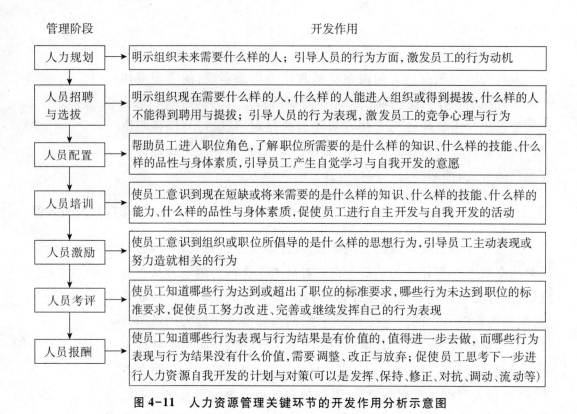

图 4-11 人力资源管理关键环节的开发作用分析示意图

三、组织管理中的其他人力资源开发形式

除上述所介绍的各种人力资源管理活动外，组织管理中还有以下一些管理形式也具有人力资源的开发作用。

（一）管理制度

管理制度是按照一定管理理念设计，制约与影响所有员工思想与行为的一系列规定、准则、程序、方法、约定、条例、模式等书面文件或规范的总和。管理制度对员工的影响与导向是潜移默化的。管理制度的开发作用虽然不像培训、教育活动那样直接与明显，但它对员工思想行为的影响却是循序渐进与深入的，效果上是持久的，时空上是广泛与全面的。其中，产权制度、人事制度对人力资源的开发作用最为明显与深刻。

管理制度对人力资源的开发作用，就像肥沃的土壤、新鲜的空气、充足的水源与温暖的阳光对树木成长的作用,十分重要。一个人力资源结构全面正常的人,将会在合理的管理制度下迅速得到开发;一个人力资源结构有所缺陷的人,也能够在合理的管理制度下得到弥补与调整。然而,要有效地发挥管理制度的开发功用,应该着力于培植制度意识,从我做起,自觉遵守;应该建立监察信息系统,及时反馈;应该建立制约机制、竞争机制与激励机制,实现相互监督、相互促进与共同发展。

(二)领导者

领导者是指管理中的中高层管理人员。管理心理学研究表明,领导者的权力因素与非权力因素,会对员工的思想与行为产生各种影响,具体见表 4-3。

表 4-3 领导因素影响分析表

因素类别		因素性质	影响形式	
权力性	权威因素	观念性	服从感	强制性影响
	职位因素	社会性	敬畏感	
	资历因素	历史性	敬重感	
非权力性	品性因素	本质性	敬爱感	自然性影响
	才能因素	实践性	敬佩感	
	知识因素	科学性	信赖感	
	情感因素	感受性	亲切感	

资料来源:夏国新:《实用管理心理学》,中央民族大学出版社 1993 年版,第 12 页,有改动。

领导者的风格不同,组织内人力资源产生的开发效果就不同,具体分析如表 4-4 所示。

表 4-4 领导者不同风格对人力资源开发的实际影响分析一览表

	风格特点	实际影响
专制式	权力定位于领导者手中,领导者独断专行,不尊重部属成员的能力和感情	有利于服从性与纪律性的培养与开发; 不利于自信心、主动性、团结协作性及责任感的培养

续表

	风格特点	实际影响
民主式	权力定位于群体之中,尊重被领导者的能力与资历,领导者以品性影响、感召部属,使被领导者愿意接受其领导	有利于员工自信心、主动性、责任心的培养与开发; 有利于民主性、团结性、协作性的培养与开发
放任式	权力定位于员工个体,一切活动方式由员工自己摸索,领导者不参与意见与决策,对工作效果不加考察	有利于民主性、主动性、开拓性的培养与开发; 不利于自信心、责任心、纪律性、团结性与协作性的培养与开发

(三)组织文化

组织文化是指组织在长期管理与开发中逐步形成的、为大多数人所认同的基本信念、价值标准、行为规范、行为习惯与精神风貌等。它一般包括四个层面,即物质层面、行为层面、制度层面与精神层面。相对于这四个层面而存在的文化,即为表层的物质文化、浅层的行为文化、中层的制度文化与深层的精神文化。物质文化,例如企业形象、产品形象、厂区内的建筑风格、厂旗、厂服等,都会对员工的行为产生视觉上的影响与感觉体验。宣传教育活动、文娱体育活动及伙伴间的行为习惯等行为文化,也会对员工的行为产生直接的引导与影响。"踏踏实实做好本职工作,就是对公司最大的贡献""冒一定风险是事业成功的必要代价,创新改革是我们的出路"等,则体现了企业的精神文化。组织内的员工正是在这种组织文化的牵引与约束下,不断地调节个人与组织、个人与团队、个人与个人之间的思想行为,不断地靠近组织的战略与目标要求,并将自身的职业生活与组织的战略辅助结合起来,积极主动地进行自我开发。

清华大学教授张德认为,组织文化对人力资源开发与管理的作用主要体现在以下四点。

(1)导向作用。组织文化可以把员工的行为动机引导到组织目标上来,因此在制订组织目标时,应该融进组织员工的事业心和成就欲,包含较多的个人目标,同时要高屋建瓴、振奋人心。"不怕众人心不齐,只怕没人打大旗",组织目标就是引导员工统一行动的旗帜,一种集结众人才智的精神动力。使广大员工了解组织追求的崇高目标,也就深刻地认识到自身工作的伟大意义,不仅愿意为此而不懈努力,而且往往愿意为此做出个人牺牲。

(2) 规范作用。规章制度构成组织员工的硬规范,而组织道德、组织风气则构成组织员工的软规范。软规范可以减弱硬规范对员工心理的冲击,缓解自治心理与被治现实之间的冲突,削弱由此引起的心理逆反,从而使组织员工的行为趋于和谐、一致,并符合组织目标的需要。无论硬的和软的规范,都以群体价值观作为基础。一旦共同信念在组织员工心理深层形成一种定势,构造出一种响应机制,只要外部诱导信号发生,即可得到积极的响应,并迅速转化为预期的行为。

(3) 凝聚作用。文化是一种极强的凝聚力量。组织文化是组织员工的黏合剂,把各个方面、各个层次的人都团结在组织目标的旗帜下,并使个人的思想感情和命运与组织的命运紧密联系起来,产生深刻的认同感,以至于与组织同甘苦共命运。

(4) 激励作用。组织文化的核心是确立共同价值观念,在这种群体价值观的指导下发生的一切行为,又都是组织所期望的行为,这就带来了组织利益与个人行为的一致,组织目标与个人目标的结合。在满足物质需要的同时,崇高的群体价值观带来的满足感、成就感和荣誉感,使组织员工的精神需要获得满足,从而产生深刻而持久的激励作用。

(四) 团队活动

团队活动是指通过一定的项目与任务,把具有不同人力资源特点的人员组合在一起进行生产经营活动的一种管理形式,也叫项目管理。国外最早见于 TOC(Theory of Constraint)小组活动,国内见于20 世纪 60 年代的"两参一改三结合"。它对于员工的团队合作、创新精神与创新能力等的培养,具有重要的作用,对于解放员工的个性与调动员工的工作积极性和自我开发的热情,具有重要的意义。

团队活动独立于组织的职务体系以外,是员工"自主管理"的一种活动。现代组织管理认为,组织用职务体系来管理生产经营过程,其本来意义在于发挥劳动者的生产能力。但是,被过分组织化的日常工作的单调重复性和员工在组织内的被动地位,又在一定程度上压抑了员工的创造本能,反而导致了工作效率的降低。为了充分发挥员工的积极性,就需要开辟一个使他们得以发挥其自主性和创造性的场所。自主管理的团队活动正是这样的场所。

从能力开发的角度看,团队活动的作用主要有以下几个方面:(1)通过自主活动,员工可以独立思考,亲身实践,取得成果,可以体会到工作的意义和成功的喜悦,从而提高积极性;(2)团队活动给员工提供了互相启发和自我开发的机会;(3)团队活动可使员工之间增进感情,相互了解,加强集体主义意识和协作配合精神;(4)成功的团队活动可以满足员工的精神生活要求、社交要求(小组活动)、自我提高要求(学习、创新)和自我价值实现的要求(成果、表彰);(5)团队活动可以培养和训练员工的分析思维能力,掌握分析思维的方法。

团队活动的开发作用

1. 提高经营效率和生产率
2. 增强组织活力
3. 形成新的组织作风
4. 自主管理落实到基层
5. 能力开发与自我发展

预期效果

1. 有效的相互学习活动
2. 培养协作配合精神
3. 精神上的满足感
4. 充实、扩大自主管理
5. 互相启发,互相提高

图 4-12 团队活动的开发作用及预期效果

为了更好地发挥团队活动对人力资源的开发作用,可以参考表 4-5,对团队活动进行评价与改进。

表 4-5 "团队活动"的自我评价表示例

评价项目	评价要点	评分
1. 课题选择 (20分)	(1) 是否经小组全体成员充分讨论 (2) 课题的背景和关键是否充分把握 (3) 课题的解决效果是否对企业有很大意义	
2. 推动性 (20分)	(1) 小组成员是否齐心协力参加 (2) 是否取得了有关部门的充分支持、配合 (3) 是否积极向有关部门提出了配合行动的要求	

续表

评价项目	评价要点		评分
	评价项目	评价要点	
3. 工作方法 （40分）	（1）达到目标 （10分）	a. 充分达到了预定目标 b. 目标是否适当	
	（2）分析 （10分）	a. 是否充分利用了过去的数据 b. 分析方法是否足够深入细致 c. 是否充分运用了数理统计方法	
	（3）小组活动 （5分）	a. 集体主义精神是否发挥 b. 是否积极主动互相配合	
	（4）总结审查 （5分）	a. 是否对成果进行了全面验证 b. 验证中是否明确找出问题点	
	（5）标准化 （10分）	是否以形成制度巩固成果	
4. 管理技巧的运用 （10分）	（1）是否每一步应用了适当的管理方法（现代化管理方法） （2）是否充分运用了 QC、JB 等管理方法 （3）有无采用特殊方法		
5. 上级的满意度 （10分）	（1）成果是否充分得到上级认可 （2）活动内容是否完全符合"小团队活动"的性质（经营改善） （3）小组组长的领导指挥方法是否满意		

资料来源：罗锐韧、曾繁正主编：《人力资源管理》，第130页，内容有修改。

此外，组织管理中的提案奖励活动、体制改革与创新活动，对于唤起广大员工的创新意识与热情，对于创造能力的培养与开发，也具有重要的作用。

第六节 组织开发

组织开发在这里不是指对组织本身的开发，而是指通过组织这个中介，对组织中的成员进行开发的一种形式与活动。具体地说，是通过创设或控制一定的组织因素与组织行为，进行组织内人力资源开发的活动与形式。组织不是开发的目标，而只是开发的手段。例如，通过组织文化改变员工的态度、价值观以及信念，以适应组织内各种变化,包括组织设计、组织重组与变革带来的变化与影响。

组织中对人力资源开发具有重大作用的因素包括组织性质、组织体制、组织结构、组织动机、组织发展阶段等。

一、组织性质

组织性质是指组织的所有制形式。一般来说,不同的组织性质决定着不同的组织与领导风格,会对员工产生不同的行为导向与影响,从而会产生不同的人力资源开发效果。

二、组织体制

组织体制是指组织中各层次、各部门之间组织管理关系制度化的表现形式。一般有首长制、委员会制、等级制、职能制、集权制与分权制等形式,又有股份制、合伙制等形式。每个组织都可以选择适合其自身特点的组织体制。衡量一个组织的体制是否科学合理,主要是看它是否有利于提高工作效率、经济效益与社会效益,是否切合本组织当时的实际情况。不同的组织体制对员工的行为导向与影响也是不尽相同的,因而会产生不同的人力资源开发效果。例如,员工的参与意识、民主意识、创新意识在首长制、等级制与集权制的组织中相对来说被开发的程度要低一些,而在委员会制、职能制、分权制等组织中被开发的程度要高一些;但合作精神、协作意识在首长制、集权制、股份制的组织中被开发的程度高一些,而在职能制、等级制、分权制的组织中被开发的程度就要低一些。

三、组织结构

组织结构是指组织内各构成要素以及它们之间的关系形式。一般来说,这种关系形式包括设计目的的职能结构、纵向关系的层次结构、横向关系的部门结构以及职务岗位之间的职权结构。

第四章 人力资源开发的途径

组织结构的传统形式大致有直线制、职能制、直线职能制、事业部制、矩阵结构制、多维立体制与委员会(董事会)制等,近年又出现了扁平化、柔性化、网络制、变形制、团队制、虚拟制与自由型等结构形式。我们不难发现,不同的组织结构具有不同的管理特点与不同的管理机制,从而会产生不同的人力资源开发的效果。部分组织结构形式及其开发效果分析见表4-6。

表4-6 不同组织结构形式及其开发效果分析一览表

组织结构形式	组织管理特点	人力资源开发效果
1. 直线职能制	既按命令统一原则设立直线指挥系统,又按专业化原则设立职能管理系统,职能人员是直线指挥人员的参谋与助手,对下级机构只有业务指导权,没有行政命令权	有助于效率意识、责任意识与纪律服从意识的培养与开发; 有助于专业管理人员的培养与开发; 不利于下级部门与人员之间的团队合作意识的培养; 不利于员工积极性与创造性意识的发挥; 不利于员工的全面发展
2. 事业部制	集中决策与关键职权,分散经营与独立核算	有利于高层领导人员综合管理能力的开发; 有利于高层管理干部的个性解放与创造能力的开发; 有利于对基层负责人员管理能力的全面开发,并建立集团高层干部赛马式选拔的机制,通过观察比较把能人提拔到最高部门; 不利于在不同事业部之间培养与开发团队意识、协作精神
3. 矩阵结构制	员工接受双重领导,具有双重责任,项目经理没有完全的职权	有利于员工团队意识、民主意识、创造性的培养与开发; 不利于纪律与服从意识的培养与开发

续表

组织结构形式	组织管理特点	人力资源开发效果
4. 网络制	中心层由单个领导人或多个领导人组成,直接管理一个规模较小、支付报酬较低的办事员队伍,但办事员队伍保持高度的流动性与最大限度的精干性;外围层由若干组织构成,分别承受不同的管理职责与生产职责。 外围层与中心层是一种合同管理关系,呈现极大的结构变化与不稳定性,管理主要通过网络等现代通信手段进行	有利于组织及其内部员工团结协作意识、多文化意识、竞争意识、风险意识、开拓意识与法律意识的培养与开发; 不利于纪律性、权威服从性与忠诚度的培养与开发
5. 变形制	结构无定式,利润中心,分权运营,以结构变化应对环境变化	有利于民主性、创新性、灵活应变能力、自我控制能力与团结协作意识的培养与开发; 有利于个性、独立自主性的培养与开发; 不利于纪律性、服从性与忠诚意识的培养与开发
6. 团队制	对组织的上层与基层之间的职能部门进行分解与弱化,决策权分散到工作团队	有利于员工从专才向通才方向全面发展; 有利于高层管理人员全面提升自己的管理技能与素质,适应不同工作团队解决问题的需要; 基层员工缺乏纵向提升的机会,不利于人力资源的深度开发
7. 虚拟制	战略联盟,松散管理,利润中心	有利于组织及其内部员工多元化意识、竞争意识、风险意识与发散性思维的培养与开发; 不利于纪律性、服从性与忠诚性意识的培养与开发

四、组织的其他因素

除上面所述的组织性质、体制、结构外,组织发展的动机与不同发展阶段,也对人力资源开发有着重要的影响。

组织发展的动机大致有自我发展、追求个性实现、保住优秀人才与追求经济效益。当组织追求自我发展与个性实现时,有利于员工自主意识、个性意识与开拓意识的培养与开发;当组织追求保住优秀人才时,有利于员工专业能力的自我开发与意识的提高;当组织追求经济效益时,则有利于员工经济意识、竞争意识的培养与开发。

组织发展的不同阶段及其对人力资源开发的效果分析见表4-7。

表4-7 组织的不同发展阶段及其对人力资源开发效果的分析一览表

发展阶段	组织特征	人力资源开发效果
1. 创业阶段	组织处于幼年期,规模小,个人决策指挥,产品服务比较单一	有利于高层领导的实干能力、责任感、使命感的培养与开发; 有利于员工开拓性、创造性、吃苦耐劳、坚忍不拔精神的培养与开发
2. 发展阶段	组织处于迅速发展期,组织结构不稳定,信息沟通非正式,领导具有很高的权威	有利于员工使命感与归宿感的培养与开发; 有利于团结性、服从性的培养与开发
3. 规范化阶段	组织开始实行制度化与规范化管理	有利于员工纪律性、责任心与业务能力的培养与开发; 限制了创新性、效率意识与开拓性的进一步发展
4. 膨胀阶段	组织过于庞大,严格的制度化管理	有利于员工责任心、纪律性与业务能力的培养与发展; 限制了竞争意识、风险意识、效率意识的发展
5. 衰退阶段	产品市场占有率下降,人浮于事	有利于员工危机意识、团结协作精神、开拓意识的培养与开发; 不利于员工忠诚度、归宿感的培养与开发

总之，组织内人力资源开发的途径多种多样，目前比较常用与有效的途径主要包括生理开发、心理开发、职能系统开发、辅助系统开发、再生系统开发、自我开发、配置使用、职业开发、组织开发与管理开发。

本章小结

本章从概述人力资源开发系统工程入手，提出了建立科学的人力资源开发系统工程的观点，并对人力资源配置的概念、作用及其相关知识作了具体的介绍，同时还对自我开发、职业开发、管理开发和组织开发等几种主要途径进行了详细的阐述。

首先，描述了人力资源开发系统工程的概念，指出人力资源是一个复杂的结构系统，它的形成与发展是一个不断衰退、不断更新与不断生长的动态过程，介绍了人力资源开发的几种结构模式——人力资源开发全程模式、人力资源开发的素质结构模式和人力资源开发系统结构模式。

其次，提出人力资源配置问题是组织人力资源开发与管理中的核心问题，从不同的学科领域阐述了人们对人力资源配置的不同解释，分析了人力资源配置问题的产生、发展及其作用，并从实际情况出发，指出企事业组织内部的人力资源配置形式可以分为人岗关系型、移动配置型和流动配置型三类。

最后，详细介绍了四种主要的人力资源开发途径。

自我开发是建构 HRD 系统的出发点与目标，自我开发是被开发者向开发目标自我努力的过程，也是被开发者自我学习和自我发展的过程。自我开发分为自我学习与自我申报两种形式。

所谓职业开发，是指通过职业活动本身提高与培养员工 HR 的开发形式。就目前组织内部的活动来看，职业开发主要包括工作设计、工作专业化、工作轮换、工作扩大化和工作丰富化等，它们的人力资源开发功效各具特色，在选择运用这些开发形式时要结合实际并做出相应的分析。

管理开发是指通过管理活动来开发人力资源，把人力资源开发的思想、原则与目的渗透到日常的管理活动之中。管理是任何组织

第四章 人力资源开发的途径

都存在的一种活动,因此管理开发有其必要性与重要性。组织中的人力资源管理过程包括人力规划、人员招聘与选拔、人员配置、人员培训、人员激励、人员考评和人员报酬等主要形式以及管理制度、领导者、组织文化、团队活动等相关辅助开发形式。

组织开发是指通过组织这个中介,对组织中的成员进行开发的一种形式与活动。具体地说,是通过创设或控制一定的组织因素与组织行为,进行组织内人力资源开发的活动与形式。组织性质、组织体制、组织结构、组织动机、组织发展阶段等因素,会对人力资源开发产生重大影响。

▶▶ 复习思考题

1. 试分析人力资源开发系统工程提出的背景及原因。
2. 简述人力资源开发的几种模式并比较其异同。
3. 简述人力资源配置问题产生的原因。
4. 请简要论述人力资源配置的外部模式与内部形式。
5. 试分析自我开发成为建构 HRD 系统出发点与目标的原因。
6. 比较自我学习的各种形式,并找出它们的适用条件。
7. 请列出职业开发的几种主要形式,并对其进行人力资源开发的功效分析。
8. 试分析工作扩大化与工作丰富化的区别与联系。
9. 简述管理开发的必要性与重要性。
10. 试举出人力资源开发的各种具体形式,并分析其在管理过程中的作用。
11. 简述组织中对人力资源开发具有重大作用的因素及它们之间的关系。
12. 试分析不同组织结构形式的管理特点及开发效果。

▶▶ 案例与分析

创新人才开发模式带动农村脱贫致富[①]

近年来,江西泰和县委县政府转变观念,转换视角,站在农村基

[①] 本案例由北京大学人力资源开发与管理研究中心课题组 2017 年 4 月根据泰和县组织部提供的相关材料实地调查编写而成。

层群众的角度找问题、想办法，充分挖掘本土人才资源，创新组建了一支吸纳1399名"土专家"的"田教授"服务团，通过"依托身边的产业、遴选身边的能人、传授身边的技术、带富身边的群众"的模式，成功破解农业产业技术传授难题，真正实现"授人以鱼"向"授人以渔"的转变，探索出一条精准扶贫、产业"造血"的好路子。这一创新做法得到中组部的肯定，入选全国百个基层人才工作创新推广案例。

一、内容介绍

（一）组建"田教授"服务团，"土语土方"助力农村产业致富之路

"田教授"服务团通过"遴选身边的能人、依托身边的产业、采用身边的语言、传授身边的技术"，讲土话开土方，让农村群众学习农业产业技术"听得懂、用得上"。**一是遴选身边能人，服务队伍本土化。**通过村级申报、乡镇推荐、县级审核、培训考核、试讲测评五个环节，从全县农村实用人才中遴选出"群众信得过、组织放得心"的"田教授"，组成县级服务团、乡镇服务总队和村级服务队三级服务队伍。同时，积极组织"田教授"参加各类技能培训，聘请有关专家传授教学技巧，让"田教授"服务团的"土专家"们个个讲课都能讲到问题的关键点、讲进群众的心坎里。该县客家老表多，为让每一位群众都能真正"听得懂、学得到"，该县专门对"田教授"服务团的成员们进行客家话培训，让"土专家"与客家老表沟通实现"零障碍"。为强化"田教授"服务团的保障力度，泰和县县财政每年安排43万元"田教授"工作经费。加强对"田教授"的管理激励，每年对"田教授"进行考核评估，考核不达标的辞退出"田教授"服务团队伍，优胜劣汰。同时，在"田教授"中开展"两带积分、择优培养"活动，对"田教授"在带头致富、带领致富实行积分管理，对积分多的"田教授"择优发展成党员、择优培养成村组干部。**二是传授身边技术，培训内容精准化。**群众想发展什么产业，"田教授"服务团的"土专家"就来"教"什么产业。泰和县采取"农民按需点单，乡镇党委汇总下单，县委组织部按单配送，培训授课结束后进行满意度测评"的"三单一评"服务模式送学下乡，精准对接、精准施策、精准滴灌，一个个"土专家"变成一个个引领产业发展的"火车头"。在"田教授"服务团的引导帮扶下，全县有1630余户农户投入产业大军，发展泰和乌鸡、孔雀、灵

芝、竹篙薯等各种特色农业产业。**三是依托身边产业,培训课堂便民化**。针对农村群众空闲时间难以统一、集中培训顾此失彼等问题,"田教授"改变以往在室内说教式集中培训的方法,将课堂搬进农户、搬进基地、搬进田间地头,手把手、面对面进行现场技术教学。同时,开设线上交流平台。利用微信、QQ等互联网形式,对群众课后存在的疑问进行线上答疑,并在线上平台发布基地教学现场图片、小视频,宣传科普知识,传授种养经验。

(二)创建"田教授"创客聚落部,"共识共为"助燃基层群众创业之梦

在创建"田教授"服务团的基础上,泰和县成立"田教授"服务协会,并在全县22个乡镇成立"田教授"分会,实现自我教育、自我管理、自我发展、自我服务。依托"田教授"服务协会,泰和县以"抱团创业、集群创业、无缝创业、新式创业、多样创业"为理念,创办了江西省首家三农创客孵化空间——"田教授"创客聚落部,为"田教授"和农村有创业梦想的群众在政策、资金、技术上提供全方位支持和服务,汇聚各方力量,共同帮助创业项目落地见效、做大做强。目前,已有48家创客及企业入驻,涵盖泰和乌鸡、井冈蜜柚、灵芝、植保无人机等各类特色"三农"领域。**一是五环创业孵化**。即由创客空间免费提供一套桌椅、免费做一次创业宣传、免费提供一份"田教授"名单、免费介绍一家风投、免费培育一家公司,五环相扣,着力打造环形发展链,推动入驻企业或团队实现有场所办公、有版面宣传、有资源共享、有后备保障、有发展前景的"五有"规范化运作,着力将一个好的想法、好的项目培育孵化成一家产业规模好、经济效益好、运行规范、前景较好的公司。同时,着力发挥"田教授"协会的示范引领、帮扶推进作用,主动为农村创客提供政策宣讲、技能传授、答疑解惑等服务,并鼓励符合条件的"田教授"入驻创客聚落部,使创业项目更接地气、更合实际。**二是四重金融扶持**。即银行贷款支持、民间资本支持、"双色"股份支持、政策奖补支持。截至目前,共争取各类金融支持2000余万元。**银行贷款支持**,与县内邮政储蓄银行、九江银行、农村信用社、中银富登村镇银行等4家金融机构建立合作关系,为符合条件的"田教授"创客提供最高400万元的低息贷款。如吉泰红果业合作社在获得100万元低息贷款后,将基地种植面积扩大到500

多亩，年销售金额增长到 210 多万元，并带动周边 10 余户农户年均增收 2500 余元。**民间资本支持**，与亿融投资股份有限公司、江西庐陵人文谷投资发展有限公司、吉安市宏标民间资本管理有限公司、吉安赣商联盟投资发展有限公司等 6 家民间金融投资机构达成协议，为创客提供金融支持。"**双色**"**股份支持**，由村级组织以土地和资金入股到创业项目中，占"红色股份"；由困难党员、贫困户等自愿以土地或扶贫资金入股到创业项目中，占"绿色股份"，既有效解决了创业项目用地、启动资金的难题，也破解了村级集体经济"空壳村"和困难群体"造血式"扶贫的问题。**政策奖补支持**，对新认定为国家、省级创业创新带动就业示范基地的，分别给予 100 万元、20 万元专项奖励。对获得国家级创业大赛奖项的项目，每个给予 10—20 万元奖励；获得省、市创业大赛前三名的，每个分别给予 5—10 万元、2—5 万元奖励。三是三类导师指导。即安排政策导师团队、科研导师团队、商务导师团队，对入驻的企业或团队开展针对性的指导帮扶。由县委组织部牵头组织县内有关职能部门主要领导担任**政策导师**，定期轮流在聚落部开展创业讲座，从政策支持、创新驱动等方面坚定创客信心和斗志，并协调解决创业过程中的实际问题。积极邀请江西农业大学、井冈山大学等等当地高校的专家、教授担任**科研导师**，通过讲座、座谈或一对一指导等方式，定期对创客进行观念创新、技术创新、模式创新、成果转化等培训指导。邀请成功企业家、天使投资人等成功人士担任**商务导师**，重点加强创客团队管理、项目运营、资本运作等方面的创业指导。截至目前，共举办各类培训活动 12 场次，协助解决各类问题 156 个。

（三）打造"田教授 e 家"平台，"线上线下"助搭农业产品发展之桥

借助"田教授"创客聚落部这一平台，泰和县充分利用入驻创客和"田教授"的资源优势，着力打造"田教授 e 家"线上线下平台，为"田教授"和农村基层群众解决产品销售问题，让其无忧发展。**一方面，全力打造线上电商销售平台**。为整合全县"田教授"资源，汇聚"田教授"品牌影响力，泰和县依托"田教授"服务协会，组建专业电商运营团队，全力打造了集互联网网站、手机 APP、微信公众号为一体的"田教授 e 家"线上电商平台。电商平台择优对农产品进行重新

第四章 人力资源开发的途径

包装、推广和销售,提升"田教授"品牌农产品的整体形象和口碑。在产品特色上,坚持主打"田教授"品牌农产品,坚持推广全县特色农产品,同时吸纳其他优质农产品,做到种类繁多和特色鲜明兼顾。在产品质量上,把好食品安全关。对未取得相关部门许可,未取得QS认证标志以及其他不符合食品市场准入标准的产品,一律不予上架,确保产品质量安全。目前,"田教授e家"电商平台已有肉类、果蔬类、水产类、特产类等4大类共计40多种"田教授"农产品成功入驻。**另一方面,倾力建立线下种养示范基地。**该县"田教授"成员中90%以上拥有自己的产业基地,其中基地规模较大、经济效益较好的占40%左右。为确保线上农产品源头可追溯、质量有保证、客户能放心,该县在打造线上平台的基础上,倾力建立线下示范基地,指导线上平台与线下基地对接,形成线上线下的互动模式。通过采用无线网络实景观看技术,在产业基地安装可视镜头,在线上平台建立点击进入端口,即可方便"田教授"时时观察产业发展情况,又可供客户直观感受产品来源地的现实情况,全方位、立体式地展示"田教授"农产品生产、加工的全过程。这一方面增加了产品信息的透明度,另一方面在一定程度上督促"田教授"规范自身产业发展的一系列流程,为"田教授"农产品在质量上又上了一把"放心锁"。

二、案例点评

"田教授"服务团、"田教授"创客聚落部、"田教授e家"平台等一系列"通天线、接地气、聚民心"的"田教授"党建品牌"组合拳",为泰和在农业产业发展、人才队伍培养、农村基层治理等方面开创了一个崭新局面。

一是驱动了农业产业发展,带富了一片群众。"遴选身边的能人、依托身边的产业、采用身边的语言、传授身边的技术"这种"讲土话开土方"的农业产业技术传授模式,由"大水漫灌"变为"精准滴灌",让农村群众"听得懂、学得会",使越来越多的基层群众掌握了各种农业产业种养技术,一项项农业特色产业如"星星之火"在泰和大地上渐成燎原之势。尤其是"田教授"与贫困群众采取"1+1"精准结对帮扶的方式,为困难群众找到了产业致富之路,实现了"造血"功能。同时,"田教授"创客聚落部、"田教授e家"电商平台等多种平台,让"田教授"和农村群众抱团发展、集群发展、无忧发展,农业产业的"星星之火"汇聚成"熊熊大火",全县农业产业化规模进一步发展壮大。目前,全县共建立农民专业合作社 376 家、农业企业 14 家、家庭农场 159 家。

二是开发了农村实用人才,激活了"一池春水"。"田教授"服务团、"田教授"创客聚落部、"田教授 e 家"电商平台等"多维一体"的服务模式,让更多农村年轻人既掌握了种养一技之长,又解决了发展后顾之忧,越来越多外出务工人员选择留在家乡发展农业产业,为农村留住了更多的优秀人才。同时,通过在"田教授"中开展"两带积分、择优培养"活动,有效拓宽了村级干部队伍建设的"源头活水"。目前,泰和县从"田教授"中培养入党积极分子 230 多名、党员 120 多名、村级后备干部 460 多名,激活了村级后备干部培养"一池春水"。

三是发挥党员干部作用,促进了一方和谐。一方面,"田教授"尤其是其中的党员干部扑下身子传技术、解民忧,田间地头纵横交错的行行脚印形成了党和人民群众血肉联系的纽带,进一步拉起了真心实意为群众办实事的"感情线""连心线",让广大群众切实感受到党组织的温暖。同时,通过"党建+田教授+合作社""双色股份"等模式,有效发展壮大了村级集体经济,让农村基层党组织有能力、有实力为群众办实事,农村基层党组织的凝聚力进一步增强。另一方面,"田教授"人才服务模式有效满足了农村基层群众发展产业致富的需求,广大农村群众一心思发展、求富路;建立在全县各级"田教授"服务协会和分会上的基层党组织也紧紧将"田教授"和农村群众凝聚在一起,有力促进了农村的和谐稳定。

案例分析题

1. 泰和县"田教授"带动农村脱贫致富的成功秘诀是什么?如何在农村与不发达地区开发当地的人力资源?

2. 泰和县的"田教授"的人才开发模式对中国的人力资源开发有哪些启示?

第五章

新员工的开发方法

📎 **本章学习目标提示**

- 重点掌握员工组织化的各种理论与方法
- 掌握实际工作预览的各种方法与经验,了解其作用、运用和效果评估
- 了解员工导向的各种方法与经验

第三章、第四章对人力资源开发的技术与途径进行了比较全面的阐述。本章主要介绍新进员工的开发方法,包括员工的组织化、实际工作预览和新员工行为导向。

【引例】

宝洁公司新员工导向培训①

新员工培训是每个企业必不可少的一部分,它是为新员工提供有关公司和工作的基本情况的活动。这对员工适应新环境、做好本职工作起导向作用。新员工导向培训是新员工与新的工作群体成员互动行为的开始,不管是没有经验的大学生,还是有工作经验、从一家企业进入另一家企业的新员工,都是从一种组织文化进入到另一种组织文化,因此使员工快速了解企业、与同事的融洽相处是当务

---

① 资料来源:《宝洁公司新员工导向培训》,http://www.docin.com/p-391768509.html,内容有改动。

之急。

人力资源战略管理与发展是宝洁集团的一项重要工作。人力资源是宝洁的核心资源。宝洁努力回报员工的价值创造，保障员工的合法权益，为员工的职业发展和个人价值的实现提供平台。实现使员工与宝洁共同成长，加深国际化理念，即理念国际化、思路国际化、管理国际化。各级管理者要以尊重人才、引进人才、留住人才、培养人才为己任。

基于这样的组织目标、组织特征及所处的发展环境下，企业对新员工定期开展导向培训，对员工进行团队素质拓展训练，加强新员工对企业的了解，增加凝聚力。

(一) 培训目标

新员工进入一个组织，必须经历组织社会化的阶段，有效的社会化包括员工为胜任本职工作做准备、对组织有充分的了解以及建立良好的工作关系。新员工导向培训则是员工实现组织社会化的重要途径和方法。宝洁公司实行新员工导向培训，目的在于：让新员工能够更好地融入群体，使其被其他员工所接受；让新员工对工资、福利、休假、企业政策和员工行为规范等有更深刻的认识，解决进入公司后与进入公司前的矛盾心理；使新员工知晓企业的要求、期望、规范、传统和政策等，以便约束自己的行为；塑造良好的企业形象，为新员工灌输一个全新的企业文化，使新员工较快地融入企业文化之中；加强员工的认同感，提高员工保留率；为人员配置和职业发展提供反馈信息。

(二) 培训计划

新员工导向培训应在新员工上岗的第一天就开始进行，培训内容要围绕员工本身、工作、组织三个层次进行，培训方式要多样化，培训时间应合理安排，培训师应选择对宝洁有深刻了解的人，可以是公司内部领导，也可以是公司外聘专家。

培训内容包括：(1) 对宝洁的总体了解。新员工在上岗初期应以讲座和实地考察参观等形式，对公司的历史、经营理念、重要标志、品牌地位、发展前景等进行了解。(2) 对所在公司的地理位置、公司规定及相关法律、员工岗位说明书进行详尽的阐述。(3) 员工的素质拓展训练，加强彼此的沟通与融合。

(三）培训情况

在培训师和人力资源部门人员的有效指挥下,刚刚进入宝洁的新员工全部参加了导向培训的所有内容,所有参加培训的新员工没有出现违反此次培训要求的现象,在和谐和轻松的气氛中出色地完成了此次的培训。

通过这次培训,新员工对宝洁公司的企业文化、价值观、远景、制度等内容进行了深入的学习,并且增进了员工彼此间的感情,使大家有了一定的归属感,广泛地意识到了团队的力量,合作意识的重要性。培训老师认真负责,对每一个团队游戏进行认真的指导,没有员工对其培训师进行投诉。

(四）培训评估的实施说明

宝洁公司采用柯氏四级培训评估模式,对培训进行评估,见表5-1。

表5-1 新员工导向采用柯氏四级评估模式

评估层级	评估重点	评估方法
反应评估	新员工满意度	设计反应评估问卷
学习评估	学到的知识技能、态度、行为	设计培训考核试卷
行为评估	工作行为的改进	设计行为评估表
结果评估	工作中指导的结果	要求前后测——对照组法或多重时间序列设计法任选一种

宝洁公司针对新员工的情况,采用参观、讲座和素质拓展训练等方式,使新员工了解公司,帮助新老员工相互认识,达到公司的培训要求。

第一节 员工组织化的过程

新员工发现自己置身于一个不熟悉的新组织,周围到处是陌生人,面对新的工作环境、新的工作要求,难免会感到压力很大,感到紧张。为了帮助新员工成功地胜任新岗位的工作,应该对新员工及时进行引导与开发,让他们学习与了解新行为、新环境、新程序、新期望与新价值观,把个人适应新组织的过程称为员工的组织化。

组织化是一个复杂而漫长的过程,新员工要花数周或数月的时间来了解组织对他们的工作期望,了解自己如何行事才能获得组织其他成员的认可。因此,成功的组织化对新员工和组织都很关键。

尽管组织化很重要,但是有些组织引导新员工融入组织的工作却做得不够,甚至放任自流,严重地影响了新员工的作用发挥。尽管有些新员工依靠自己的摸索最终也能获得成功,但却走了很多弯路,经历了许多挫折和不安。幸运的是,目前许多组织已开始认识到成功组织化的重要性,并积极采取行动促使新员工尽快融入组织。

员工组织化是指个体获得成为一个组织成员所必须具有的社会知识和技能。组织化的结果是,那些被组织成员认为是外来者的人转化为富有生产力且可以被组织接受的内部人员。组织化的问题不但存在于新员工之中,也存在于调动和晋升的老员工之中。他们像新员工一样,也是将要加入团队的"外来者",同样面临获得新同事的承认和确立自己在新环境中的地位的挑战这一问题。然而不同的是,调任者和晋升者作为内部人员,早已了解组织的目标和价值观。

一、组织化的基本概念

(一)组织角色

新来员工刚加入团队时,必须了解为了适应组织生活并达到规定的绩效,预期所要完成的职责是什么,所要充当的组织角色是什么。角色是对个人在组织中从事特定岗位工作的一系列行为预期。角色所规定的是一个人应该如何适应组织和必须采取什么措施,才能保证相应的工作绩效。比如,我们遇到一个办公室接待员,期望他完成一定的角色行为,如问候、提供信息、引导我们与想见的人见面等。因此,组织角色即组织中的个人角色,是组织对员工从事某一职位工作一系列行为的预期。

沙因(Schein)认为,组织角色一般由下面三个维度所决定:(1)职务的资格维度(外来者、试用期、永久成员);(2)职务的任务维度(销售、工程师、工厂操作);(3)职务的等级维度(一线员工、基层主管、中层经理、高层经理)。

任何一个新员工都要了解和达到该角色所要求的资格、任务与等级。比如,一位巡警被提拔为轮值警官,只有在他了解警官必须完成的任务,能胜任这些任务,并被其他人接受后,他才算完全有效地融入了该团队。

(二) 角色沟通

角色沟通和角色定向,是与组织化相关的两个问题。在规范化的管理中,每个员工的角色应该被清楚地界定,并得到有关各方的一致同意,包括管理层、同事和任职者本人的同意。然而,情况并非如此。在界定和沟通角色时,任职者个人、同事、直接主管和高层经理,都可能对某一既定角色有不同的理解。尽管许多组织将职务工作说明书理解为对个体角色的正式说明,但是,大多数组织的职务工作说明书都比较模糊。

组织角色的这种模糊性将导致下列三种情况的发生:(1)角色超越。员工认为角色要求超过了他所能做到的合理界限。(2)角色冲突。员工感到其他人,如老板和同事,对他的期望是含糊与矛盾的。(3)角色不清。员工感觉到角色不清,自己经常被要求承担不断变换的新工作。

研究表明,角色超越、角色冲突与角色不清,都将增加员工的工作压力感。工作压力感过重,将影响员工的工作满意度、工作绩效和其他组织所看重的结果,包括流动和缺勤。因此,组织管理工作者要经常进行角色沟通,保持组织角色的清晰性并消除组织角色的模糊性。

(三) 角色定向

个体行为并不总是完全与自己的角色要求相吻合的。因此,个人的角色定向对组织化来说同样重要。角色定向是指个体根据组织的有关角色期望,对自我行为进行积极调整与定位的过程。角色定向以连续统一体的形式存在,一端是"保守定向",即遵守既定方式,另一端是"革新定向",即在重新界定角色时采取主动改革的态度。比如,一位市场情况分析师如有革新定向,就会认为自身角色是教经理们要有市场规范意识,即使组织中其他分析师并不如此。如果员工经常创造性地以提高自己或组织效率的方式重新界定自己的角色,这对他们来说是有益的。这种创造和革新经常对组织既定的信念和行为、既定的模式提出挑战。

(四) 组织规范

组织规范是存在于组织内成员之间用于控制组织内行为的不成文的行动规则。组织规范是组织化过程中重要的一部分,因为它说明了内部人员所同意的行为准则,也就是合适的行为规则。新来员工如果希望被内部人接受,思想行为就必须与组织规范保持一致。

组织规范并不涉及所有可能的行为与情况,而只涉及重要的行为。沙因于1971年指出,组织将员工行为分为三个层次,即重要行为(与组织成员身份相符的基本行为)、相关行为(令人满意的但非基本的行为)和非本质的外围行为(不重要的行为)。他指出,组织化时更强调重要行为和相关行为,而较少关注员工的外围行为。相似地,费尔德曼(Feldman)观察到,组织特别注意强化那些有利于组织生存、具有核心价值观、使期望行为简单化或更能预测与帮助其成员避免人际关系尴尬局面的规范。

了解一个组织的规范并不总是很容易的。规范不仅是非正式与不成文的,而且是多种多样的,同一组织中不同团体之间的规范也各不相同。通过帮助新来员工了解组织和团体规范的方式,可以促进组织化的进程。

(五) 预期

预期对组织化同样重要。预期是一种相信某事一定会发生的信念,可包括对行为、感情、政策和态度等的预期。新来员工的预期包括:他们将受到什么样的待遇,他们将被要求做什么,他们在新组织中的感觉如何,等等。预期在各种组织问题(包括激励和决算)中是一个重要变量。在组织化方面,研究者认为新来员工的预期会影响其满意度、绩效、行为投入和继续留在组织中的可能性。华纳斯(Wanous)也发现,某些招聘者在招聘活动中的行为经常导致某些新加入者对工作和组织生活产生某些不切实际的预期。不切实际的高预期不可能达到,会导致新来员工的不满,并增加其离开组织的可能性。因此,在招聘活动中,我们应该注意,不要为了吸引人员而给应聘人员过高期望的信息,如果新招聘来的员工预期过高,我们要将他们的预期调整至更为合理的水平,这样将会减少日后流动的发生。

未实现的预期不仅包括不切实际的高预期,而且也包括新来员工的期望与实际情况之间的差距。这些可能导致员工的不满,导致新员工辞职。

组织在人力资源开发中,应该意识到预期对新来者的绩效和满意度的影响,并采取措施来保证提供的信息能产生现实的、可达到的预期。尽管组织可以帮助新来员工调整预期,但是不能完全消除新来员工在组织中的预期失落,不能保证他们对意料之外的事情不感到吃惊。因此,预期调整工作应该贯穿于人力资源管理的每一个环节。

二、组织化战略

新员工进入组织之后,所有的组织都以这样或那样的方式帮助他们进行行为适应与调整。范马南(van Manen)于1978年、范马南和沙因于1979年将这些行为称作人员导向战略,并提出了组织可以利用的7对战略,具体参考表5-2。

表5-2 人员导向战略

1. 程序化与非程序化导向。程序化与非程序化导向包括新员工的角色、行为发生的场景与不断拓展的工作内容。在程序化导向中,步骤是明确的,对新员工角色的规定比较清晰;而在非程序化导向中,步骤往往隐含在工作背景中,对新员工角色的规定通常是非结构化的。在程序化导向中,所有新员工的开发可能有很相似的经历(无论他们是一起或单独被开发),而在非程序化导向中,每一个新来员工的开发经历可能都不同

2. 单个与集体导向。单个与集体导向指新员工单个或整体组织化的程度。在集体(团体)导向中,新员工倾向于形成组织集体感,并可能产生友谊。(如会说:"我们总待在一起。")这里新员工能互相学习并形成一致的理念。而个人导向可能更具有针对性,但是花费可能会很多

3. 连续与非连续导向。连续导向包含一系列循序渐进的阶段(如学徒、学员、副手或伙伴),这些阶段是新员工在获得组织内许可的角色和地位前必须经历的。非连续导向只包含一个完整的转化发生的阶段(如在两周培训后被提拔为主管)

续表

4. 规范化与非规范导向。规范在这里是指完成转化期的时间与程序框架的规定。在规范化的导向中,新员工提前知道转化期何时结束。例如,学徒三年后从事导游工作。在非规范导向中,新员工无法意识到程序何时结束。事实上,用于完成程序的时间会因个体的不同而不同

5. 组织与自主导向。在组织开发中,新来员工按照其潜力、背景、志向或其他因素被分类,然后被分别分进不同开发"轨道"。比如,有时将管理系统的应聘者分进快车道或常规车道。而在自主开发中,不对新来员工进行区分,新来员工同时进入相同的开发"轨道",然后由他们按照自己的能力和兴趣选择不同的轨道

6. 他人与自我导向。他人导向包括让组织里的资深员工来指导与帮助新员工成长,例如师徒传授制。在自我导向中,新员工不是由组织中的资深成员来帮助或指导其组织化,而是由新员工自我定向。在他人导向中,组织的传统价值和规范可以长久地传下去,而在自我导向中则可能引起对传统组织文化的革新

7. 信任与剥夺导向。信任与剥夺导向指组织化过程用以保留或剥夺新员工身份的程度。在信任导向中,将强化新员工个性的独特性和生存能力。这种导向战略通常用于高层管理岗位员工的组织化。剥夺导向试图压抑新员工的特定个性(如态度和自信),而代之以组织要求的特性。例如,军队组织中对新兵的训练就是要给每个新兵洗脑,使其适应组织的要求

范马南认为,无论组织使用何种人员导向战略,组织对新员工的态度、行为和信念都会产生强烈影响。另外,范马南和沙因等人认为,如果将各种人员导向战略相结合,会导致新员工形成一种特定的角色定向。具体可参考表5-3的总结。

表5-3 组织化战略

战　略	角色定向
照章办事的、师徒制的和剥夺的	监督的
集体的、非结构化的、独立的	内容革新
个体的、非规范的、随意的、独立的	角色革新
制度化的: 集体的、规范的、照章办事的、结构化的、剥夺的	监督的
个体化的: 个体的、非规范的、随意的、非结构化的、明确的和信任的	革新的

第五章 新员工的开发方法

由表 5-3 可知：

（1）一个照章办事的、制度化的、师徒制的、包含剥夺实践的导向开发战略，会导致新来员工形成一个"监督定向"，他们将以组织过去界定其角色的方式来界定自己的角色。海军陆战队（Marine Corps）的基础培训项目就是这种方法的一个例子。

（2）一个集体的、独立的、非结构化的程序会导致一个"内容革新"的角色定向。新来员工会对其角色的职责内容进行部分改变，但仍会从组织传统角度来考虑。

（3）一个个体的、非规范的、随意的、独立的导向开发战略，将会导致"角色革新"定向。它不仅会改变角色的职责内容，而且会创造性地重新界定角色的任务和目标。从外部聘用高层经理，可能是以这种方式组织化，并利用其独特品质给组织引入重要的变化。

到目前为止，只有为数不多的研究检验了上述思想。1986 年，琼斯（Jones）将组织化战略分成集体化的（集体的、正式的、连续的、固定的和信任的）和个体化的（个人的、非正式的、随意变动的、分离的和剥夺的）两类。他的研究支持了以下观点：集体化的战略导致监督角色定向，而个体化的战略导致革新的角色定向。

艾伦（Allen）和梅耶（Meyer）也利用 MBA 教学的例子得到了同样的结果，并发现连续与分离维度是角色定向的最佳预测因子。在一个相关研究中，阿什福德（B. Ashford）和萨克斯（Saks）于 1996 年发现，集体化战略减轻了新员工的困惑不安，促使他们对工作和组织的更大投入，而个体化战略则与高绩效和辞职意向的下降有关。他们的研究增加了个体化战略与集体化战略交替使用的可能性。这些研究尽管给组织化战略对新员工态度和行为的影响提供了最初的支持，但在得出更为确定的结论之前，还需要我们使用不同的样本和方法进行更深入的研究。

组织化的第三种观点出现在最近几年。早期的组织化理论倾向于将新员工描绘成组织化过程和事件的被动反应者。然而，莫里森于 1993 年和 1996 年、柯兹洛斯基（Kozlowski）于 1992 年指出此观点不够完善。新员工经常积极寻找所需信息，既能把握环境又能弥补从主管、同事或其他来源那里没有得到的信息。这就说明组织化是双向的，并不一定局限于组织对个人采取什么措施。

许多研究已经表明，新员工进入组织后会积极寻找信息，而且所搜寻的信息对组织化的结果有较大的影响；新员工倾向于使用不同的信息搜寻战术，并选择从不同的信息来源获得更新的信息。

上述关于新员工在组织化中主动性的研究，对 HRD 实践具有重要的指导意义。比如，如果新员工倾向于通过对他人进行观察获得信息，并由此试验什么起作用、什么不起作用，组织应鼓励他们这样做。组织应该采取的相应措施是：第一，帮助新员工减少信息试探的风险；第二，对主管和同事进行培训，让他们学会帮助新员工获取信息的办法；第三，进行角色定向培训活动，其中包含信息搜寻培训活动和为参与其中的新员工提供帮助。

三、新员工组织化的自我需要分析

新员工组织化的自我需要是什么？回答这个问题的方法就是将老员工所拥有的与新员工所缺乏的进行比较。一般来说，老员工对其组织角色、团体和组织的规范、价值观、任职资格要求及阻碍其有效工作的因素都比较清楚，并且为了继续留在组织中工作，进行过角色适应，进行过工作团队合作的尝试。另外，与新员工相比，老员工拥有三点基本素质：(1)准确的期望。通常老员工知道其所处环境会发生什么事，因此较少感到意外，但新员工的预期却可能与组织现实不符。(2)知识基础。当意外发生时，老员工因有背景知识（历史和相关场景的经验），可以更准确地把握意外事件，新员工则缺乏此知识。(3)其他经验。老员工可以以同事的反应作为参照来判断其对组织事件的阐释正确与否，新员工则还没有发展起值得信赖的员工关系，不能获得解释组织事件的帮助。

老员工比新员工对组织中发生的意外事件有更为深刻而独到的见解，他们有方法对此事做出准确的解释。新员工则可能做出不太合适与不恰当的解释，会导致自己潜在的不安，使自己与老员工的行为和信念不一致。例如，某一主管对迟到员工大声训斥，并威胁会采取惩罚措施，但事实上很少真的会如此。老职员会将此理解为领导在发泄多余精力，而新职员则可能会得出不同结论，会因此感到忧虑与紧张,并担心真的会如此。

因此,新员工有必要对有关预期、角色、规范、价值观等方面的情况,进行清楚的了解,在开发自身 HR 时需要得到帮助,还需要获得有效完成工作的经验。按照路易斯·斯特恩(Louis W. Stern)的观点,新员工需要得到如何解释组织事件方面的帮助(特别是意外事件),这种帮助可以从那些真正乐意分享其知识和判断的老员工那里获得。另外,新员工还需要在形成对组织的准确期望方面、在正确处理自己的新角色方面(无论是工作还是私人生活)得到相关帮助。

有关组织化方面的理论和研究,为经理和 HRD 专业人员提供了坚实的理论基础,据此可以帮助新员工制订组织化的方案。

四、组织化的内容

组织化可以理解为一个员工的学习过程。在此过程中,新员工为了被接受为组织内部人员必须了解许多信息和学习许多行为。

1986 年,费希尔(Fisher)将组织化学习的内容分成如下五类:(1)学习定向,包括发现学习的必要性、学习什么及向谁学习;(2)了解组织的学习,包括对组织目标、价值观和政策的学习;(3)学习在工作团体中如何发挥作用,包括对其价值观、规范、角色和友谊的学习;(4)学习如何开展工作,包括对必要的技能和知识的学习;(5)个人学习,从自己的工作和组织经验中学习,包括确认身份、调整预期、设计自我形象和增加学习动力。

费尔德曼也提出了相似的观点,他认为组织化包括相互联系的三种学习过程:获得一套合适的角色行为,开发工作的技能和能力,适应工作团体的规范和价值观等,每一个过程强调学习不同的内容。费尔德曼认为,承认社会化构成程序的多样性给组织化的研究和实践提供了一个有益的框架。

最近,查奥(Chao)等人在综合前人研究成果的基础上提出组织化有六个维度:绩效管理、政治同盟、语言理解、人际关系、组织目标和文化认同。他们开发了一个有 34 个项目的问卷来测量这六个维度,并给六维度类型找到了证据;他们还进行了一个纵向研究,表明在工程师和经理的样本中,六个维度中的每一个都与职业效率相关。

总之,这些分类结果说明,新来员工会面临许多困难的挑战,学习不同的内容要求有不同的机制,因此,组织应该采用多种方法来帮助与促进员工的组织化学习。

五、组织化的过程

在讨论组织化的 HRD 实践前,我们先来研究一下组织化过程的模型、组织对新员工进行组织化的人员开发战术和新员工在组织化中所扮演的角色。

典型的组织化模型有五种,见表 5-4。这里重点介绍费尔德曼 1981 年开发的五阶段模型。

第一阶段为预期阶段。这一阶段在新员工加入组织之前就开始了。在此阶段,新员工已经形成了成为组织正式成员之后将怎么样的一种印象。导致这种组织形象的信息源很多,包括谣言、轶事、广告、媒体和招聘者。比如,一些形象广告给出了一些组织内生活的信息,如陶氏化学公司(Dow Chemical)的"我们让你从事伟大的事业""组织将让你成为你能成的人""它是一个伟大的起点"等广告语。媒体在帮助组织建立声誉方面发挥着重要的作用。比如,有关微软的报告和广告表明,该组织是一个以智力为动力的工作场所,在那里人们的工作时间很长。

这些印象将影响应聘人的预期,进而影响员工的行为。比如,在寻找工作时,人们的期望会促使他们选择某一个组织而拒绝另一个组织,或决定留在开始选择的组织内继续工作等。正如前面提到的,重要的是经理们能给新员工提供准确的信息,调整不准确的预期,尽量避免对绩效、满意度和任期带来的负面后果。

另外,在预期阶段,个人将会把自己的技能、能力、需要、价值观与所应聘岗位或组织的要求相比较,以检查两者之间相匹配的程度。这些判断会影响人们的行为,影响他们做出是否加入该组织的决策,以及影响他们和组织成员交往的方式。

第五章 新员工的开发方法

表5-4 组织化过程的阶段模型

费尔德曼（Feldman,1976）三阶段模型	布坎南（Buchanan,1974）三阶段早期职业模型	波特、劳勒和哈德曼（Porter,Lawler and Hackman,1975）三阶段模型	沙因（Schein,1978）三阶段社会化模型	毕纳斯（Wanous,1980）社会化阶段的四阶段模型
第一阶段：预想组织化——"到达" 1. 设定现实的预期 2. 新来员工检查组织现实与自己预期的匹配程度 第二阶段：适应——"闯入" 1. 开始工作 2. 建立个人关系 3. 角色澄清 4. 个人与组织绩效考评相一致 第三阶段：角色管理——"安顿" 1. 个人工作之外的生活兴趣利益与组织要求吻合的程度 2. 解决工作场所的冲突	第一阶段：第一年——基本培训和初始组织化 1. 为新来员工澄清角色 2. 与同事建立团结合作的关系 3. 澄清同事关系与组织其他各部门之关系 4. 确认或证明不确定的预期 5. 确认组织利益和外部利益的一致点和冲突点 第二阶段：绩效——工作的第二至四年 1. 按照规范完成组织工作 2. 通过组织强化个人形象 3. 解决冲突 4. 自我尊重感 第三阶段：组织依赖——第五年及接下来的所有年份 由于个人经验而产生的多样性	第一阶段：到达之前新来员工的预期设定；行为的奖励和惩罚 第二阶段：预期的确认和证明；不确定行为的奖励和惩罚 第三阶段：改变和树立新员工的自我形象 1. 形成新的关系 2. 适应新价值观 3. 获得新行为	第一阶段：探索准确信息 1. 互相设定要求 2. 双方创立的虚假预期 3. 在不准确信息的基础上选择工作 第二阶段：组织化并接受组织现实 1. 对付遇到的阻力 2. 组织要求和个人需求的一致 3. 组织对新来员工绩效的评估 4. 应对太多的模糊或太多的固定化方式 第三阶段：互相接受 1. 组织接受新员工的要求 2. 新员工接受组织的要求 3. 致力于组织工作	第一阶段：进入和接受组织现实 1. 确认预期或证明不确定的预期 2. 个人价值观与组织要求的冲突 3. 发现要奖惩的行为 第二阶段：实现角色澄清，开始执行工作任务 1. 界定人际角色 2. 对付变革的阻力 3. 个人和组织对绩效评估的一致 4. 对付固定化和模糊化方式 第三阶段：将自己设置于组织背景之中学习 1. 行为与组织要求相一致 2. 解决外部和工作兴趣的冲突 3. 工作挑战性导致工作投入 4. 新的人际关系、新的价值观和已改变的个人形象 第四阶段：发现成功组织化的路标 1. 产生对公司的依赖和投入 2. 高满意度 3. 产生互相接受感 4. 工作投入和内在动力的上升

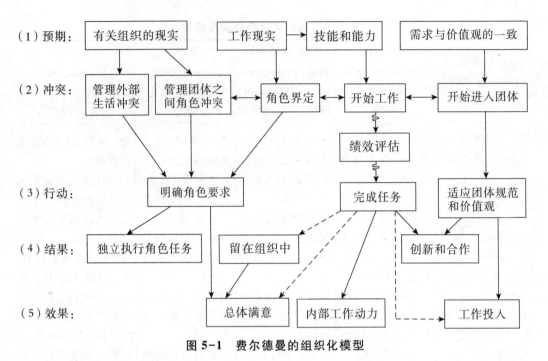

图 5-1 费尔德曼的组织化模型

资料来源：D. C. Feldman, "The Multiple Socialization of Organization Members", *The Academy of Management Riview*, 1981, 6(2), pp.309—318。

第二阶段为冲突阶段。冲突在新员工正式决定加入组织的时候就开始了。正式的加入可能意味着签订劳动合同或仅接受一个聘用邀请。在这里，新员工开始了解组织到底是什么样子。当发现组织的实际情况与聘用前自己的预想不一致时，心理会产生一些不愉快。例如，一个在加入组织前认为自己会被迅速提升的新员工，发现实际并不如预期的那么快，他就会感到失望。在此阶段，新员工必须处理生活习惯与工作冲突，解决工作小组内的任何角色冲突，界定和澄清自身的角色，熟悉工作小组，了解所要求完成的任务和形成工作的动力。

费尔德曼模型中的第三阶段、第四阶段和第五阶段分别是行动、结果与效果。当新员工接受了组织的规范和价值观、完成了他们必须完成的任务并解决了角色冲突和超越时，新员工将感到满意，内心被激励，会全身心投入工作，会独立地完成上级分配的各项任务，并继续留在组织中工作。

费尔德曼的组织化模型还指出，整个组织化过程受到组织规范、组织动力、工作性质、职业发展和生活发展的各种影响。组织化的影响是双向的。组织化过程中所发生的事情不仅会改变新员工，而且也会改变组织内部的其他人员。

关于组织化模型,还有其他两点值得注意。第一,阶段模型只是提供了一个框架,它只是对典型的、一般的与特殊的情况进行了相关的描述。阶段模型的研究与实际的开发工作并不同步,对许多问题,包括组织化率和个人是否会以积极的行动来通过每个阶段,都阐述得不够详细。第二,阶段模型并不是看待组织化程序的唯一方式。比如,路易斯·斯特恩于1980年开发了一个可能在冲突阶段发生的行为模型。按照他的观点,有些事情无法预料,当新员工找到解释事项的方式并利用它们来预言将会发生什么事情时,组织化就发生了。因此,这些模型只能作为研究工作的参考。

六、组织化的结果

员工的组织化最终会形成一系列的成果,成功的组织化意味着新来员工得到相关的开发。例如,新来员工对组织和工作团体有更多的了解;员工个人和组织产生了有效率的行为。不成功的组织化通常表现为员工未达到预期、员工不满、缺乏积极性和发生流动。表5-5列出了在相关文献中查阅到的各种组织化成果。

表5-5 组织化可能的结果

1. 角色冲突	9. 内部工作激励
2. 角色不清	10. 内化价值观
3. 角色超越	11. 革新和合作(角色定向)
4. 总体工作满足	12. 任期届满
5. 对工作的满足	13. 工作绩效
6. 参与工作	14. 互相影响
7. 自信	15. 过分服从
8. 积极投入组织	16. 得到组织成员的接受

最近对组织化的研究开始转向对组织化的纵向程序进行研究。比如,一些研究报告表明,早期的社会化或组织化经历,对组织化的结果有着持久而深刻的影响;组织化的结果会随着时间的变化而不断加强或减弱;新来员工高度重视从主管和同事那里得到的信息,这

些信息对早期的组织化有着非常重要的影响。

第二节　实际工作预览

【阅读材料】

"约会"与"试婚"①

传统招聘方式下所进行的求职面试就好比约会。一开始，男女双方会尽力展示自己的优点，掩饰自己的缺点。女方可能会为了取悦对方而表现出自己对足球的喜爱，而男方也会掩饰自己对卡通漫画的厌恶情绪。而当两个人结婚共同生活了一段时间后，老婆却不得不承认老公深夜喝着啤酒观看足球比赛时多么令人讨厌；同样，老公对老婆成天沉浸在漫画书籍和电影当中不能自拔的行为也会感到难以忍受。在婚姻关系不得不终止后，双方都感觉自己在不应该花费时间和精力的地方耗费了太多。

像这样的情形在典型的招聘过程中随处可见：企业为了吸引到优秀的人才，通常会极力给应聘者承诺一些无法实现的诺言，或者向其描绘一幅美好生动的未来图景，而对于与职位和公司有关的消极面则避而不谈，如频繁的出差与加班、较少的晋升空间、较低的工作保障等。当员工进入企业工作一段时间后，发现自己所期望的与实际情况相差很大时，必然会经历心理上的落差感和失落感，一部分员工就可能会选择离开。

试婚，顾名思义就是实验婚姻，它不是正式的婚姻，只是男女双方在正式步入婚姻殿堂前的一次实验，目的在于对双方有充分的了解之后，再选择是否缔结婚姻。相对于传统的"推"式招聘手段，实际工作预览则是一种"拉"式的招聘策略，它主张以诚实、公开的态度去吸引求职者，从某种角度讲这更像是试婚。

实际工作预览（realistic job preview，RJP）是给应聘者提供有关所聘职位和组织完整信息的一种方法。RJP方法与传统招聘方法完

---

① 资料来源：石伟、李响：《企业做招聘，不妨学"试婚"——详解"实际工作预览"》，《人力资源》2009年第16期，内容有删减。

全不同,详见表5-6。传统的招聘方法有时被称作"引诱"方法,招聘中组织试图通过有选择地介绍优点而隐瞒其缺点的方式来吸引应聘者。然而在RJP方法中,应聘者可以获得关于应聘职位和组织的正反面的全部信息。譬如,如果组织目前效益还不明显,工作会经常加班,这一点不是被隐瞒和掩饰的,而是开诚布公地与应聘者加以讨论。

表5-6 传统招聘方式与实际工作预览的对比分析

阶段	传统招聘方式	实际工作预览
招聘中	给应聘者以过高的工作期望; 工作被描述为富有吸引力、刺激的、充满挑战的	给应聘者的工作期望符合实际; 工作可能有吸引力,也可能没有,主要看工作的特点与个人需要
入职后	前来应聘的应聘者数量较多; 实际工作经历与个人期望不相符; 对工作不满意,忠诚度下降; 更多的辞职想法,流动率上升	一些人前来应聘,一些人不来招聘; 实际工作经历与个人期望基本一致; 对工作满意,忠诚度得到提升; 较少的辞职想法,愿意留在组织

一、实际工作预览的作用

按照华纳斯于1980年提出的观点,RJP的目标是用来提高新来员工的满意度、工作投入度和他们保留在组织工作的可能性。华纳斯于1978年和1992年研究的RJP程序模型提出了四个相关开发机制:打预防针、自我选择、模仿作用和个人投入。

(1) 打预防针。消除不切实际的过高期望,给应聘人提供准确的信息,这好比给人种痘以防疾病一样。应聘者获得有关信息之后,会按照工作的实际要求对原有期望加以调整。

(2) 自我选择。符合实际的预期能使应聘者确定该工作和该组织是否是个人所期望的。如果不是,应聘者可能不会接受该工作,对组织来说则可以避免招聘到那些不满意或工作很短时间就辞职的人。该模型指出,具有自我选择权力的个人可能感到更满意。

(3) 模仿作用。切合实际的期望使新员工对其角色有更清楚的了解,反过来能使他们开发有效完成工作的模仿机制与战略。

(4) 个人投入。一个基于实际信息决定加入组织的应聘者,会对自己的选择较为满意而加大对工作的投入。这有助于提高个人的满意度,从而可能使他们长期留在组织中工作。上述关系具体参考图 5-2。

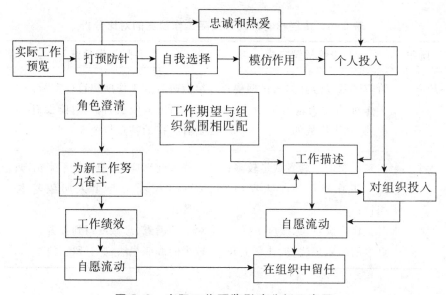

图 5-2 实际工作预览影响分析示意图

尽管 RJP 一般只发生在招聘程序中,但也可将它看作一种 HRD 方法,因为它与其他 HRD 方法有许多共同的目标和技术。组织化的工作在员工正式加入组织之前就开始了。在这一过程中 RJP 所提供的作用,是初始或预想的组织化,目的是调整与避免新员工对组织产生不切实际的想法,使人们有一个较客观准确的期望。

二、实际工作预览的运用

(一) RJP 需求评估

实施 RJP 的第一步是评估对 RJP 的需求。华纳斯 1992 年提出用面谈和问卷来评估组织中新员工的满意度、投入度和流动度。另外,他认为还应该询问应聘者组织满足其期望的程度,特别要注意了解那些自愿离开组织的员工的理由,因为员工离开组织可能与其工

第五章 新员工的开发方法

作满意度无关。例如,可能是随配偶去一个新的地点、想进行职业的变化、重新回学校深造和接受了一个更好的工作邀请等。在这些情况下,进行 RJP 作用就不大了。

另外,华纳斯指出,应聘者的绩效应被考虑。一些人的流动是受组织欢迎的,特别是当他的绩效不佳时。这时使用 RJP 提高员工的留任率就不太合适,选择培训将比 RJP 更为有效。

(二) 运用 RJP 的时机

一般在下列情况下,RJP 既有用又有效:(1)有许多工作可以供应聘人选择,特别是失业率较低时;(2)供不应求时,即组织有许多岗位而申请者有限时;(3)当应聘者不太可能拥有足够信息来确定是否能够实现自己的期望时,如水平要求高、复杂或"独特"的工作;(4)当替代费用较高时。

(三) 选择 RJP 的合适媒体

有许多的信息媒体可供 RJP 选择,包括印刷媒体(小册子)、视听展示(录像)与组织代表讨论(通常与招聘者或工作执行者进行讨论)、口头发言和面谈等。鉴于 RJP 可视作招聘策略而不是一项具体工作,因此还可以利用其他信息媒体辅助招聘,包括工作说明书、招聘文件、直接观察工作环境、参观游览厂区、工作扮演、访问相关岗位工作者、了解实际工作体验。

然而,目前许多组织的 RJP 基本上强调使用小册子和录像带,对上述各种媒体效率的比较研究较少。但科拉里尔(Colarell)于 1984 年的研究发现,在减少流动方面,应聘者和相关岗位工作者的双向讨论比 RJP 手册更为有效。RJP 如果采用更加现实与直接(如录像)的信息媒体,并增加机会进行双向沟通,比利用手册、工作说明书等静态方法更为有效,但是此类媒体的费用却很大。对各种媒体的效率和效用问题需要作进一步的研究。

(四) 选择合适的 RJP 内容

RJP 除了要选择恰当的媒体展示形式外,还必须选择正确的内容。在内容选择上,应考虑下面这些问题。(1)描述性或判断性内容。描述性内容强调的是岗位本身的事实信息,而判断性内容传达的是岗位任职人的情感。(2)广泛性或深入性内容。广泛性内容包括与岗位相关的所有信息,而深入性内容则有所选择,更强调岗位的某些内容。(3)可能带来的负面效果及其程度。RJP 的内容可能会带来一些负面影响,这种影响是严重的还是一般的,应该予以说明。(4)信息来源。如果使用视听媒体,就要选择是由演员、岗位任职人还是由主管或培训者等其他组织成员来展示。华纳斯建议,RJP 应该采用判断性、深入性、中等消极的内容并由在岗的任职者来展示。

(五) 其他应该注意的问题

在 RJP 的运用中,还应注意以下几个问题:(1)应态度明确地鼓励应聘者进行自我选择;(2)RJP 中的消息要有很高的信度,并与所用媒体相匹配;(3)RJP 所展示的信息要与组织氛围相匹配。

建议那些正在准备 RJP 的组织要根据自身的需要、预算和可支配的资源,利用可以得到的文件和研讨过的问题和观点。

对 RJP 来说,时效最关键。理论表明,应该在给出录用通知书之后发出 RJP,为的是让应聘人有足够的时间进行自我选择。然而,这可能很费时间,要依招聘者数量和使用的媒体而定。另外,如果 RJP 在录用通知书发出之前给出,那么高层管理者可能会不愿意介绍组织与岗位的负面信息。

何时给出 RJP 较合适,目前还没有准确的研究。但在许多研究中都主张较晚给出 RJP 较为合适。例如,RJP 应在录用通知书发出后或在应聘者接受聘用后给出。尽管这些研究证明,RJP 在一定程度上可以降低期望值和流动率,然而也许是这些研究中所使用的时间导致了对效率的保守估计。实际上早一点给出 RJP 也许会更好,可以使用多种媒体,例如职务说明书、招聘手册和录像带,甚至通过整个组织的运作程序来传达相关的实际信息。

三、实际工作预览的效果评估

组织可用许多方法来评估 RJP 的效果,表 5-7 中列出了一些标准。组织要对 RJP 进行评估,可以将评估结果刊登于员工能看到的媒体中,这样可以为 HRD 人员提供据以做出设计和执行 RJP 决策的信息基础。

表 5-7　RJP 效果的评估标准

阶段	评估标准
进入前	组织招聘新员工的能力
进入	新来员工的最初期望 个体选择组织时整体工作需要与组织氛围相匹配的程度
进入后	最初的工作态度、对工作的满意度与对组织的投入 有关组织的描述性判断(与外部者的预期相比) 有关辞职的想法 工作绩效 工作成功率和自愿流动率

RJP 的效果已有较多的研究,结果表明,RJP 能有效地降低过高的期望和降低流动,能够提高新员工的满意度和增加投入等。应该注意的是,给应聘者提供实际的信息,只能改善其态度和行为,要想做得更好,组织还应确定采取措施来改善员工的工作条件。

总之,尽管 RJP 的效果不像倡导者希望的那样高,但它确实为新员工的组织化提供了一个实际的、相对便宜的与较为道德的方式。HRD 实际工作者应该尽量将 RJP 用于组织的社会化过程中。

第三节　新员工行为导向

新员工行为导向是指用来给新员工介绍工作以及介绍主管、同事和组织的一种活动。导向活动在新员工加入组织后工作的第一天就开始了。实际工作预览影响的主要是社会化的预想阶段;新员工行为导向强调的是组织化的开始阶段。在这个阶段中,新员工发现了组织中工作和生活的真实情况。

一、新员工行为导向的主要目标

新员工行为导向活动的目标,主要包括以下内容:(1)减少新员工的紧张和不安;(2)减少起始工作中的麻烦与消耗;(3)降低流动;(4)减少新员工用以达到工作熟练的时间;(5)帮助新员工了解组织价值观和期望;(6)帮助新员工获得合适的角色行为;(7)帮助新员工适应工作团队和团队规范;(8)鼓励新员工形成积极的态度。

新员工导向行为活动在各种规模的组织中都很常见。一项对 HRD 专业人员的调查显示,80%—85%的组织都用过一些形式的导向活动,其中员工数在5000人左右的组织占93%,员工数少于5000人的组织占75%。

二、新员工行为导向的内容

新员工行为导向的内容通常包括公司的总体情况和具体的工作信息。这些信息分别由 HRD 人员提供和新员工的直接主管来介绍。公司信息一般包括公司的总体介绍、关键政策和程序、任务声明、公司目标和战略、报酬、福利、安全和事故预防、员工和工会关系以及环境设施等。具体工作信息的介绍包括部门的职责、工作任务、责任、政策、规则和程序、参观各部门和介绍部门内的有关成员等。

考虑到组织化的性质,清楚地给员工传达工作信息很重要。应该给新员工解释诸如工作的责任、任务、报告程序、绩效标准和工作职责等内容。最经常使用的一个传达信息的方式就是职务说明书。但正如前面提到的,职务说明书可能会漏掉重要的工作信息。因此,工作规则、工作条件以及新员工与同事或顾客代理人的关系等,都应该在工作期望的建立中发挥作用。

应给新员工介绍组织的任务、目标、结构和产品的总体情况,这些很关键。一个能理解使命重要性的员工,更可能遵照组织的价值观而采取相应行动。一些组织用"信条"来传达其核心任务并在公司政策和目标中加以强调。

报酬和福利政策在员工导向时也应作适当解释。有些组织会花一定的时间来让员工完成报酬和福利表格,使他们了解所拥有的权利和将要加入的活动。将新员工引导到部门时,主要是让他们了解工作如何在部门内完成,部门的工作又如何与整个组织相吻合;同时,还应与他们讨论工作流程、工作协调等问题;此外,还应与他们讨论工作场所的设备、工具和材料布局,包括供应设备、安全出口和任何特殊的地点。

三、新员工行为导向的活动形式

新员工行为导向的活动形式很多,包括演讲、录像、发放印刷材料和讨论等。例如,苹果计算机公司运用计算机软件传达有关的导向内容,公司内部网络为新员工随时提供有关组织及其他员工的广泛信息。导向活动的时间从几小时、几天到几个月不等。表 5-8 列出了康宁公司(Corning)在导向活动中的事件安排。

表 5-8　康宁公司导向活动事项安排表

1. 分发材料
   (1)在录用决策做出后,尽可能早地分发导向材料;
   (2)给新员工主管一本名为《主管指南》的手册;
   (3)给新员工一份导向活动计划安排
2. 到达之前
   这段时间主管应保持与新员工的接触,帮助其处理住宿问题,与新员工讨论工作计划和做出基本的目标管理,安排办公室,向组织汇报工作和制订面谈日程
3. 第 1 天
   在这重要的一天里,新员工与主管共进早餐,办理人事手续,参加"康宁和你"研讨会,与研究会主席一起吃午餐,阅读新员工工作手册,参观公司,认识同事
4. 第 1 周
   在这一周,新员工完成以下工作:
   (1)与主管、同事、专家进行一对一面谈;
   (2)了解与工作相关的"怎么做、在哪儿做与为什么做"等问题;
   (3)弄清工作手册中的问题;
   (4)在社区里安顿下来;
   (5)与主管一起确定 MBO 计划

续表

5. 第 2 周

　　新员工开始日常工作

6. 第 3 周和第 4 周

　　新员工参加社区研讨会和员工福利研讨会,可以邀请配偶或朋友参加

7. 第 2—5 个月

　　在此期间内,任务被深化,新员工每两周与主管一起进行回顾总结,定期参加 6 次 2 小时的研讨会,讨论有关质量、生产率、技术、绩效管理和工资报酬计划、财务和战略管理、员工关系等问题,针对工作手册与研讨会中的问题,与主管一起寻找答案

8. 第 6 个月

　　新员工弄清工作手册里的问题,与主管回顾 MBO 清单,与主管参加绩效回顾,接受完成第一阶段的导向开发工作并为第二阶段做出计划

9. 第 7—15 个月

　　这段时期的特点是进行第二阶段的导向:部门导向、功能导向、教育活动、MBO 回顾、绩效回顾与工资回顾

资料来源:E. J. McGarrell, Jr.,"An Orientation System that Builds Productivity", *Personnel Administrator*, 1984(6), p.36。

四、角色导向

新员工行为导向中最重要的内容之一,是新员工和主管、同事以及其他组织成员经常进行接触。赖歇尔(Reicher)于 1987 年提出,这些接触是促进组织化的基本工具。因为这些老员工能给新员工提供组织的大部分信息。他认为,在冲突阶段,组织化的效率依赖于新老员工接触的频率。接触越多,新员工组织化越快。由路易斯(Louis)、波斯纳(Posner)和鲍威尔(Powell)于 1983 年进行的调查研究发现,大多数新员工认为,与同事、主管和资历老的同事的接触,对自己的组织化最有帮助。事实表明,这些接触深刻地影响了新来员工的态度,包括工作满意度、组织投入度和留下来的意向。因此,这些调查结果表明,新员工的导向应包括与主管、同事和 HRD 人员的经常接触。

第五章　新员工的开发方法

（一）主管的导向作用

主管在导向过程中发挥着重要作用，他既是信息来源又是新员工的指导者。主管通过给新员工提供事实性信息和简单明了的实际绩效预期，并强调他们在组织中成功的可能性，帮助他们克服不安感。戈默索尔（Gomersall）和迈耶（Meyer）1966年的研究表明，在用来减轻不安感的导向活动中，主管应该抓住以下四个关键点：(1)你的成功机会很大；(2)不要讲大话；(3)在与他人沟通中采取主动态度；(4)通过了解，可以降低流动可能、培训时间、缺勤、浪费。

另外，主管应该鼓励与引导同事接受新员工。在有些组织中，明智的主管会为每一个新员工安排一个"同伴"，负责帮助新员工适应工作环境。例如，师徒制度、一帮一制度、将资历浅的员工与资历深的员工结成对子等，都是这种形式的具体表现。通过这种形式，主管和同事能够协助新员工开发他在组织中的角色。梅杰（Major）等人1995年的研究指出，这样做能够减轻未达成预期的负面影响。

费尔德曼1980年提出了主管在导向活动中的六项重要作用，包括：(1)安排工作培训；(2)一段时间内减少新员工工作以外的需要，促进其工作中的学习；(3)提供挑战性的初始任务；(4)进行及时的、建设性的绩效评估；(5)诊断产生冲突的问题，确定属于结构性还是人际关系方面的原因；(6)利用新员工来到公司的机会，重新分配任务或重新设计工作，以提高部门的效率和员工对工作系统的满意度。

为了让主管发挥上述作用，有必要对主管进行相关的培训，以帮助他们有效完成导向责任。在康宁公司，每个主管都会得到一份书面指南和新员工工作手册复印件，参加为期三小时的培训址，以了解导向系统、自己的角色和如何有效地完成自己的导向活动等。相似地，莱因哈特（Reinhardt）于1988年建议，应该给主管开办一个标准的、为期一天的课程，让他们了解第一天要与新员工讨论的问题。乔治（George）和米勒（Miller）于1996年也建议在开始导向活动前应该对主管进行培训，学会如何在整个导向和组织化过程中与新员工进行有计划的接触。

（二）同事的导向作用

与同事的接触对新员工在组织中的社会化尤为有益,因为同事可以给他们提供支持、提供信息和进行培训。另外,同事处在特别重要的位置上,他们可以帮助新员工了解团体和组织规范。应该提醒有关老员工注意关心与爱护新员工。组织促进新员工和老员工接触的有效方式之一是建立同伴制度,在此制度中新员工与有经验的同事结成对子。作为同伴的同事应得到相关材料和接受培训,以便能更好地胜任角色。

（三）HRD 人员的导向作用

HRD 人员在新员工导向中的基本角色是设计和监督导向活动,包括制作和获得相关材料,如工作手册和研讨会活动指南等,进行导向评估研究,同时,适当完成一部分导向活动,强调新员工可得到的服务、员工权利、福利以及工作场所规则等。

HRD 人员的作用还表现在能够鼓励各管理层参与并支持导向活动,建立一个引导委员会,让关键部门的经理一直参与其中,定期与新员工会面,进行定向培训活动等。另外,HRD 人员应该采取措施,通过面谈以及对新员工和主管的调查来保证导向活动按计划进行,保证导向内容不过时。

（四）新员工的导向作用

新员工在导向活动中可以发挥主体作用,成为一个积极的学习者。新员工被置于领导学习过程的位置上,发挥着十分重要的作用。在美国康宁公司,整个导向系统的设计都是基于新员工本身的学习需要,新员工起主体作用,而 HRD 人员、主管和经理、同事都扮演着辅助角色。在得克萨斯工具公司,新员工在沟通中采取主动行为,并设法对主管进行了解。这些调查结果与其他研究一起证明了新员工在组织化过程中会积极寻找其所需的信息,可以发挥主体作用。

五、新员工行为导向活动中存在的问题

目前美国企业中的导向活动与其他 HRD 措施一样,存在一些缺点。费尔德曼 1988 年指出,大体存在下面这些潜在问题:(1)过分强调组织作用;(2)给新员工的信息太多、太快;(3)信息一般化或表面化,与新员工的工作任务不直接相关;(4)心理控制战术,与新员工讨论错误率或工作的负面影响;(5)对组织的推销太多;(6)过于强调规范的单向沟通,例如利用演讲的录像带对新员工进行宣传,不给新员工讨论感兴趣的问题的机会或提出问题的机会;(7)导向活动一般为一次性心智模式,将导向活动仅安排在工作的第一天;(8)没有对导向活动效果进行诊断或评估;(9)缺乏跟踪。

六、新员工行为导向中信息超载

这个问题特别普遍,因此有必要特别提出讨论。一个人在一定时期内只能接受一定量的信息,否则学习效率就会下降,学习压力上升,导向活动将会无效。因此,设计者和执行者应敏感地意识到这个问题,并努力通过下列措施来预防信息超载:(1)在导向的初期只涉及基本信息;(2)提供书面材料,供受导向者在以后实践中重新回顾,特别是那些有关复杂的福利计划和重要主题、公司任务和工作规则等方面的材料更应该如此;(3)分阶段进行导向活动,将介绍材料按照不同的导向阶段分开;(4)追踪新员工,以确定他们是否理解了重要问题,同时对可能存在的其他问题加以回答。

导向需求评估是导向设计者用以确定新员工需要何种信息的方式之一,可以帮助确定提供信息的最佳时间。比如,美国国家半导体公司曾经采用标杆法了解其他一流公司的最佳实践,迪士尼公司和康宁公司用导向需求评估来确定自己的导向活动的内容和结构,美国明尼苏达大学设备管理系从新员工中随意选择一些人组成观察组,来识别新员工需要了解什么信息。进行此类需求评估,可以保证新员工在需要的时候得到他们想要的东西,以降低信息超载发生的可能性。

七、新员工行为导向活动的设计

新员工行为导向活动可以借用 HRD 活动设计的原则进行规范化管理,包括需求评估、活动设计、执行计划和效果评估。麦加勒尔(McGarrell)1984 年在康宁公司设计导向活动时进行了以下 10 个步骤:(1)设定目标。康宁公司的目标包括:在前三年内将流动率降低为 17%;将了解工作的时间减少 17%;给新员工们提供对公司的统一了解;建立对公司和团体的积极态度。(2)建立一个引导委员会。(3)研究导向的概念。(4)与新员工、主管、公司领导面谈。(5)调查一流公司的导向实践,例如得克萨斯工具公司的导向实践。(6)调查公司现存的导向活动和材料。(7)选择导向内容和执行方法。(8)试验和更改材料。(9)制作和包装导向活动的材料。(10)培训主管和安装导向系统。

前面表 5-8 是康宁公司导向设计的结果。从中我们可以看到,康宁公司的导向活动开始于新员工工作的第一天。在那之前,应聘者接受了有关团体、工作和工作环境的介绍材料,导向活动整整持续了 15 个月,包括研讨会、会谈、目标设定和绩效反馈等。评估结果显示,该导向活动达到或超过了所有目标,自愿流动率降低了 69%。

八、新员工行为导向活动的效果

对新员工行为导向活动总体效果的研究成果并不多,对各种方法的相对效果也没有足够的比较研究。许多有关导向的研究提出了如何设计导向活动的建议,但却缺乏支持建议的必要论据。费尔德曼于 1988 年发现了设计有效导向活动的 11 个共同要求,如表 5-9 所示。

表 5-9 有效导向活动的 11 个设计要求

1. 有效的导向活动所提供的信息应该是新员工需要了解的。员工能得到他们所需要的信息,但信息不应太多,要首先给出最相关、最直接的信息
2. 有效的导向活动发生在几天和几周内。尽管导向活动的强度第一天最大,但所有目标却不能都在那一天完成。实际的导向活动甚至在新员工到达前就开始了,并在第一天及以后继续进行

第五章 新员工的开发方法

续表

3. 导向活动的内容应该在工作技术信息和社交之间找到平衡点

4. 允许经理和新员工之间进行大量的接触。成功的组织化依赖于有益的和相互信任的上下级关系的建立

5. 第一天对新员工有重要的影响,他们多少年以后还会记得第一天的印象。因此,对第一天的导向活动要仔细计划并由那些有良好社交技能的人来操作。第一天要求填写表格等文字的工作应该最少

6. 好的导向活动要使新员工能适应其直接主管。尽管人事主管和其他人员可以作为新员工的重要信息来源,但让直接主管作为一种固定的指导和帮助源很重要,而且直接主管可以最好地观察新员工面临的潜在问题并帮助他们加以解决

7. 导向活动应帮助新员工在社区里、在新住所安置下来并促进新员工适应新环境。如果后勤无保障,新员工将难以完全把精力集中于工作和任务中。出于这些理由,许多组织给新员工提供找房子的服务,并在一些导向活动中吸纳配偶参加

8. HRD 人员应该把新员工逐一向那些将与其共事的人作介绍,而不是在第一天里全部简单介绍一遍

9. 在给新员工提出新的要求前,应允许他们有足够的时间来站稳脚跟

10. 好的导向活动是令人愉快的,它们减少不安而不是增加不安。导向活动应站在同事的角度设计,采取帮助与支持的行为,以便使新员工产生对公司的积极态度,而不应该只唱高调毫无行动

11. 组织应系统地分析新员工的需求,并对导向活动的效果进行评估,需要时应加入新的主题和问题,将导向活动的非本质部分删掉

在结束导向活动前,要清楚新员工在加入组织时所面临的重要挑战,这些挑战既对个人有利又对组织有利,可以促进组织化进程。前面已经讨论了实际工作预览、新员工行为导向,但组织化过程不限于这些项目,而是贯穿在员工终身的职业发展之中。因此,HRD 工作者应该注意其他可以促进组织化的相关培训和职业开发活动,包括进行及时的绩效考评和提供挑战性的任务,使所有新员工都能从有关的辅导、培训、处理压力和个人问题的咨询中受益。

总之,新员工是组织内人力资源开发中的新生力量,是 HRD 人员最关注的对象。对于新员工的开发,可以通过组织化、实际工作预

览和新员工行为导向等不同手段来实现。

本章小结

本章系统性地介绍了组织中新进员工的开发方法,其中包括组织化、实际工作预览和新员工行为导向。新员工刚刚进入组织时,往往会因为想象与现实出现差距而产生这样或那样的不适应,本章就是从这一点出发,阐述了解决这一问题的方法与途径。

首先,分析了员工组织化的过程,指出员工组织化是个体获得成为一个组织成员所必须具有的社会知识和技能。成功的组织化对新员工和组织都很关键;组织化涉及组织角色、角色沟通、角色定向、组织规范和预期等概念。一些学者对组织化的内容及过程提出了一系列的理论和观点,他们的努力使人们对组织化有了更深一步的认识。员工的组织化最终会形成一系列成果,成功的组织化意味着新员工能够得到相关的开发。

其次,介绍了实际工作预览,指出实际工作预览是给应聘者提供有关所聘职位和组织完整信息的一种方法。运用工作预览,首先要评估对 RJP 的需求,然后选择运用 RJP 的时机、合适的媒体以及正确的 RJP 内容,同时还要注意一些可能存在的问题。尽管到目前为止 RJP 的效果并不像倡导者希望的那样高,但它确实为新员工的组织化提供了一个实际的、相对便宜的与较为道德的开发方式。

最后,阐述了新员工行为导向的主要目标、内容和活动形式,介绍了角色导向、导向活动的设计、存在的问题和效果。新员工行为导向的内容通常包括公司的总体情况和具体的工作信息;导向活动的形式包括演讲、录像、发放印刷材料和讨论等;新员工行为导向中最重要的内容之一,是新员工和主管、同事以及其他组织成员经常进行接触;导向活动可以借用 HRD 活动设计的原则进行规范化管理,包括需求评估、活动设计、执行计划和效果评估。

复习思考题

1. 试分析新员工组织化的必要性与重要性。
2. 简述组织化的阶段模型并分析其优缺点。

3. 试分析企业制定组织化战略的基础与依据,以及应当注意的问题。

4. 工作预览运用的步骤及应注意的问题是什么?

5. 新员工行为导向的内容及其活动设计的步骤是什么?

6. 比较不同角色在新员工行为导向中的作用。

7. 新员工行为导向活动中存在哪些潜在问题?你有何改进的意见?

8. 如果你是一名人力资源主管,你将如何设计新员工行为导向方案?

▶▶ 案例与分析

西门子打造更多创新教练[①]

在庞大的西门子,创新速度始终是中国区的优势之一,面对广泛的市场需求,创新教练运用启发式提问,让科学家们更快找到新点子。

在西门子中国研究院医疗研究负责人许晓东开始带领团队攻克中西医融合信息化系统项目的时候,徐亚丁请他描述医生一天的工作状况。"这个问题听上去很简单,但是我当时回答起来有些困难,如果没有真正到医院待上一两天,仔细观察过,就无法真正了解他们的状态和需求。"许晓东表示。

为了更好地解决项目中遭遇的问题,许晓东带领团队开始走进医院,贴近客户了解需求。如今,这个中医院信息平台加入了很多新创意。比如他们发现,医生在临床治疗过程中承受高强度的工作压力,为了满足其快速高效地录入病例的需求,他们在产品中添加了三维人体经络穴位模型,只需用鼠标在立体模型上直观地点击即可完成处方诊断的录入,甚至可以进行中医微创手术的可视化演示。最终这个由很多新点子组成的方案获得了市场的认可,也取得了很好的收益。

许晓东本人在2005年4月刚加入西门子的时候就被徐亚丁的理念吸引,"他很有远见,不按常规思路做事情,也让我不要有太多条

[①] 资料来源:http://zhishi.17hr.com/2011/0112/101021.html,内容有删减。

条框框,同时我们要时刻关注中国市场的需求,用我们的人才、技术给中国社会带来价值。这和很多外企老板的想法是有所不同的,而且他总是会问很多问题,甚至会把我'逼到墙角',但这确实能够帮助我们推出创新的点子,这种方式也让我对如何实现创新有了更多理解"。

徐亚丁正是西门子中国研究院院长,他把自己称为创新教练。通过启发式的提问,如今许晓东也开始运用这样的方法推进自己部门内部的工作。在部门会议上,面对员工的好想法,他总会先引导大家阐述这个方法可以解决什么问题,如果问题没有定义清晰,就不算是创新。同时,他更加注重部门间的沟通,让大家发散思维,相互启发。

另外,流程的作用也不可小觑。虽然西门子倡导宽松的研发氛围,但如果缺失了流程中不断审核的过程,就不容易把握正确的方向。这种审核实际上也是在某种程度上进行提问,帮助员工寻找问题、进行思考,而后激发更多灵感。

"好的老师才能带出好的学生,所以提出好的问题的能力正是创新教练所必备的,在徐亚丁的帮助下,我也正在向这个方向努力。"许晓东表示。

追问激发创新思维

《首席人才官》:西门子研究院创新教练具体的教练方式是什么?理论上,每个项目或者实验室负责人都应该是创新教练。

徐亚丁:首先我需要从自身做起,而后是我们的部门总监和项目经理,我们希望在项目经理层面都能够达到这样的水平,一个好的教练可以把一个平均水平的团队带到顶尖的位置,这种教练不是在学校里面上课就能够满足的,要到实战中去历练,但事实上,现在还没有完全达到我们希望的程度,我们还需要更多努力。简单讲,创新教练就是要能够去问,问对的问题,用问问题的方式来启发那些作研究的人,要让他们自己去思考,而不是告诉他应该怎么做,这是研发领域中非常重要的一点。

《首席人才官》:怎样解释"对的问题"?

徐亚丁:可以从大的层面一直问到细节,比如大的问题是,做这个项目的目的是什么?这看似简单,但要回答好就需要知道这个项目和中国的发展是否合拍,我们的市场和效益在什么地方。小问题的例子比如,有员工说自己的技术是最好的,是世界第一,我就问他,既然你是世界第一,那么谁是第二好,和他相比你的优势是什么？用这样的问题追问下去,我们的员工开始学会更深层次的思考,这样员工整体素质也有了快速提升。

《首席人才官》：我更愿意将您谈的创新教练归结到领导力中,通常研发中心的工程师都更喜欢钻研技术,你如何引领团队走向公司认为的真正意义上的创新？

徐亚丁：我们西门子研发是专注于工业研发的,所以我们和学院派有很大差别,直接来讲,我们更关注是否为企业带来了效益,所以这是一个商业化的过程,也需要用企业的方式进行管理。西门子中国研究院正在建设一个兼顾P＆B＆R＆D的创新基地。除了R（研究）和D（原型开发）,中国研究院还重视P（社会责任）和B（业务发展）,这意味着我们的创新需要有社会责任并且能够满足西门子业务发展的需要。为了使我们的创新达到这个要求,我们要求中国研究院的研发人员做到"三了解"——了解用户、了解竞争对手、了解西门子产品组合和发展蓝图。

《首席人才官》：这种意识需要公司进行怎样的宣导？

徐亚丁：做工业研究要关注外部环境,所以我一直在向组织灌输这种更加商业化的理念。首先我一直在强调这些内容,慢慢渗透,不断重复,当这种意识深入人心的时候,就成为一种创新的思维方式和创新文化。

《首席人才官》：文化能真正影响创新的产生吗？

徐亚丁：我很喜欢强调外部环境,除了文化以外,我们西门子的行业涉及非常广泛。作工业研发,想出一个别人都没有想到技术还是有相当难度的,所以这种跨部门、跨领域的合作可以很好地帮助我们。另外,公司高层对创新的重视非常重要,一个经典的案例是当年索尼研发最辉煌的时候,是他们的CEO亲自负责这个团队。我们强调创新是我们的命脉,要让员工了解这些,而且要有一定的方法去激励他们,比如我们有年度发明家、有3i活动,这些综合起来形成了公司的创新文化。

《首席人才官》：您本人是西门子中国研究院的创办者,这四五年的时间里,研发中心的团队力量发生了怎样的变化?

徐亚丁:最初我们只有20多人,现在已经有250人左右,最初只在北京,现在南京和上海也分别成立了研发中心,所以我们的规模肯定是增大了,团队力量也得到加强。这个行业完全靠人才,是知识密集型行业,所以从成立之初就明确了人才培养方向。我们把人才分成了五级:第一层是执行层面的;第二层要增加思考的能力;第三层需要拥有创造性思维的人,可以跳出框框想问题;第四层则需要有战略性的想法;最顶尖的需要有愿景。这样的人才梯队是一流水准的研发中心。我们刚才强调的创新教练也正是在第三和第四层次的人才。

《首席人才官》:针对这样的人才分布,您用什么方法找到这些人才?

徐亚丁:前两个级别的人相对容易寻找,而有所创意的人就需要靠猎头和朋友推荐的方式寻找,这也是我们花了很大力气做的事情。这种方式的成功率比较高,因为我们没有那么多时间。而且我们的团队现在是一个全球化的团队,有来自各个国家的人,这种混搭的方式也可以激发创新。但要求他们都是既聪明又勤奋的人。同时公司要为这些人才搭建一个平台,给他们树立信心。我本人就是一个争强好胜的人,我也希望自己的团队可以力争上游。

《首席人才官》:管理研发中心的团队和管理其他部门的团队是否有一些实质性的差异?

徐亚丁:我认为差异不大。首先,管理者要真诚,这样大家才能真诚;其次,要有一定的包容度,让大家和你不一样,否则就变成了一言堂。只要员工能干,我们就要给予他足够好的平台,比如在美国,西门子位于东海岸,我们有个非常优秀的研发人员,由于家庭原因需要去西海岸,为了这个人,我们在西雅图专门成立了办公室,因为在公司眼中,这是值得的。

《首席人才官》:很多人认为,中国的文化和教育体制导致我们在创新上存在先天劣势,您本人在西方工作了三十余年,通过比较,您的看法是什么?

徐亚丁:任何事情都有两面性。在美国,幼儿园的老师提问,小朋友甚至没有听清楚什么问题就高高举手,如果这么看来,中国人在

第五章 新员工的开发方法

西方人眼中似乎是没有创意的。但从另一方面来看,中国人想好答案才发言也反映了我们的专注。在美国硅谷,在那样一个充满创意的环境,中国人成功的例子非常多。在美国,中国人要占到研发人员的30%,而且表现杰出,所以说中国人没有原创是不正确的。我们聪明而且勤奋,重要的是靠启发,没有好的导向就不容易有好的创意。

《首席人才官》:这种引导仅仅靠发问就可以满足吗?

徐亚丁:从西门子内部看,在十年的时间里,我是有信心做到领先的,因为需求是创新之母,我们要让员工理解市场的需求,而中国的市场恰恰为创新提供了很好的土壤,我还没有看到世界上哪个地区有中国这样多的需求。我们难道始终要跟随西方的脚步?我们有个规则是80/20理论,即80%的需求通过主流创新去满足,而20%的需求通过能够改变游戏规则的颠覆性创新去满足。我深信中国能够走出自己的方法。我们的原创可能和西方不一样,可这也是能够真正让我们去颠覆主流技术有利的渠道。

《首席人才官》:目前看来,中国研究院的成立时间不过三四年,中国区的研发速度在全球大概处于怎样的位置?

徐亚丁:中国的速度还是非常快的,主要是因为我们有这样的市场需求。我在西门子很多国家工作过,各个国家都有不同特点,美国的创新速度很快,但有时候不像德国那么尽善尽美,我们也希望用全球的思维来管理我们的研发。

比如把美国的想法拿到中国这个充满"需要"的市场去做初步的实现,再让德国方面进行完善,能够进入高端市场,这样大家都是赢家。

《首席人才官》:这种速度似乎更依赖于外部,从内部管理上,你怎么做到更快速度?

徐亚丁:有两点需要努力,一方面我们要借鉴创新,另一方面是形成竞争。同时还是要用流程保证我们的品质,但这个流程要简单高效,否则反而影响效率。

▶▶ 案例分析题

1. 新员工是公司的新生力量,西门子是如何开发新员工的?
2. 从西门子的案例中,可以借鉴到什么有用的人力资源开发经验?

第六章

老员工的开发方法

📎 **本章学习目标提示**

- 掌握职业发展规划与管理的各种理论与方法
- 重点掌握职业发展模式及其规划与管理的各种方法与经验
- 了解老员工开发实践中的各种方法与问题,应用相关知识解决老员工开发实践中存在的问题

老员工在这里是指已经进入组织或工作了一段时间的员工。对于这些员工的人力资源开发,导向开发方法就不再适用了,需要采用新的方法。这一章主要介绍职业发展规划、职业发展管理与老员工开发实践问题。当然,这些方法也可以从新员工导向开发阶段开始。

【引例】

老员工管理:成败皆萧何①

常常有企业认为,老员工就是一张支付养老金的发票,会给企业带来无可估量的负担,有企业甚至表示:我们也是要做生意的,企业不是养老院。而在一些开明的企业家或管理者看来,"家有一老,如有一宝",有些经大浪淘沙成长起来的老员工,如果"开发"得当,也会焕发金子般的光芒。如何对待老员工,历史上有朱元璋、赵匡胤和

---

① 资料来源:孙琳琳:《大型情景案例管理评论之二十五 老员工管理:成败皆萧何》,《销售与市场(评论版)》2011年第5期,内容有删减。

第六章 老员工的开发方法

李世民三人可以为鉴。老员工在企业中的作用,更大程度上像一柄双刃剑,用好了是锦上添花,用不好则会埋下隐患。关键是看领导怎样对待、怎样去用老员工。

2008年的《新劳动合同法》扩大了无固定期限合同的订立范围,同时还设定了严厉的处罚规定。这个在当时就引起企业普遍重视的政策,其效果在近年慢慢显现出来。老员工的数量在企业中逐渐增多,而由于老员工所引发的管理问题也越来越受到企业重视。同时,HR管理人员开始分析新、老员工的差别,深入研究老员工所表现的职业特点,用一切管理手段激发老员工的工作积极性,降低老员工的工作惰性,发挥老员工在企业中的价值。作为企业管理者,您是否在老员工管理上也遇到过下面的问题?

某传媒公司刚创办不久,老李就在该公司的研发部门工作,算起来也有8年之久,可谓一名资历深厚的老员工。老李的专业技能和职业表现在业界也小有名气,包括老板在内的所有员工一致认为:老李能非常透彻地分析当前消费者的视觉渴望和需求心理,为公司积极争取客户;对广告类型设计、整个方案的策划都得心应手,有自己的独到见解。老李也曾多次创造佳绩,受到公司老板的赞赏。

老李工作上得心应手,对自己以后在公司的发展前景也极为看好。可是,接下来发生的事情却让老李对公司越来越失去信心。有一次,公司为了提升员工的职业能力和专业素质,组织去巴黎某学院进行为期一个月的培训。这对于设计研发者来说可谓千载难逢的好机会,可是在公司公布培训人员的名单上却没有老李。老李顿时觉得公司对他太不公平。而老板对老李这批创业老员工的忠诚度非常信任,并认为这种信任是会随着时间的增长而增长,所以在确定培训名单的时候也没有征求他的意见。当老李问及原因时,公司给出的理由是新进的青年员工技术能力薄弱,更加需要进行业务提升,而老李是公司的业务能手,没必要再提升了。老李却不以为然,觉得自己被公司忽视了,待下去也没有发展前途。老李在工作上渐渐出现怠慢情绪,不到一个月带着以往的大客户投奔了竞争对手的公司。公司痛失这名核心业务骨干及核心业务时,为时已晚。

上面的情况是企业在老员工管理中比较典型的例子。而我们在谈及老员工管理问题前,必须明确企业的哪些员工可以归为"老员工",从而才能选择老员工的开发方法。

第一节　职业发展规划与职业发展管理

在这一节,我们首先阐述了什么是职业,什么是职业发展规划,什么是职业发展管理,以及它们之间有什么差异;其次,回答了在当今经济结构大变动、员工忠诚度普遍降低的情况下,职业发展规划与职业发展管理是否有必要;最后,介绍了职业发展规划与职业发展管理在 HRD 中发挥的作用。

一、职业

"职业"对应的英文单词是"career",依据《牛津字典》的解释,是指人生的道路或进展。然而,不同学科的研究人员对此有着不同的解释。

目前,我们可以概括出以下几种不同的解释。(1)说明职业特点或组织的性质。此时,"career"描述的是职业本身,如销售或财会,或说明员工在组织中的工作期限。(2)说明个人的职务晋升与发展。从这个意义上,"career"是指一个人在职业或组织中的不断进步和成功。(3)说明一门职业的地位。一些人用"career"来区别于"professions",如把律师或工程师与管道工、木匠、一般办公室工作相区别,律师被认为有职业,而木匠则被认为没有。(4)说明陷于工作之中。有时"career"被用于否定的意义,描述一个人极度陷于任务或工作之中,如:"我们休息吧,别管他,他有职业病。"(5)说明一个人一生所有工作的汇集。"career"指一系列相关工作的汇集或集合。

上述每一个解释虽然有其合理之处,但是也都有局限性,因为界定过于窄小。笔者比较同意格林豪斯(Greenhaus)的观点,他认为"career"最好描述为"与工作相关的经历与活动,该经历将持续一个人的一生"。

在这个定义中,既包括"客观事件",如工作,又包括对工作的"主观观点",如个人的态度、价值观和期望。因此,与一个人工作相关的活动及其对活动的反应都是"职业"的一部分。而且,这个定义与下列两个观点也是相一致的:职业随时间而发展;每一个人都有自己的职业,不论他的专业、层次或工作模式如何。

这个定义注意到了个人、组织和环境对工作发展的影响。尽管工作和职业的选择在很大程度上由个人的内因决定,但组织和其他外因也发挥了一定的作用。社会环境的影响因素包括国家的政治、经济、家庭和教育制度等因素;个人方面的影响主要由他们的技能、知识、能力、态度、价值观、性格和生活境况所决定;组织方面的影响主要表现在组织为员工提供职务及其相关信息,提供各种发展机会和工作条件。在这些因素的影响下,员工会对将来从事什么工作与职业做出相应的选择。如果他选择继续留在同一组织中长期工作的话,情况更是如此。

在整个的职业选择与变化过程中,三者的影响权重不太一样。一般来说,个人和组织更为主动一些,他们都有各自的需要和一些优先的考虑。但是应该注意到,三者的影响对一个人的职业发展都很关键,在进行职业发展规划与管理的过程中要全面考虑。

总之,职业是一个人工作经历与活动的总和,受到社会环境、组织因素与个人素质的影响和制约。

二、职业发展规划

(一)职业发展规划的概念

职业发展规划是指规划者对每个员工职业选择的可能性、制约因素、发展方向、发展内容与发展结果进行认真分析与计划的过程,包括组织规划与个人规划两种形式。组织职业发展规划是指组织作为主体对其所有的人力资源,在充分征询个人意见的基础上,对每个员工的职业发展方向、内容形式与发展结果,做出全面的计划与安排;而个人职业发展规划是指由个体采取的了解和试图控制其工作发展方向与内容的活动。个人职业发展规划不一定是由个人单独完成,他可以得到顾问、主管和组织内外其他人的帮助。一般来说,职业发展规划以个人设计与组织指导相结合的方式为佳。因此,我们认为,职业发展规划是指规划者为了在组织中积极地运用每个员工的人力资源,长期持续地确保每个岗位所需要的人员与能力,谋求个人发展与组织发展双赢的一种 HRD 活动。

(二)职业发展规划的内容

1. 了解任职者的需求与特点

任职者的需求与特点包括:(1)个人的兴趣、爱好与特长;(2)个人的性格与价值观;(3)个人所选定的目标与方向;(4)个人的生活经历与前景;(5)个人的工作经验;(6)个人的学历与能力;(7)个人的生理与身体状况;(8)个人的优缺点。

2. 分析外界条件与制约因素

外界条件与制约因素包括:(1)组织发展战略;(2)人力资源规划与需求;(3)晋升发展机会与途径;(4)政治环境与导向;(5)社会环境与需求;(6)经济环境与兴衰;(7)法律与政策影响;(8)科技发展与影响;(9)家庭的期望。

3. 分析与评价职业目标

职业目标包括:(1)各职业目标设定的原因;(2)达到各职业目标的可能途径;(3)达到各职业目标所需的条件;(4)达到各职业目标可能得到的帮助;(5)达到各职业目标可能遇到的阻力与风险;(6)达到各职业目标可能得到的结果与发展前景。

4. 确定对策与措施

内容包括:(1)权衡得失与风险,选取最佳目标与路线;(2)获得实力与各种任职条件的活动安排;(3)排除各种阻力的计划与措施;(4)争取各种支持与帮助的计划与措施;(5)化解各种风险的对策与措施。

(三)职业发展规划的类型与作用

职业发展规划从时间上看,有短期、中期与长期三种形式。短期规划一般在 1 年以内,中期规划一般为 3—10 年,长期规划在 10 年以上。

生命无法再来一次,但职业发展可以改造与设计。这是汤姆森(Thomson)的观点。他认为每个人都是自己职业发展的建筑师与设计师,每个人都有追求更好生活的能力与权利。为了使自己的职业发展取得成功,除了幸运之外,努力与坚持是必需的。问题在于如何努力,如何坚持,因此下一步的职业发展管理更为重要。

【阅读材料】

G 公司的矩阵式职业发展通道应用①

(一) G 公司概况与存在问题

G 公司是一家业务多元、组织机构庞大、员工数量众多、职业层级较多的大型能源类集团企业。该企业传统的双重职业发展通道一直沿袭"管理职务"和"专业职称"两大路线,但由于组织机构庞大、员工数量众多等原因,这两条职业发展通道已难以满足企业战略发展和员工自我实现的需求,而且不同通道间也存在着横向转换壁垒;另一方面,只凭"管理职务"和"专业职称"两项依据难以客观公平地衡量员工自身的工作能力以及与岗位的匹配程度,缺乏以能力和对岗位贡献度为基准的职业晋升和转换评价标准。

(二) G 公司的矩阵式职业发展通道内容精选

结合 G 公司面临的实践难题,以下将以专业技术序列为主,遵循通道构建的步骤,介绍 G 公司矩阵式职业发展通道的精要内容。

1. 岗位序列和关键岗位的确立

根据 G 企业生产经营管理特点和各级各类岗位知识技能要求的差异,参照企业行政职务、管理职位等级、专业技术职称、生产技能水平等因素,设置经营通道、管理通道、技术通道和技能通道 4 个职业发展序列。4 个序列涵盖该企业现有各类岗位,各类岗位员工依此划分纳入相应的职业生涯发展通道。

关键岗位的确立依据是岗位对企业贡献程度的大小,具体体现在岗位的战略价值。高战略价值的岗位有助于提高企业的生产效率,降低成本,提高企业的生产效益,创造具有更多客户价值的产品,会给企业带来直接或者间接的贡献。具体衡量岗位的战略价值的三个因素为对企业的影响度、战略地位、所处价值链位置。

---

① 资料来源:吴晓磊、王丹:《基于任职资格的矩阵式职业发展通道的构建与应用》,《中国人力资源开发》2015 年第 22 期,内容有删减。

2. 任职资格框架的设计

该企业的任职资格划分为经营者、管理者、专业技术人员和技能人员的任职资格标准四大类别。以专业技术人员任职资格标准为例,专业技术人员从事运用某项专业知识提供某种支持或服务,直接或间接创造价值的工作,其专业任职资格分为 5 个主要级别,每一级专业技术人员的任职资格标准均有具体描述,以便为设计和运行职业发展通道提供参考。详见表 6-1。

表 6-1 专业技术任职资格表

级别	初做者	基层业务主体	业务骨干	业务专家	高级专家
任职资格	知识、技能有限、经验不全面;了解体系局部化、各部分关系模糊;在指导下工作;不能完全利用现有方法解决问题	具备某领域的知识、技能;解决程序化问题;有独立运作经验;工作上能理解、改进和提高;工作受人监督;能发现一般问题	具备全面的知识、技能;能发现大问题并提出解决方案;预见工作中的问题并解决;能了解体系、理清关系;可对程序优化、解决复杂问题;独立、成功、熟练地完成工作,并能指导他人	具备精通、全面的知识、技能;对业务流程了解深刻,洞悉深层次问题;缜密分析,推动领域变革;通过改革的方式解决复杂、重大问题;可指导子系统有效运行;准确把握专业发展趋势	具备博大精深的知识、技能;能建立、改革业务流程;调查并解决需复杂分析的难题,创造新的方法;可指导整个体系有效运作;能够洞悉和准确把握本专业发展趋势,并提出前瞻性的思想

3. 职位层级发展标准的制订

专业技术员工根据专项经历和经验、专项职责、影响力和声誉以及个人贡献等方面,设计每一层级的任职资格评价标准,由高到低分为三个水平层次。详见表 6-2。

表 6-2 专业技术序列认知评价标准

评价因素	级别	各级认知评价标准
专向经历和经验	一级	工作经历累计>20 年;相关行业经验>15 年;本企业服务年限>10 年
	二级	工作经历累计>15 年;相关行业经验>10 年;本企业服务年限>8 年
	三级	工作经历累计>10 年;相关行业经验>8 年;本企业服务年限>6 年

续表

评价因素	级别	各级认知评价标准
专项职责	一级	在前瞻性技术研发或专业活动中担任领导团队的角色
	二级	在项目或任务活动中担任咨询师的角色（例如对方案选择、合同签署、人员安排或流程监管提出指导性建议）
	三级	在项目或任务活动中担任领导团队的角色（例如方案决策，人员分配，流程控制，时间和成本控制，为结果负责）
影响力和声誉	一级	内部：有能力组建专业小组开展专业项目的活动（非任务安排）
	二级	内部：有能力开展专业领域的教育培训工作
	三级	外部：在行业协会或组织中具有一定声誉，能有效利用资源
个人贡献（加分项）	不限	在专业领域中曾发表过论文
		专利发明

4. 职业发展阶梯的搭建

为保证职业各序列通道的纵向畅通以及各岗位层级的可转换性，4个序列均按照同样的依据，均划分为8个等级，每个等级再分为3档，共设8级24档。可根据各序列岗位的能力要求、行为规范、任职资格、职务和职称特征等分别作相应设置和调整。专业技术序列的职业发展阶梯见表6-3。

表6-3 专业技术序列职业发展阶梯

阶梯类型	发展阶梯分级
专业技术等级	按照任职者某方面的专业知识和技能达到的水平，专业职称设立高专层和专业层。高专层依其专业知识和技能水平的高低分为3个等级，每级分为3等；专业层根据其专业知识和技能水平的高低分为5个等级，每个等级分为3等。总计8级24等
任职资格等级	作为以上各通道序列的台阶和基础，与职业发展通道中的职业等级形成对应关系。按照员工达到某个职业发展等级而必须具备的包括条件、能力和业绩等因素的总和进行划分。根据职位所肩负的责任和应具备的能力划分8个等级，每个等级分为3等。总计8级24等

5. 矩阵式职业发展通道的建立

G企业的职业发展通道设计融合了单通道、双通道和多通道的模式。首先，构建单一通道，明晰职位序列和职位层级；其次，设计双通道，打破不同职位序列之间的职业壁垒，为不同职位序列之间的横向流动提供路径；最后，通过整合与归并，统筹考虑单一通道和双重通道设计的横向职别与纵向级别，链接相应的职别与级别接口，建立矩阵式的员工职业发展通道。详见图6-1。

最终，仍以专业技术序列为例阐明转换台阶的要求：专业技术人员需要具备中级以上职称或丰富技术管理经验的基础，经过两年以上省级单位管理培训、连续两年考核为B级以上后通过选拔可以向初级管理人员序列转换，承担各类型项目和中层单位的管理工作，同时也可以向高级技能以上的同等级技能人员转换，而后通过纵向通道进行晋升或退出，或者在具备下一转换台阶条件时再行转换。

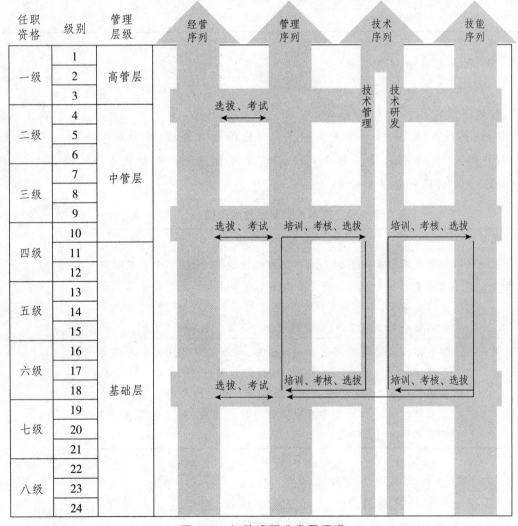

图 6-1　矩阵式职业发展通道

第六章 老员工的开发方法

布局决定结局,结构决定功能。人才是企业发展的第一资源,合理布局人才、优化人才结构是企业人才队伍建设的重中之重。G企业开发构建的矩阵式职业发展通道,形成了分层分类、有序高效的职业发展通道体系,一定程度上解决了职业发展规划不足、职业晋升及转换台阶不清晰、各类职业发展通道设计不均衡的问题,为企业人力资源合理布局、发掘员工潜能、牵引员工效能发挥提供了保障。

三、职业发展管理

(一)职业发展管理的概念

职业发展管理指一个组织根据自身的发展目标和发展要求,通过咨询和指导等手段,强化组织员工对个人规划的认知,加强对组织目标与个人目标之间关系的认知,以鼓励员工在达成组织目标的同时实现自己的发展目标。职业发展管理的目的在于,通过员工和组织的共同努力与合作,使每个员工的职业发展目标与组织发展目标相一致,使员工个人发展与组织发展相吻合。因此,职业发展管理从主体形式上看包括自我管理与组织管理两个方面。组织方面的任务不仅要帮助员工个人执行职业发展规划、进行职业发展管理,包括为员工提供必要的教育、训练、轮岗等发展的机会,使员工能够配合组织的发展战略与经营要求,制订切实可行的个人职业发展规划,并努力促进其实现,还要采取措施保证组织所需要的人力资源不断得到满足,这是职业发展管理的重点。一般来说,职业发展管理主要由组织来完成。例如,人员接任梯队计划通常都是由组织的高层管理者秘密进行,确定哪位员工可以培养和应该培养,以便将来替代那些较高职务的人。

就人力资源开发的观点来看,职业发展管理是兼顾个人与组织双方发展的需要,对员工进行适当的培养、教育、升迁、转移、转换与激励,保证员工的职业能力得到充分发展,并将其配置在组织内最恰当的位置上,达成个人与组织双方的既定发展目标,改善工作生活品质,获得事业上与经营上的成功。

（二）职业发展管理与职业发展规划的区别与联系

职业发展规划更多地强调要发挥个人方面的主观能动性，组织要主动帮助员工个人了解自己的兴趣、价值观、机会、制约因素，了解自己的能力、选择的可能性以及最后可能的发展结果，并为员工提供支持与指导，促使他们努力达到目标。而职业发展管理则更强调组织的作用，要督导员工个人对规划的积极实施，强调组织在准备、实施与监督员工职业发展规划方面的主导作用。一方面，职业发展规划工作先于职业发展管理工作，是职业发展管理的起点与终点，因为职业发展管理工作的开展要以职业发展规划为依据，而职业发展管理的目的就是要努力实现职业发展规划的目标；另一方面，职业发展管理工作又包括职业发展规划，职业发展管理工作是从职业发展规划制订开始的，在整个管理过程中，要求对职业发展的方向、目标、形式与时间进行必要的调整，对发展规划进行再规划。

四、职业管理面临的挑战

HRD 正面临着五大挑战：人口的不断膨胀、全球经济的竞争、工作技能要求的变化、终生学习需要和学习型组织的来临。这些问题不但影响职业发展管理，而且引起了雇佣关系的变化。

（一）雇佣关系的变化

传统上，许多员工认为，如果他们加入了一个组织，有工作能力，工作努力，不出什么问题，他们就可以想工作多久就多久，认为工作、福利等是自己应该享有的权利。组织与员工的关系是伙伴关系，对于员工的忠诚，组织回报以工作安全和稳定。组织经常用"家"的概念来比喻组织与员工的关系，比如，20世纪80年代以前，美国大都市生命保险公司的员工都将其公司叫作"母亲付账"（一个管理者引以为豪的昵称），因为员工认为无论发生什么事，公司都将照顾他们。我国20世纪80年代以前的国有企业工作，也被人誉为是"铁饭碗"。

在这种社会契约背景下，职业发展规划与管理被当作组织的事，其目标是保证那些有能力和符合组织文化的人充实到高级管理职务

第六章 老员工的开发方法

上。职业开发被认为是为了满足组织建立内部劳动力市场的需要而采取的一项措施,职业发展被界定为获得晋升和加薪。

个人通常也从这个角度来认识职业发展管理。当他们有晋升的愿望或被选为或自愿参加组织的开发活动时,他们才制订职业计划,挤入管理层级并拼命往更高层级发展,这通常是员工主要的职业发展目标。

这类长期依赖关系要求有一个稳定的、可以预测的环境和一个确定的组织结构。但现在,稳定和可预测已经让位于变化和不确定。目前组织应对变化的措施是缩小规模、减少层级、组织再造、削减成本、组织兼并、技术革新和更多地以绩效为导向的改革,这些改革已经彻底改变了传统的雇佣关系。

因此,雇佣关系已经变成这样一种关系:伙伴关系让位于双方利益的交换关系,长期安全的承诺让位于员工自己对自己负责,组织保障变成了自我保障,员工从致力于获得机会向继续被留用转变。

下面的例子是从外国一家公司的公告板上抄下来的,这家公司正在进行着大规模临时解雇:

- 我们不能承诺你能在公司工作多长时间;
- 我们不能承诺我们不被收购和兼并;
- 我们不能承诺你有晋升空间;
- 我们不能承诺当你到达退休年龄时组织还存在;
- 我们不能承诺你的退休金每年都能到位;
- 我们不期望你永恒地忠诚组织,甚至不能肯定我们目前需要这个。

目前许多产业和职业,包括娱乐业、农业、建筑业,以及相关行业、专业服务,例如法律、财会和建筑设计等,总是有相当多的组织的雇佣关系是短暂的与不确定的,传统意义上的职业概念正在变化。但对大多数人来说,传统的和与其配套的东西还在被当作职业的模式,要求自己能在具有稳定关系的组织中工作或在主流职业中工作,才被认为是有一份"真正的工作"或"职业"。

（二）雇佣关系变化对职业发展规划与管理的影响

鉴于上述雇佣关系的变化，组织职业发展规划与管理的工作还有必要吗？答案是肯定的，至少有以下几个理由。

（1）可能还会有许多大型组织与其员工要保持长期劳动合同关系，计划和实现一个互利的未来，达成组织和员工的最大利益，职业发展规划是实现这种战略的关键部分。

（2）虽然许多组织的规模及其工作会随着时间的变化而改变，然而组织中也要保留一些核心员工，与其保持长期关系。出于组织的利益，组织需要职业发展规划与管理来保证其核心员工特别是经理能用其能力和愿望来应对新的市场要求。

（3）虽然目前雇佣关系不断变化，但是职业发展规划与管理活动也被作为吸引有潜力员工来组织工作的招聘手段，作为激励员工积极投入和发挥创造性的工具。

什么应该改变，什么正在变化，是组织职业发展规划设计要全面考虑的，因此，变化是规划的前提与条件，规划是应对变化的最经济与最有效的手段。在目前经济结构大调整、组织工作大变动与人员大流动的情况下，我们应该精心进行职业发展规划与管理，以此来满足组织和个人的发展需要，为双方能在动态变化的环境中不断获得成功、获得满足与发展提供充分的机会。

五、职业发展规划与管理在人力资源开发中的作用

职业发展规划与管理为 HRD 活动提供了一个未来的工作方向，为应对环境变化的挑战、组织目标的实现以及与之相适应的人力资源开发提供了一个科学的依据与思路。对于组织来说，职业发展规划与管理的作用具体表现为以下几个方面。

（一）把个人发展需要与组织发展需要联系在一起，形成 HRD 的合力

人生在世，谁都想成就一番事业，而且层次越高的核心员工这种需要和愿望就会越强烈。然而事业的成功，并非人人都能如愿以偿，问题在于组织与个人对每个员工的职业发展规划与管理水平是否到

位。在职业发展规划与管理过程中,组织能够了解员工个人的职业发展需要,因此可以进行针对性的人力资源管理工作,主动把组织发展的目标与个人发展的目标有机结合在一起,目标一致,形成开发动力。在职业发展规划与管理过程中,由于组织会主动帮助员工个人认识自己,客观分析环境影响,树立科学目标与选择适当的职业,并采取有效措施帮助员工个人克服职业发展过程遇到的各种困难,避免人生陷阱,获得事业发展,因此,员工个人会在情感上与组织形成人力资源开发的亲和力。

(二)在双赢中让员工个人适性发展

HRD 不仅要满足组织发展的需要,也要满足员工个人发展的需要,这正是职业发展规划与管理遵循的基本原则。所谓让员工个人适性发展,就是让员工的个性得到了发展,个人就会得到满足,产生动力,自我激励。

双赢是现代 HRD 的宗旨。在职业发展规划与管理中,员工个人赢得胜利,表现为自己的发展需要得到了合理的满足,自己的个性特长得到了应有的发展,自己的职业发展目标如期得到了实现,即自己成为组织中的人才;组织赢得胜利,表现为组织的发展需要得到了满足,员工自己的发展目标如期得到了实现,每个员工都得到了应有的发展,成了人才,组织拥有了更多的人才群体,人力资本价值得到了提升。

(三)在满足中留住更多的人才

组织中人才流失的原因较多,但主要有三个方面:一是报酬待遇问题,报酬待遇太低,人才难留;二是才能发挥问题,英雄无用武之地;三是职称职级问题,有位无名,有职无权,没有自己向往的适当角色。因为社会上一般人对能力的评价有一个世俗的观点,往往认为职务的高低是一个人能力大小与贡献多少的体现。

上述三个问题对人才的影响可以比喻为小圆凳上坐着的人与三条腿的关系,如图 6-2 所示。如果三条腿中的任何一条腿短一些,小圆凳就会倾斜或倒下,坐在凳上的人才就会因此流失。而职业发展规划与管理就是努力保持小圆凳上的人不流失的有效手段,它通过组织与员工个人双方的讨论、分析与设计,让每个员工在组织中始终有自我满足的报酬待遇、才能发挥的空间与适合的职务角色,这样三条腿也就稳定了。

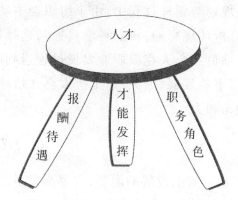

图 6-2　影响人才去留的三因素示意图

第二节　职业发展模式

职业发展模式是指对不同员工职业发展阶段及其顺序过程的一般描述形式。对这种过程的描述一般表现为职业发展阶段的年龄划分。模式只是对多种类型职业发展的一般描述,不一定能够准确地符合每个人职业发展的具体年龄阶段,因为每个人的情况不一样,有的发展速度快,有的发展速度慢,有的发展到某一阶段就停滞不前,有的在某一阶段发展时间极短。然而,了解与研究职业发展的模式是进行职业发展规划的基础,因此在进行职业发展规划与管理之前,必须先了解职业发展的模式。

一、职业发展模式的分析与比较

两千多年前,我国春秋时代的先哲孔子就把个人的职业发展模式划分为五个阶段。他说:"三十而立,四十而不惑,五十而知天命,六十而耳顺,七十而从心所欲,不逾矩。"(《论语·为政篇》)在这里,孔子视 30 岁前为确立人生目标与立业阶段,31—40 岁为创业发展阶段,41—50岁为成熟期与成功期,51—60岁为拓展期与传播经验期,61岁以后为维持期或收缩期。

表6-4总结了国外不同学者划分的职业发展模式。

表6-4 不同学者划分的职业发展模式一览表

专家	发展模式及其内容
休普(Super)	0—25岁为探索阶段;25—45岁为创立阶段;45—65岁为维持阶段;65岁以后为衰退阶段。维持阶段又分为继续成长与停滞两种情况(如图6-3所示)
沙因(Schein)	4—15岁为职业发展成长阶段;15—25岁为职业发展探索阶段;25—45岁为职业发展确立阶段;45—65岁为职业能力维持阶段;65岁以后为职业能力下降阶段
利文森(Levinson)	16—22岁为成年初期;22—29岁为成年发展期;29—32岁为成年过渡期;32—40岁为成年安定期;40—45岁为成年中期转化阶段;45—60岁为成年中期的成熟期(如图6-4所示)

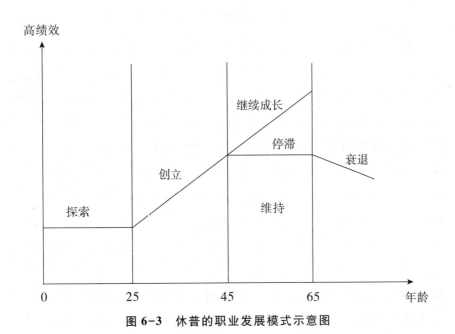

图6-3 休普的职业发展模式示意图

下面对利文森的观点进行较为详细的介绍,如图6-4所示。

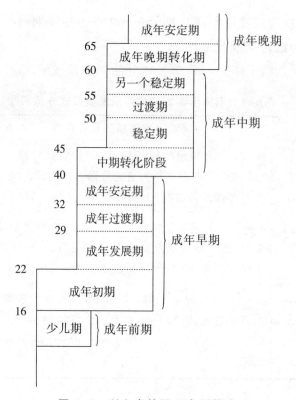

图 6-4 利文森的职业发展模式

利文森发现,个人生命的阶段与年龄紧密相关。比如,成年初期,从 16 岁到 22 岁,是个人努力开发自我感的时期。他认为,虽然不同个人在年龄范围内有一些变动,但也表现出了某些基本不变的规律性。例如,职业变动基本上在成年早期和成年中期之间。

成年早期(16—40 岁)包括四个时期:成年初期(16—22 岁)、成年发展期(22—29 岁)、成年过渡期(29—32 岁)和成年安定期(32—40 岁)。大体而言,成年早期是一个拥有巨大能量和面对巨大压力的时期。在此期间,个人将到达生理高峰,并努力达到年轻时制定的目标,找到自己的社会定位,获得有意义的工作,表现自己的生活风格,建立有意义的关系(包括婚姻)和供养一个家庭。许多人在此期间会被提升,然而压力也很大,在实现个人抱负时,家庭和社会也对个人提出了相关要求。利文森研究认为,特别值得指出的是,在 29—33 岁转化期,大多数人会质疑和再评估自己以前所选择的职业,是否足以帮助自己实现生活目标。利文森将员工设计的生活目标视为"梦想",如果"梦想"在 29—32 岁过渡期内得以成功实现,那么个人将会经历一个稳定期,在此时期内个人会因为所追求的梦想得到实现而感到满足,并会继续朝着形成"自我风格的人"而奋斗。

成年中期(40—60岁)的转化阶段(40—45岁)是从成年早期至成年中期的过渡。利文森等人的研究表明,一个人的生活在成年早期和中期之间会发生显著变化。在这一时期,对自己的职业目标、抱负和所追求的梦想,会有很多质疑,经常反问的问题包括:我在这一生中做了些什么?在我死前想完成什么?我要留给家人和他人一些什么?事实表明,成年中期转化阶段会对个人的职业发展产生强有力的影响。在这一阶段,个人面临着体能的下降、孩子成人、父母身体状况下降或者死亡以及朋友和同事的死亡等一系列问题。上述问题与思考会使个人变得更接受自己和他人,变得更为明智、更富同情心。然而,这一转化期如果不成功,就会导致痛苦和不振。中期转化期后是稳定期(45—50岁)、过渡期(50—55岁)和另一个稳定期(55—60岁),此稳定期是成年中期的结束。一个人在40岁或50岁的后期,随着他变成团体和组织的资深一员,会产生巨大的满足感或挫折感。

成年晚期(60岁—死亡)开始于成年晚期转化期(60—65岁)。这一时期面临着其他一些主要生活事件,包括退休、身体状况进一步下降、家人或爱人的去世等。面临的主要挑战是如何与生命达成妥协,并接受既成事实,而不是遐想与假设还会发生什么。目前有关文献对此阶段的研究要比前几个阶段少。

利文森的模式是对职业发展研究的贡献。利文森的模式是基于经验研究,与成年开发的早期观点相一致,且有所拓展。虽然利文森本人承认该模式必须接受进一步的检验和提炼,但是其他研究支持了该模式所划分阶段的顺序和设定的年龄界限。另外,有证据表明,尽管该模式最初是为研究白人男性而开发的,但是也适用于黑人、妇女和其他文化的人。

利文森的模式将年龄段作为发展的标志,识别了一些成年人在发展中必须处理的类似问题。他进行了更好的区分,将成年人的发展分成了几个稳定期和过渡期。

更为重要的是,成年早期、中期和晚期代表了职业发展过程中较普遍的顺序,其观点为研究职业发展提供了一个有益的方式。职业是一个人生活的一部分,会受到生活问题的影响。HRD 专业人员可以用这些观点来识别组织中员工所面临的特定问题并分别制订职业发展规划。另外,利文森的模式还提出了职业发展过程中几个富有生产力和令人满意的稳定期。

二、职业发展模型的比较

下面将讨论与比较两个职业发展模型,一个是传统的,另一个是较现代的。

(一) 传统的职业发展模型

目前有许多职业模型来解释成年人在职业生涯中的发展阶段。每一个模型都强调与生涯阶段相联系的并有一定顺序的年龄阶段,并将职业置于个人生活的背景中,包括许多重叠的部分。考虑到这些模型很相似,格林豪斯先后于 1987 年和 1994 年将这些方法综合成一个五阶段模型,见表 6-5。

表 6-5 格林豪斯的职业发展五阶段模型

1. 准备工作与职业选择
典型年龄范围:0—25 岁,但有变动
主要任务:开发职业自我形象,评估各种职业,进行最初职业选择,获得必要的教育准备

2. 进入组织
典型年龄范围:18—25 岁,但有变动
主要任务:从令人满意的组织获得工作职位,根据准确的信息选择合适的工作

3. 早期职业的建立和发展
典型年龄范围:25—40 岁
主要任务:了解工作,了解组织规划和规范,融入所选择的职业和组织,提高能力,追逐梦想

4. 职业中期
典型年龄范围:40—55 岁
主要任务:重新评估早期职业和成年早期,重新确认或修改职业目标,做出成年中期的合适选择,保持在工作中继续富有工作能力

5. 职业晚期
典型年龄范围:55 岁至退休
主要任务:持续富有工作能力,维持自尊,为有效退休做准备

第六章 老员工的开发方法

职业发展五阶段模型中对每一阶段进行详细描述,且每一阶段都有其关注的重点。

第一阶段:工作准备(0—25岁)。这一时期的主要任务包括形成将要选择与从事的职业的概念并加以界定,为进入这些职业做好必要的准备。这些活动包括评估可能的职业、选择职业和获得必要的教育。有许多研究来识别影响职业选择的因素,至少有九种理论。一个人在此阶段所做的职业选择是最初选择而不是最后选择,因此主要任务是建立起个人职业的最初方向。

第二阶段:进入组织(18—25岁)。在此阶段,个人选择一个工作和组织,这一组织是他选择的一个职业领域。个人所获得信息的数量和质量将影响个人的最初选择,要么它是个人职业的成功导入,要么是一个错误的起点。在此阶段,个人所面临的困难是最初工作的挑战、最初的工作满意(通常比晚一点的职业阶段满意度低,因为最初期望和组织现实之间存在差距)和个人组织化(变成一个内部人员)。

该模型的最后三个职业阶段是按照利文森个体发展阶段来构建的(如成年早期、中期、晚期)。格林豪斯认为,这些发展阶段中的每一个任务都是影响职业发展的重要因素。

第三阶段:职业早期(25—40岁)。在此阶段,个人正在寻找自己在事业上的定位,追逐自己的生活梦想,在职业和组织中确定下来。必须面对的具体挑战包括技术熟练化和被组织文化同化,即学习其规范、价值观和期望。成功地解决这些挑战,能产生工作满意度、岗位和责任的提升,获得工资提升和社会奖励。总之,早期职业阶段是确定地位和采取措施的阶段。

第四阶段:职业中期(40—55岁)。按照利义森的模型,职业中期开始于生命中期的过渡期。因此,个人在职业中期面临的任务之一是,对早期职业中采取的职业结构和选择进行再检查。个人可能会确认或修改"梦想",做出与中年人相适应的选择和保持工作中的生产力。这一阶段对一些人是严重的危机,但对另一些人则并不一定是危机。职业中期经常发生的两件事是"职业高原"和"职业过时"。所谓"职业高原",指在工作责任和工作晋升上难以再得到提高了;所谓"职业过时",指发现自己的职业技能不足以完成新的职业技术变化的要求了。正如前面所说的,能够成功地解决这些挑战的个人将继续富于职业能力,而不能成功地解决这些问题的人就会体验到挫折和不振。

第五阶段:职业晚期(55岁至退休)。个人在职业晚期面临着两个挑战:第一,必须保持职业能力和维持自尊,有时会受到社会对老年员工的绩效和能力过时等负面观念的影响;第二,个人面临失业和退休的影响,退休会带来许多情感上、经济上和社会方面的变化。因此,个人应该提前制订退休后的工作计划。由于目前产业结构调整与社会保障制度的发展,组织试图削减人事成本,强迫一些员工比计划更早地退休,取消了法定的退休年龄和单位对退休金的管理,许多人会面临着一个没有退休计划的职业发展。有些个人不得不面临职业的重新变化,这必然会带来更多的问题。

格林豪斯模型有助于识别一个人职业生涯中典型的正常事件和经历的顺序。那些在生活中较快开始新职业的人,将会与模型中的年龄范围有所偏离,即使年龄有所不同,但面临的挑战却相同,个人要根据在特定职业发展阶段的其他问题来考虑如何规划它们。

(二)当代职业发展模式

当前,我国处于经济全球化、组织结构动荡化、职业技术革新化、工作关系团队化和雇佣关系不确定化的非常时期,这些变革对我们看待职业的方式产生了重大的影响。根据这种变化,一些专家例如霍尔(Hall)已经开始质疑传统的职业发展模式与当今世界的相关性。这些当代职业发展模式认为,个人和组织都必须保持灵活性和增加适应性,以便在高度变化和不确定的环境中获得成功。

当代职业发展模式的第一个观点是霍尔和米尔维斯(Mirvis)提出的"变化自如职业"的概念。"变化自如职业"的概念从希腊神"Proteus"得名,这位希腊神可以随意变化自己的模样。这一概念认为,驾驭自己职业的是个体而不是组织,个人在需要时可以重新创立其职业。个人在生活中搜寻自我价值和自我实现,其职业由工作选择和经历(工作、教育和其他)组成。每个人的职业是独特的,不需经历一系列关联的、可预测的阶段变化。"变化自如职业"包括任何灵活的、特别的职业过程,既有山峰又有峡谷,既有左拐弯,又有从一个工作转向另一个工作的右拐弯,等等。

这并不是说,在不同人的职业中没有任何共同的要素。"变化自如职业"观认为,终身学习和个人发展是职业发展的重心。因此,一个人的职业将可能由一连串的"探索—试验—掌握—退出"等小的阶段(或较短周期的学习阶段)组成,个人可以在不同的产品领域、技术领域、组织和其他工作环境中出入自如。按照这种观点,一个人的生理年龄并不重要,重要的是所谓的职业年龄或个人在特定循环中的年数。

"变化自如职业"的基本要求是,必须有积极的职业管理。霍尔和米尔维斯认为,尽管变化自如职业较自由和令人快乐,但是它也有负面影响,包括恐惧、不确定、快速变化等,丧失了个人过去常常用以识别自己和感知世界的支持,例如,按工作名称和与雇主关系来界定自己。

当代职业发展模式的第二个观点,即"多职业概念模型"。该模型提出了四个不同职业经历的模式。这四个模式的特点在于:"不同的时间内,各类工作内部及跨工作的运动方向和频率不同……四个中的每一个都有不同的动机。"这四个职业发展模式如表6-6所示。

表6-6 当代四种职业发展模式及其特点

职业发展模式	模式特点
直线型	通过组织层级运动至更大权力和更大责任的职位; 动力是权力和成就; 变动的时间是线条; 美国的传统职业观
专家型	致力于专业发展; 强调建立某一专业方面的知识和技能; 较少是传统层次上的向上运动,更多的是从学徒到师傅; 由获得能力和稳定的欲望来推动; 根植于中世纪行会观念
螺旋形	跨相关职业、学科或专业的终身的周期性(7—10年)运动,在继续运动前有足够的时间进入特定区; 可以获得较高层的能力; 动机包括创造力和个人成长

续表

职业发展模式	模式特点
短暂性	在不同或不相关工作之间及其领域内频繁地变动； 非传统； 动机包括追求独立和变化

布鲁索特(Bulusuote)等人1996年讨论认为，这四个模式可以进行不同的组合，形成许多新的综合模式。传统职业管理比较偏向于直线型或专家型职业模式，但现代职业管理则偏向于短暂性或螺旋形职业模式。因此，组织和个人依据所面临的挑战，正以所谓的多元形式来进行职业管理。这种职业管理形式将组织的战略、文化与个人的职业发展模式匹配起来。

(三) 传统和现代职业模型的权衡

如果我们要问哪个模型更为科学，那么比较可行的回答是，需要依赖于与你交谈的对象和他所从事的工作情况而定。有些组织和产业仍然与传统的模型相吻合。比如，即使美国面临着技术变化、经济衰退和政治压力，但是其邮政服务仍然保证其员工雇用的安全。在其他组织和产业中，传统模型则不太合适。比如，在信息产业部门，高速变化导致了新的组织结构、非传统雇用模式的空前增长。另外，在一些产业，已经出现了一些传统职业发展模型的替代形式。比如，在财务、法律等专业服务公司和艺术娱乐、电影业等，职业发展模式很少符合传统的阶段发展模式。

尼科尔森(Nicholson)1996年提出，个人、组织和专家不是仅仅用一套职业发展理想模式来代替另一套，而是从实际出发探索适合个人发展的不同模式。从这个意义上说，我们对现代的"变化自如职业"的模式表示欢迎。这种观点促使人们回顾与检讨过去自己多种可能的偏见或陈见，并鼓励个人和组织提出一些能满足其特定需要的目标与方式，来管理和规划员工的职业发展。显然，任何职业发展模式不可能适合所有的人。个人应该为自己的生活和工作负责，组织也负有职业管理的责任，这既有利于组织的利益又有利于员工的利益。

第六章 老员工的开发方法

然而,否认与放弃职业发展的年龄阶段模型的观点是偏激的。尽管每个人的职业发展都是独一无二的,但其中有一些共同的东西。许多人在不同的生活和职业阶段都会经历一些相同的事件和转折,并客观地受到其观点、决策和行为的影响。虽然阶段模式理论具有一定的概括性与分解性,但是这种划分不是目的,不是要机械地将每个人的职业发展过程分成特定的几个阶段,而是为了更好地理解他们在不同的职业和生活阶段中职业是如何展开和如何联系的。

总之,职业发展阶段模式和职业发展变化模型,为职业发展规划与管理的实践提供了坚实的基础。通过理解这些模型中提出的问题,个人可以更好地考虑、规划和管理自己在职业发展过程中的各种经历与转折,能帮助组织提高指导与管理员工解决职业转折困难的战略和战术。这些模式还能创立既满足组织 HRD 需要又满足员工自我发展需求的职业管理制度。

第三节 职业发展规划与管理的实施

一、职业发展规划的基本步骤

职业发展规划的过程主要包括确定职业志向、任职人条件分析、职业机会的预测与评估、职业内容选择、职业发展路线设计与比较、职业发展目标的锁定、行动计划的制订、评估与反馈等八个步骤,其操作程序如图6-5所示。

(一)职业志向确立

志向是事业成功的基本前提。北宋时期我国的哲学家张载认为:"志大则才大,事业大,……志久则气久,德性久。"明代的朱熹认为:"士之所以能立天下之事者,以其有志而已。"因此,在制订职业发展规划时,首先要确立职业志向,这是职业发展规划制订的基础与关键。职业志向的确立完全由员工个人决定,组织只起咨询服务作用或参谋作用。

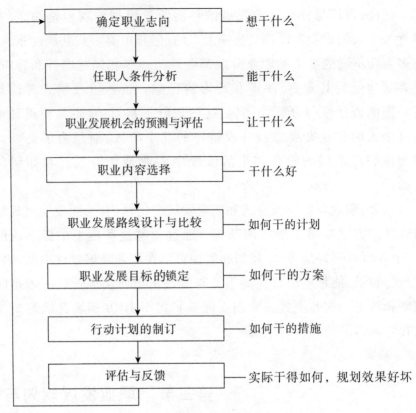

图 6-5　职业发展规划操作流程图

（二）任职人条件分析

任职人条件的分析既包括任职人的自我分析，又包括组织的分析。分析的内容包括知识、技能、能力、品德、性向、兴趣、特长、性格、气质、价值取向、工作动机等。任职人条件的分析是职业发展规划的依据，不可缺少。

（三）职业发展机会的预测与评估

职业发展机会的预测与评估，主要指对任职人所在组织内外环境因素影响的分析，并对有关的职业发展的机会及有利因素、不利因素进行预测与评估。预测与评估的内容包括组织环境、政治环境、社会环境与经济环境。在组织环境中，又需要进一步分析组织发展战略、人力资源需求、晋升发展机会等，主要表现为对人力资源规划的了解与分析。这一步工作可由员工个人与组织共同完成。

（四）职业内容的选择

职业内容的选择主要是根据任职人所具备的条件的分析、职业发展机会的预测与评估的结果，对任职人究竟应该从事何种职业作出判断与选择。这一步工作可以由任职人自己决定，也可以由任职人与组织共同商定。

（五）职业发展路线设计与比较

具体的职业种类确定之后，还需要设计具体的发展路线。例如，选定在公司财务部后，还需要进一步考虑与比较以下几种发展路线，并从中确定一种：（1）向行政管理方面发展；（2）向业务方面发展；（3）先向行政方面发展之后再专心搞业务；（4）先在业务上干出点成绩再搞行政管理。这一步应该由员工个人与组织共同讨论确定。

（六）职业发展目标的锁定

具体职业与发展路线确定之后，就要制订出每一步的发展目标。发展目标一般分为短期、中期、长期与终生目标四种形式。短期目标中又可以进一步具体为日目标、周目标、月目标、季目标、半年度目标与全年度目标。

长期发展目标可以帮助员工集中意志与潜能，保持各个时期努力行为的一致与连贯性。长期发展目标应该具备以下条件：（1）具有长远的战略视角；（2）符合市场发展的趋势；（3）充分估计了风险；（4）建立在详细的调查研究基础上；（5）是根据任职人的条件与职业发展的可能性，从几个发展目标中选出的最佳目标；（6）具有令人振奋的发展远景。

如果员工缺乏职业发展的长期目标规划，那么就很难确定自己要干什么，很可能是做一天和尚撞一天钟，不太会自觉自主地集中力量去增强自己的职业能力与经验。

进行长期发展目标规划对组织十分有利。组织可以由此规划人力培训与升迁通道，尽量从内部培养人才，协助员工发展，使员工为组织的远景发展尽力尽责；组织可以让新员工感觉到，只要肯努力，就有发展机会。这样不但能降低员工离职率，还能让员工增加工作效率与成就感。

然而光有长期发展目标,缺乏明确而清晰的短期目标,也无助于长期目标的最终实现。短期目标应该具体明确与切合实际,要有时间性、挑战性与成就性。短期目标包括成就目标与条件目标两种。所谓成就目标,是指可以用数据或客观指标来界定所达到目标的程度;所谓条件目标,是指为了达成所订立的目标而应具备的知识、技能与品性素质要求。

短期目标一般以一年为限,制订时应注意以下要求:(1)表述力求明确清晰;(2)要注意与长期目标相配合;(3)有明确的判定指标与完成进度;(4)切合实际而非空想;(5)具有明确意义与价值;(6)具有明确的完成期限;(7)具有达到目标的能力要求;(8)了解实际环境以帮助目标的推进;(9)目标依次按重要性标明区分;(10)目标内容力求简要,数目不可太多。

（七）具体措施与行动计划的制订

具体的职业发展目标锁定之后,就要针对每个目标的实现制订具体的计划、方案与措施,具体落实各项计划,主要包括配置、训练、教育、轮岗等各方面的措施。

（八）评估与反馈

职业发展规划主要是根据以往的情况来制订。实际影响职业发展规划的因素很多,它们随时随地都在发生变化,而有的变化事先难以预测,因此,职业发展规划在实施过程中应根据实施的结果适当地加以修正与调整。

二、职业发展管理流程

为了有效地进行职业发展管理,首先必须了解管理过程中可能涉及的各种影响因素,其次明确各种导向模式,再次明确各管理主体的分工,最后还要明确有关的经验与方法。

职业发展管理工作的流程如图6-6所示。

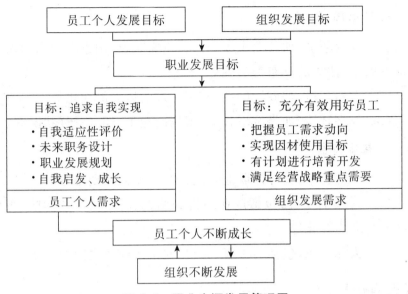

图 6-6 职业生涯发展管理图

资料来源:张添洲:《生涯发展与规划》,五南图书出版公司 1994 年版,第 183 页。

(一)影响职业发展管理的因素

1. 个人因素

(1)心理特质,每个人都有其独特的心理特质和个性,如智能、情绪能、性向、潜能、价值观、兴趣、动机等。

(2)生理特征,包括性别、身体状况、身高、体重以及外貌等。

(3)学历经历,包括所受的教育程度、训练经历、学业成绩、社团活动、工作经验、生活目标等。

2. 组织因素

(1)组织特色,包括组织文化、组织规模、组织气氛、组织阶层、组织结构等。

(2)人力需求,包括组织人力需求的预测、人力规划、人力供需、升迁政策、招募方式等。

(3)工作分析,诸如职位分析、工作能力分析、工作绩效评估、工作研究等。

(4)人力资源管理政策,包括人事管理方案、工资报酬、福利措施、员工关系、发展政策等。

3. 环境因素

（1）社会环境，如就业市场的人员供需状况、国家有关人事劳动方面的政策、法规的颁布与实施等。

（2）政治环境，如政治的变动、国际政治风云的变化等。

（3）经济环境，如经济增长率、市场的竞争、经济景气状况等。

4. 其他因素

（1）家庭背景，父母的职业、社会地位、家人的期望等。

（2）科技的发展，包括产业结构的调整、高新技术的影响、现代化技术发展与转化等。

（3）人际关系，包括与主管、客户、同事或部属之间的关系等。

（二）职业发展管理的战略导向

目前组织内职业发展管理的战略导向大致有三种，即以学习为导向的职业发展管理、以能力为导向的职业发展管理和以建立共同价值观为导向的职业发展管理。这三种职业发展管理的现代战略代替了传统的以个人或以组织为导向的职业发展管理战略。

1. 以学习为导向的职业发展管理

21世纪是高新技术经济迅速发展与成长的时代，对于企事业组织来说，为了适应这一时代的变化，学习是唯一的发展战略。学习成为员工个人与组织发展的重大需要。彼得·德鲁克（Peter F. Drucker）认为，学习型组织是未来组织发展的模式，学习是生产活动的中心，学习是新工作方式的代表。组织为了开发与利用内在的各种资源与潜能，就必须进行持续性学习，学习变成了解决组织与员工个人问题的核心。《第五项修炼》的作者彼得·圣吉（Peter M. Senge）认为，未来最成功的组织将是学习型的组织。因为未来唯一持久的优势，是有能力比你的竞争对手学得更快，学习将成为员工个人与组织发展中最有效的手段。学习是挖潜现有员工与组织能力的有效工具，是保持员工与个人适应不断变化的市场与技术环境、实现持续发展的关键。建立以学习为导向的职业发展管理模式，要注意引导员工个人改善心智模式，建立共同远景，团队学习，系统思考，实现自我超越,实现学习、挖潜修炼与发展的转变,这是强化员工与组织竞争力的关键所在。

2. 以能力为导向的职业发展管理

克内菲尔坎姆(Knefelkamp)与斯列皮兹(Slipitza)认为,在员工个人与组织的不同发展阶段,需要有针对性地进行相关的能力建设与开发,才能面对新技术与市场环境的挑战。关于这些能力的内容与开发目标见表6-7。

表6-7　不同职业发展的问题、任务与开发措施

发展阶段	面临的问题	开发目标	能力建设内容	开发措施
35岁以前的探索阶段	1. 第一位是要保住工作; 2. 学会如何处理和调整日常工作所遇到的麻烦; 3. 为成功地完成所分派的任务而承担责任; 4. 确定适合自己能力的工作单位或职位	1. 了解和评估相关职业与组织的信息; 2. 了解职务说明书; 3. 了解如何与其他人、同事搞好关系; 4. 开发某一方面或多方面的专业技能	1. 积极培养扮演新角色、自我调整、持有开放性的态度; 2. 培养自我肯定的能力; 3. 学习相关经验,树立自信心; 4. 增加锻炼机会	1. 适时进行信息反馈与咨询指导、帮助个人认识自我; 2. 适时分派资深员工进行协助与指导; 3. 适时进行工作轮调,给予工作锻炼的机会,使其积累工作经验
35—45岁的建立阶段	1. 选择专业并决定应承担的义务; 2. 确定专业方向与组织发展的一致性; 3. 重新确定前进的进程和目标等; 4. 在几种可能的职业发展路线中做出选择	1. 开发更为宽广的职业与组织选择空间; 2. 了解与掌握自我评价的方法与信息; 3. 了解如何正确处理工作、家庭与其他利益之间的矛盾	1. 积极培养管理、沟通、分析与综合方面的能力; 2. 培养实事求是、客观与科学的处事态度	1. 建立评估系统,包括自我评估、组织与政策评估、人力资源管理评估等; 2. 及时与员工商讨,了解有关问题与要求,帮助其成长,并培养相应的能力

续表

发展阶段	面临的问题	开发目标	能力建设内容	开发措施
45岁以后的维持或后继阶段	1. 承担更大的责任或收缩某方面的责任； 2. 培养关键性的下属； 3. 退休	1. 扩大和加深兴趣的广度与深度； 2. 了解其他综合性的成果； 3. 了解如何合理安排生活、避免被工作所控制	1. 对相关职业能力持续开发； 2. 对指导能力进行开发与培养	1. 以工作满意度与专业进展为成功的评估标准，而不是以晋升为评估标准； 2. 控制工作欲望，以扮演新角色、追求工作生活品质的提升为主要目标

3. 以建立共同价值观为导向的职业发展管理

组织与员工之间的分歧很大程度上在于价值观的取向不同，因此在组织与员工个人之间致力建立一种共同的价值观十分重要。建立共同价值观的活动包括组织与员工个人之间要力求在共识与远景上达成一致。

美国微软公司前总裁比尔·盖茨认为，他的事业之所以能够成功，很重要的一点就是他能让员工与组织一起专注长期目标，达成如下的共识与远景目标："每张桌子都有一个电脑，人人都可以用手指简单的动作来取得详细的资料。"迪斯尼乐园的成功是员工们达成了"要使人人都开心"这一个共识与远景。这种共识与远景是一股迈向长远成功的积极力量，鼓舞着组织与员工不断朝向美好的共同远景而努力。

三、职业发展管理模式

（一）以个人为导向的管理模型

在职业发展管理过程中，个人会面临许多决策和措施。格林豪斯和卡拉南（Callanan）都提出了一个如何管理职业发展的模型。该模型描述了一个比较理想的职业发展管理程序，即人们将可能采取的职业发展管理方式,而并不是人们实际的发展模式。该模型表明,有效的职业发展管理在个人做出职业抉择的时候就开始了。这些反应包括八种活动:职业探索、自我和环境意识、目标设定、规划开发、规划贯彻、朝目标前进、工作和非工作源反馈以及职业评估。这些活动的详细描述见表6-8。为了完成这些活动,个人可以运用信息、机遇,并获得家庭、教育、工作和社会机构的支持。该模型表明,职业发展管理有一系列的操作步骤,其进展顺序对每个具体的个人来说可能不同。

表 6-8　职业管理活动

1. 职业探索。职业探索包括收集关于自己和环境的信息。比如,一个从事职业探索的年轻妇女,会收集其技能、价值观和偏好的信息以及可能得到的工作和组织的有关信息
2. 自我和环境意识。成功的职业探索会加深个人对自我、对环境所具有的机会和制约因素的了解。这种对自己和环境的了解,会导致个人设置或修改已有的职业目标,如果目标已经设定,就会进行战略开发
3. 目标设定。职业目标是个人决定要努力达到的结果。这类目标或许具体,如我想到35岁成为财会公司股东;或许抽象一点,如我想成为一个成功的受人尊敬的厨师。如果职业目标是基于对自己和环境的了解而制订的,就是现实的
4. 规划开发。一个职业规划是完成职业目标的具体行动计划。有效的规划应该包括要完成的行为和完成的时间表。这里所介绍的许多HRD实践和计划,可以作为个人职业发展的一部分,比如,一位警官的职业发展目标是成为一个中士,他的发展规划会包括参加大学或其他培训课程、通过中士考试。如果规划是基于对现实的自我和环境的了解,就会更有效。格林豪斯于1978年列出七种职业发展规划:增强当前工作的能力、更加投入工作、开发技能、开发机会、培养导师关系、形象建设和参与组织政治
5. 规划贯彻。规划贯彻包括执行个人开发的战略。遵守一个现实的规划而不是一个没有清晰界定的计划,将会增加职业目标达成的可能性。如果有计划可遵循,目标则较易达到。然而,一些人可能制订了详细的计划,但却没有成功执行。规划的贯彻执行能促使员工不断地向目标前进,并且得到工作源和非工作源的反馈
6. 朝目标前进。朝目标前进是指个人接近职业目标的程度
7. 工作和非工作源反馈。有关职业目标进展价值的信息,可以来自工作源,例如工作合作者、主管和专家,以及非工作源,例如朋友、家人和老师
8. 职业评估。有关职业目标进展的评估反馈信息,可用于个人对自己的职业进行评估。这种评估会导致对职业的重新探索,职业管理过程会在另一个活动循环中继续

职业发展管理周期是一个解决问题、做出决策的过程。收集了一些信息后，个人对自己和周围世界更加了解。个人设定了目标，开发和实施了制订的计划或战略，并获得了一些反馈，这将为不断变化的职业发展管理提供更多与更有效的信息。具体过程如图6-7所示。

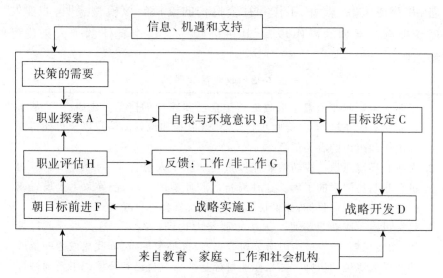

图6-7 职业发展管理模型

资料来源：J. H. Greenhaus, *Career Management*, Hinsdale, IL: The Dryden Press, 1987, p.18。

职业发展管理过程是一个不断进行的循环活动。职业抉择往往来自于个人对自己既有职业的质疑，以及包括雇用、减员、兼并或收购等组织的决策与环境变化。

值得注意的是，个人提升和满意不一定是职业管理成功的可靠指标。职业发展管理模型的运用包括对自己和环境的了解、目标的实现、职业战略和不断的反馈，这些才是职业成功的更重要的指标。

图6-6所示模型可以帮助组织和员工更好地理解有效的职业发展管理到底需要采取什么措施。显然，建立职业目标并朝着它努力对每一个员工都是必要的。鼓励员工以这种方式管理职业的发展，对每一个组织是有益的。由于流动和退休而导致的关键人物的丧失，以及应对竞争和其他环境的挑战，使得组织的需要随着时间的改变而改变。协助员工完成好职业发展管理过程，能够保证组织得到足以完成重要任务和目标的人力资源。

（二）以组织为导向的职业管理模型

格林豪斯模型是以个人为中心，其他专家提供的模型是以组织为中心。下文将对其中三个加以简要描述。

1. 多元方法模型

正如前面描述的，布鲁索特等人认为，至少有四个职业发展模式代表着员工可以选择的职业模式。他们还认为，组织应有反映这种模式的职业变化特征，即直线型、专家型、螺旋形和短暂性。组织的职业变化包括组织的结构、有价值的绩效因素和给员工提供的奖励。同时，组织的职业变化应该支持其战略方向，如寻求分散投资的组织应采取螺旋形的职业发展模式。

布鲁索特等人认为，职业规划管理的多元方法可以作为一个组织和个人对职业发展管理的联合方式。他们认为，组织和员工作为一个联合整体会从多元方法中受益，它将各种数量和类型的组织结构与许多不同的职业经验机会相结合。组织将保留足够的结构以维持一定的核心能力和组织领导，而利用更少的结构化安排来满足外部变化和不断增长的需要。

布鲁索特等人操作化地提出了三类多元化的职业发展管理方法：(1) 顾问；(2) 个人职业发展规划合同；(3) 自助餐方法，包括许多职业通道的选择、培训机会的选择、绩效评估计划和奖励制度的选择，据此可以做出符合自己职业发展目标的选择。

设计和管理多元的职业发展变化，要不断地评估组织战略、员工职业规划和动机之间的差距，识别最优的组织结构，然后识别和执行合适的职业发展管理实践。

2. 职业发展管理系统模型

尼克尔森认为，职业系统有三个主要要素：(1) 人员系统，包括甄选、培养和激励人力资源；(2) 工作市场系统，包括发展的机会；(3) 管理和信息系统，它可以促进人员、观点和信息的交流。

考虑到组织所面临的竞争性环境，尼克尔森认为，将这三个系统联系起来是职业发展管理的关键。他认为，职业发展管理必须通过信息系统，将人员系统和工作市场系统联系起来。

通过确保信息的到位,建立和维持公司间人员和工作数据库形式的合作。尼克尔森认为,这样将给组织和个人获得完成职业发展目标的各种知识。他认为,该系统给个人带来的结果包括工作和人员相匹配,给组织带来的结果包括更好的团队工作、使团队充满灵活性和活力。

3. 以团队为基础的职业发展模型

许多组织都在朝以团队为导向的结构转化,因此将团队经验用于职业发展管理是可能的。斯安尼(Cianni)和伍纳克(Wnuck)于1997年指出,在以团队为基础的组织中,职业发展的责任由个人、团队和组织分担。一个职业发展模型能促进个人的成长和保证团队的发展。斯安尼和伍纳克认为,团队职业发展模型的基本特征如下:(1)团队成员作为角色模范;(2)团队奖励那些促进团队绩效和成长发展的行为,奖励那些促进个人成长和发展的行为;(3)团队确定团队和个人的培训机会;(4)团队集体晋升到组织更高层;(5)组织评估团队,团队评估个人。

该模型规定了团队在不同职业发展阶段的活动。第一阶段,将个人融入团队,包括团队能力和项目管理培训、团队建设、技能和人员风格评估;第二阶段,继续开发团队,包括团队问题解决和绩效监督培训、任务轮换和辅导;第三阶段,使团队更独立和更负责,包括了解组织所用工具的培训、能力潜力评估、领导轮换和让成员组织第一阶段团队活动的可能性。

职业发展的团队模型的优点包括生产率的提高、忠诚度的增强、组织灵活性和留住高绩效者。但是,并不是所有团队都能从该方法中受益,斯安尼和伍纳克指出,该模型旨在帮助组织扩展新的市场或建立新的项目。

四、职业发展管理中的角色定位

(一) 个人的角色

每一个人都对自己的职业负有基本的责任。尽管过去有许多员工感到可以将职业发展的责任交给组织,但当前组织和员工之间契约关系的频繁变化,使得每个人都应该意识到员工个人对自己的职业发展要负起责任。每个个体要改变自己的职业管理态度,从消极被动转变为积极主动。

进行有效的职业发展需要何种能力呢?专家们提出了各种观点。霍尔于1996年提出将职业发展视为终生学习,认为人们必须学习如何学习,自己获得知识,变得更具适应性。其他一些专家如福克斯(Fox)也于1996年提出个人应具备做出决策和接受任务的能力,善于学习和不断开发新的工作技能。

琼斯(Jones)和迪菲利皮(DeFillippi)于1996年概括了成功人士职业发展所具备的六种技能:(1)知道是什么——了解职业发展机会、威胁和要求;(2)知道为什么——了解追求职业的目的、动机和兴趣;(3)知道在哪里——了解在职业系统中进入、培训、提升的地点和界限;(4)知道是谁——了解自己可以获得的机会、资源及其支持者;(5)知道何时——了解职业时间的安排和活动选择;(6)知道怎样——了解和获得有效完成任务和责任所需的技能和能力。

每一种能力都面临一定的任务,如对付不确定性、管理职业活动、建立职业发展通道、控制关系、安排职业时间和促进协作。事实上,琼斯等人认为,与某些人及资源形成一定的关系并在这种关系中工作,是职业管理发展最基本的任务和能力。他们认为,以上六种能力是互相关联的,了解"什么、哪里和何时"有利于形成对职业的初步了解,而知道"为什么、谁、怎样"则为职业发展管理提供了自我认识。

(二)经理的角色

职业发展管理过程给许多经理和主管提供了管理的权利与机会。比如,在职业评估中,主管可以指出有关员工的突出能力和缺点。主管能提供组织内职业发展通道和机会的信息,支持员工的职业发展规划,例如提名员工参加培训、调整员工的日程、允许他们参加培训项目,发挥职业发展过程中的核心反馈源作用。

在员工职业发展管理过程中,经理充当以下四种角色:(1)辅导者——倾听、澄清、探讨和界定员工职业的人;(2)考评者——评价、澄清绩效标准和工作责任的人;(3)顾问——指导职业选择、帮助设置目标、作为推荐和提供建议的人;(4)协调者——就行动计划与员工协调,在员工与可得到的人力和资源之间建立联系。

前面提到,主管的参与是职业发展过程中取得成功的一个关键因素。表6-9展示了一个角色培训提纲,经理和主管可以参考进行训练。

表6-9 经理和主管在职业发展管理中的角色培训设计

第一天:
1. 回顾与重温开发方案;
2. 确认目标和目的;
3. 制定职业发展模型;
4. 分析评估经理在职业辅导中的优点;
5. 充当辅导角色;
6. 实践辅导技能和行为;
7. 充当评估者角色;
8. 实践评估方面的技能

第二天:
1. 充当顾问角色,了解组织;
2. 进行多重角色设定;
3. 进入咨询角色,进行领域分析;
4. 发展规划;
5. 进行职业讨论,包括气氛建设、角色澄清、建立合作和结束活动;
6. 进行结束性评估

资料来源:I. B. Leibowitz, *Designing Career Development Systems*, C. Farren Tossey-Bass Inc., 1986, p.130。

(三)人力资源开发专业人员的角色

在许多方面,HRD专业人员在职业发展管理中的角色,与在其他HRD活动中的角色相同,即采取一定的措施来帮助组织和员工完成其目标,包括帮助组织与员工完成需求评估、职业设计、方案执行与效果评估等任务。

霍尔1996年就HRD专业人员如何帮助员工成为自己职业的主人,提出了以下建议:(1)以承认员工"拥有"其职业为起点;(2)为员工的开发努力提供信息和支持;(3)承认职业开发是一个关系协调过程,在这一过程中任职者发挥着协调的作用;(4)成为职业信息和评估技术专家;(5)成为职业服务和新职业合同的专业咨询者;(6)宣传与促进职业规划,而不是制订职业规划;(7)通过工作中的关系促进与宣传学习;(8)成为组织变革的建议者。

关于职业发展管理过程中不同主体的角色定位,有关学者作了较为全面的总结,分析了不同的角色对职业发展规划应负的责任,见表6-10。

表6-10　组织中不同角色在生涯发展活动中的职责

职业规划活动	职业管理活动
员工的责任: 1. 确定自己的能力 2. 分析职业选择 3. 决定发展的目标与需求 4. 与主管沟通发展的取向 5. 与主管一同制订可行的方案 6. 朝既定的行动方案努力	员工的责任: 提供准确的资料给主管,内容包含技能、工作经验、兴趣与职业期望
主管(经理)的责任: 1. 帮助员工,把他们导向正确的发展道路 2. 分析评估员工所陈述的目标与需求 3. 协助员工完善彼此可接受的方案 4. 适度地提醒员工朝目标努力或修正原来的计划	主管(经理)的责任: 1. 确认员工所提供的讯息是否有效 2. 给员工提供未来职位晋升的讯息 3. 确定未来职位可能发展的途径 4. 确定职业发展的选择方案(包括工作机会、训练方案、工作轮换计划),使员工适才适所
组织的责任: 1. 提供个人职业规划的方式、资料、咨询等所需要的协助 2. 提供适当的职业发展训练,对象包括员工与主管 3. 提供技能训练方案以及在职发展的机会	组织的责任: 1. 提供资讯查询系统与流程,以配合主管决策之需 2. 组织并定期更新所有的资讯 3. 确保资讯有效使用:设计便利的方式来汇集、分析、解释、使用资讯;监督并评估职业发展过程的有效性

资料来源:李声吼:《人力资源发展》,五南图书出版公司1998年版,第167页。

首先,在员工职业规划方面,必须确定个人较有兴趣的工作与期望,并要求其主管或组长讨论个人的工作期望与职业选择。相对地,在职业发展管理方面,员工应提供职业发展过程中的有关资讯给公司或组织。

其次,在经理对员工职业规划的责任方面,由于经理的角色是协调个人需求与组织需求的差异,因此,经理的角色偏重于咨询者与指导者。经过工作行为的考核和面谈,经理可以帮助员工描绘自己职业计划的清晰蓝图,并由教育与训练方案来提供所需的知识技能。在职业发展管理活动方面,经理的角色是提供组织内发展的资讯查询系统与可能的机会。

最后,组织对员工职业发展规划所应尽的责任,是支持员工与经理对职业规划的努力与尝试,并提供必需的资讯与训练。此外,在职业发展管理的功能方面,则是积极寻找组织和职业发展的相关资讯。

总而言之,职业发展规划不仅对员工个人的前程深有影响,而且对组织的未来亦极为重要。因此,组织应提供适当的职业发展规划方案与发展协调方案,由主管或特别工作组适时对员工个人在工作上提供协助与指导。职业发展规划对个人与组织都是前瞻性的规划,尽管影响变数很多,但是组织如果能根据员工职业发展阶段中的特性,协助员工进行职业发展管理,并建立人力资源资讯系统以便适当地规划人力,进而提升组织整体生产力,对当前企事业与行政组织确实十分有益。

关于职业发展规划的管理,我国学者孙彤提出了以下几点建议。[①]

(1)充分注意职业发展规划正负两方面的效果。职业发展规划具有正负两方面的作用。当员工期望适当时,职业发展规划就能促进员工的上进心,提高工作效率,改善组织效应;反之,如果员工期望过高,例如非要五年内当上总工程师,那么就容易失望与离职,甚至出现组织分裂。

(2)制订职业发展规划要留有余地,执行规划要有灵活性。在职业发展规划目标与实施方案中,要有高、中、低三种标准,执行时根据具体情况与环境,灵活选择与操作。

(3)在进行职业发展规划的过程中,要为所有员工提供平等就

---

① 孙彤主编:《组织行为学》,高等教育出版社1990年版,第343页。

业与就职的机会。

（4）指导员工既要了解自己又要了解职业与职位。

（5）指导员工把生活提升规划与职业发展规划有机地结合起来。

第四节　老员工开发的实践活动

通过对许多大型组织的 HRD 活动调查后，格特里奇（Gutteridge）、莱博维茨（Leibowitz）和肖尔（Shore）将老员工的开发活动形式归成六类：员工自我评估活动、个人咨询或职业讨论、内部劳动市场信息交换、工作匹配系统、组织潜在评估程序和开发项目。表 6-11 列出了这六类活动的适用项目、场合及其比例。

表 6-11　员工职业开发形式

实践使用项目	使用的百分比
（一）员工自我评估活动	
1. 退休前的培训班或研讨会	46%
2. 职业计划培训班	34%
3. 职业工作手册（单独）	18%
4. 电子指导书	13%
（二）个人咨询或职业讨论	
1. 主管或一线经理	83%
2. 人事管理员	83%
3. 特别辅导者	
（1）内部	24%
（2）外部	17%
4. 高级职业顾问	22%
（三）内部劳动市场信息交换	
1. 职业通道设计或双职业通道	34%
2. 职业介绍中心	22%
3. 职业信息手册	20%
4. 其他职业信息	22%
（四）工作匹配系统	
1. 工作海报	84%
2. 替代或接任计划	65%

续表

实践使用项目	使用的百分比
3. 内部安置制度	56%
4. 非正式讨论	52%
5. 技能存量目录或素质清单	37%
6. 人事委员会	24%
(五)组织潜在评估程序	
1. 回顾程序	68%
2. 工作分配	65%
3. 晋升预测	46%
4. 心理测评	34%
5. 评价中心	14%
(六)开发项目	
1. 费用报销	95%
2. 室内培训和开发项目	92%
3. 外部讨论会和研讨会	91%
4. 员工定向	86%
5. 工作轮换	54%
6. 职业讨论的主管培训	44%
7. 工作丰富化或工作再设计	41%
8. 导师制度	21%
9. 双向职业配对项目	8%

一、自我评估

自我评估活动如自我评估工作手册、职业计划研讨会,强调为员工提供系统的职业鉴别能力和职业偏好的调查方式。自我评估最好作为职业管理程序的第一步,而不是职业管理中的唯一活动。自我评估活动可以由个人、团体单方面或两种方式相结合来完成。

有效的自我评估应该达到以下要求:(1)为自我评估经历设定阶段;(2)帮助个人探究其价值观、兴趣、技能、情感、个人素质、时间目标和决策风格;(3)有助于回答诸如"我是谁?""我的生活和职业要达到什么目的?""我怎样达成自己的职业目标?"等问题。

第六章 老员工的开发方法

（一）自我评估工作手册

自我评估工作手册提供了一些信息和一系列实践指导，可以帮助个人发现自己的价值观、能力和偏好。这些手册可以从第三方购买。

由第三方设计的自我评估工具的优点是：可以随时买到，由职业开发专家设计。然而，它们不是为特定的组织和职业发展战略设计的，HRD人员需要开发一些补充材料来弥补这些工具的不足。

自我评估工作手册可能会更好地使员工获得了解组织内各种资源的机会。这类手册的内容包括：组织职业发展政策和相关程序说明；组织结构、职业发展通道和工作说明；相关培训、教育和开发课程；员工如何获得更多信息的指南，如组织内掌握资源人物的姓名、地址和电话号码等。

工作手册中包含的内容还可以通过计算机网络来发布。比如，美国军队就使用了军官微机自我评估系统"军官职业信息和计划系统"（OCIPS）；美国大学生测试项目组编制了一个叫DISCOVER的微机系统，该系统提供了工作手册中类似的职业信息和自我发现练习测评量表。

使用自我评估工作手册和微机手段的优点之一是，它们根据员工个人的需要而完成，是一对一的方式。在一个互动团队讨论中提供自我评估信息也是有益的，因为可以分享和交流各自的感悟。此外，职业计划中退休前的研讨会也可达到此目的。表6-12详细地列出了使用职业工作手册的优缺点。

表6-12 职业工作手册的优缺点

优点：
1. 能为自我设立职业计划进程和速度提供一个结构的方法；
2. 可以单独使用或作为其他职业开发方法的补充，可以提高职业研讨会和职业顾问工作的效益和效率；
3. 适合低成本地、大规模地运用于各个不同的组织层级和各个不同的生活或职业阶段；
4. 它是完全秘密的，不会泄露可能是机密的内容；
5. 适合在一段时间内而不是在一个或两个密集场合中进行职业计划；
6. 强调通过自我引入探究和发现的方式进行学习；
7. 没必要进行个人或团队的计划和召集

续表

缺点：

1. 一些个人会没有耐心读完所有材料；
2. 可能是一个人的单独经历，许多人需要团队提供信息，并进行反馈和强化；
3. 工作手册常常过分强调职业计划而牺牲了执行的可能性；
4. 很可能将职业工作手册与其他职业开发程序，如主管职业讨论，结合起来；
5. 职业工作手册通常假定所有职业问题都类似，因此，不能回应特定目标团体如妇女、少数民族成员以及职业中期员工的独特需要；
6. 害怕与其他人主动打交道的个人难以将其学习范围拓展为自我知识以外；
7. 需要可观的起始投资

（二）职业计划研讨会

像其他自我评估方法一样，职业计划研讨会提供了一个结构化的程序，被开发者可以在其中发现、分享和讨论自己的优缺点（强项、弱项）、目标和价值观等信息。研讨会可以有一个或更多机会，介绍并强调什么是发展规划和职业发展管理。被开发者通过与促进者及其他参与者的讨论，来检验自我发现阶段所获得的洞察力，识别可能的职业发展方向、发展机会和职业目标的设定等。

职业计划研讨会包括个体和团队两个层面。团队职业研讨会的优缺点见表6-13。

表6-13　团队职业研讨会的优缺点

优点：

1. 为职业计划提供了一个具体的结构，提高了参与者完成计划任务的可能性；
2. 由于事前安排好了时间和地点，研讨会可以帮助参与者决定何时进行职业规划；
3. 它是传达组织职业开发理念的有益工具；
4. 为参与者提供了互相学习的机会；
5. 能提供一个非威胁性的环境，参与者可以在其中完成某些测评；
6. 团体互动本身可以带来快乐

续表

缺点：
1. 召集一批关键人物来参与研讨会，费用和后勤保障可能花费较多或有困难；
2. 如果没有很好地设计和执行，研讨可能很有趣，但却没有什么成果；
3. 通常，最重要的职业思考不可能在一个或两个集中的会期中完成，职业选择的过程需要一段时间才能完成；
4. 一些最重要的职业计划能力不可能在课堂内充分获得，如自我主动探究和现实检验，必须在工作或在家中加以实践；
5. 参与者由于年龄不同以及所处的职业阶段、学习风格等差异，或没做好准备，或不乐意同时完成同样的事；
6. 从同一个公司召集人们一起来进行职业规划，可能会导致一些意想不到的尴尬的问题出现

如果能有效完成自我评估活动，就可以给员工个人提供一个合理的、据以开发自我的职业发展目标和战略的基础。正如本章前面所讲的格林豪斯职业管理模型所揭示的，自我评估和对环境评估是建立有效职业发展目标和战略的重要环节。职业顾问和内部劳动力市场的信息也可为该任务提供有益的信息，达到同样的目的。

二、个人咨询

（一）概念

个人咨询指员工和组织代表就职业发展问题进行一对一的讨论。由格特里奇、莱博维茨和肖尔于1993年进行的调查显示，组织基本上由人事专员、主管或一线经理作为职业咨询顾问。咨询形式包括从简便的非正式交谈到年度绩效评估讨论和与经理或咨询专业人员的一系列讨论等。咨询可以用于那些继续留任的员工与接近退休、临时解雇和已经解雇的人员。

（二）程序

个人咨询可以回答广泛的问题，它要么被单独使用，要么作为其他职业发展管理活动的补充。1980年，布拉克（Burack）和马泰斯

(Mathys)指出,职业咨询程序由下列三个阶段构成:(1)引导和探究,这个阶段主要是咨询双方建立关系和确立员工的咨询目的;(2)理解和强调,包括为个人自我评估和职业目标提供支持;(3)设计方案,此阶段为实施职业发展战略提供支持。

在此过程中,顾问可以给员工提出行动建议并提供支持,给予他们行为方式和自己所持意见的评估与反馈。

(三)再就业咨询

其中的再就业咨询,即外部流动与安置的咨询,特别强调帮助被解雇的员工学会如何寻找适合自己的新组织与新职位,如何向新组织、新职位要求转化。外部咨询在20世纪80年代至90年代较为盛行,特别是当组织面临着一系列特殊事件,如减员、兼并和收购时,外部咨询更为重要。这些咨询特别强调工作搜寻技能、压力管理和职业计划的指导。在所有形式的个人咨询中,外部咨询最有可能由中介机构的顾问来完成,许多咨询公司会提供这种服务。

(四)退休咨询

退休前的咨询和研讨会包括帮助员工做好从有工作到无工作转化准备的许多活动。正如前面提到的,退休隐含着个人保障和经济方面的巨大不确定性。因此,退休前的咨询内容包括对财政计划的讨论、社交调整、家庭问题和为休闲活动做好准备等。

(五)咨询顾问的选择与改进

个人咨询中一个重要的问题是选择谁作为顾问。一般来说,经理和主管最适合做顾问。他们了解组织,熟悉员工的绩效和实际能力。另外,他们所处的位置也便于为员工提供支持和追踪员工的行为。然而,选择经理和主管作为职业咨询顾问也有缺点。第一,如果他们不接受职业发展问题和咨询技巧的培训,如倾听、质疑和澄清等的训练,就有可能缺乏有效咨询的必要技能。第二,即使经过了咨询技能的培训,一些主管和经理还可能缺乏能力和完成咨询任务的动力。他们将咨询视为一个额外的负担,因为组织不为此支付额外的报酬。此外,有的员工可能不愿与现任经理或主管讨论自己的职业规划,或不愿从非专业人员那里得到有关的建议。

因此,格特里奇认为,如果让经理和主管作为顾问,可以采取下列改进措施:(1)其在职业发展咨询中的顾问角色必须事先确定;(2)所有顾问必须接受培训以胜任其角色;(3)咨询双方应该有机会讨论各自在职业发展咨询方面的顾虑;(4)顾问的角色应与组织的报酬或奖励制度挂钩,例如,把咨询工作列为经理与主管的职责并进行评估。

三、内部劳动市场信息交换和工作匹配制度

从事职业发展规划的老员工,除了需要准确的自我评估信息以外,还需要准确的环境信息。为了达到这个目的,组织应提供给员工组织内各种工作机会的信息。几个常用的方法是建立工作信息通报制度和职业发展通道以及内部人力资源市场。

(一)工作信息通报

工作信息通报又常被称为工作海报,是一个最常见的职业信息交流媒体,是将组织内空缺职位的信息在向外部社会公布之前先让内部员工了解。典型的工作信息通报包括工作说明、工作要求、报酬等级和申请程序以及要填写的表格等。空缺职位的信息要么被贴在公共领域,如在食宿场所附近,要么贴在专门的布告栏中。有兴趣的员工可以申请并被加以考虑。工作信息通报制度被广泛用于各种公共和私人组织中。

工作信息通报既是职业信息的来源,也是招聘和甄选的工具,员工能了解到不同岗位对各种技能和能力的具体要求,并作为职业发展规划与管理讨论的基础,以此作为建立职业发展目标和战略的依据。如果实际的招聘工作能够做到公正公平,那么工作信息通报可以使广大员工意识到,他们在组织中努力工作是有前途的,从而能够大大提高士气。然而,如果员工怀疑仅有那些低层或不太好的空缺岗位信息才张贴公布出来,或者如果所列出的职位虽然很好,但是任职要求仅使"内定"的某个候选人成为唯一合适人选,那么工作信息通报也可能带来负面影响。

（二）职业发展通道

职业发展通道是一系列的职位晋升链，通常包括员工在不同时间内可以晋升的相关职务的要求。比如，一个高校教师的职业发展通道可能包括临时教师、助教、讲师、副教授、教授、博士生导师、科学院院士等。职业通道展示的是工作变动的可能性，它与工作说明书和工作任职资格说明书结合在一起，可以帮助员工制订职业发展战略与规划。

一些组织运用多向职业发展通道，例如上升到更高责任的通道既包括管理的也包括非管理的通道，两者都能得到相对平等的报酬和同样的尊重，这样可以满足缺乏管理技能或缺乏成为经理愿望的员工的发展需要，它比传统的金字塔形结构提供了更多的员工开发的可能性。

除了运用职业发展通道和工作信息通报，也可以通过手册和小传单的形式来告知员工内部职业发展的各种机会，了解可以获得的各种资源，例如有哪些培训项目和费用资助项目可以帮助员工自我开发并实施其职业发展战略。

（三）内部人力资源市场

对组织老员工开发具有参考价值的是另一类内部 HR 市场，其信息来源是员工素质存量清单。素质存量清单是一个数据库，包含每个员工所具有的知识、技能、品性、教育背景、绩效水平和职业偏好等方面的信息。它通常是组织人力资源信息系统（HRIS）的一部分，HRD 人员可用此信息来识别员工的能力和指出应提高的技能。素质存量清单信息在美国一些组织中通常是通过员工的自愿报告来收集。因此，该方法潜在的不足是员工可能提供不完整、不准确或过时的信息给组织。

第五节 老员工开发实践中的问题

员工开发在我国还存在许多不足，因此在设计与实践老员工开发活动时应考虑以下三个问题。

第六章 老员工的开发方法

一、职业动机开发

【阅读材料】

怎样改变心思不在工作上的老员工？[①]

A问："我是某公司企管部的负责人，我有一个下属是在公司工作了10年的老员工了，人也很聪明，有工作能力。主要缺点是心思不用在工作上，给他安排个工作总是想办法偷懒，应付了事，工作也干了，但达不到我的要求。工作主动性很差，等你安排了才干。我找他谈过多次，每谈一次能感觉他的工作状态好几天，接着又变成老样子。后来了解到，他心思不在工作上的主要原因是他家里还开着个店，他的大多数心思都花在了考虑如何经营自己的店上了。我并不想放弃他，想尽自己最大努力帮助他、激励他，把他的工作能力发挥出来！都说好的管理者总是能把员工的积极性调动起来，但我又觉得很可能做这些都是徒劳。我该怎么对待这位心思不在工作上的老员工呢？"

阿朱（《走出软件作坊》作者、前明源软件CTO）答："我们公司的管理方式也许能够给你一些启示：我们是项目管理制，就连公司搞个年会也是项目管理制。所以有项目经理计划/计划评审、团队/职责/流程、计划每日任务安排/日立会/日报/周会、QA第三方监理/异常升级、绩效评价。我们每季度有一次绩效考核，如果出现C，就进入两个月改进期，由HR和部门经理重点指导和观察，提出改进目标，制订改进计划，如果两个月后成绩仍然没有改进，或没有达到改进目标，就做辞退处理。我们每半年就有一次人才盘点，用于人岗匹配评测，进行人员升转退。每两个月还有一次业务考试，年底会有总成绩，算做岗位能力认证成绩。"

陈康（广东珠三角城际轨道交通有限公司）答："（1）充分信任。遇有重要工作任务可与他商量，尊重他的好建议。一个人得到充分信任后，他会自觉和主动地做好你安排的工作。（2）及时沟通。制作工作任务考核表，明确每项工作的责任人、内容、标准和时限要求，

---

① 资料来源：《怎样改变心思不在工作上的老员工？》，《企业管理》2013年第12期。

主动过问老员工的工作进度。(3)关心到位。工作之余去经营自己的家店,应给予理解。也可以主动询问他的家店经营情况,帮他想办法、出主意,提供必要的方便。(4)友善激励。只要老员工做出了成绩和有好的表现,在部门会议或各种场合上就要多宣传和表扬,在领导面前多讲老员工的优点和贡献,向领导和人力资源部门推荐提拔重用,为老员工创造晋升的机会。这样,老员工自然会主动把工作做好。"

职业动机开发是职业发展管理中的主要目标。按照伦敦(London)的观点,职业动机是指人们如何选择其职业、如何看待其职业、在工作中所做出的努力程度和做此工作持续的时间。显然,伦敦在这里把职业动机的一系列特征归为三个层面,即职业意愿与努力、职业理想、职业个性与追求。一个人有何种层面的职业动机取决于其在每一个分类中的位置。比如,一个高职业动机的员工在困难和障碍面前,会继续追逐其职业目标(职业意愿与努力),设计和追逐现实的职业目标(职业理想),并高度投入工作和拼命努力地追逐自己的职业目标(职业个性与追求)。

尽管职业动机在一定程度上由个人的生活经验所决定,然而职业活动和实践却能帮助员工开发其职业动机。比如,自我工作手册和个人日记能够用来建立职业理想。因为职业动机能影响员工的职业决策和对职业的投入,组织应适时地提供职业开发活动以促进此类动机的发展,这对组织提高工作效率是十分有益的。表6-14列举了一些参考建议。

表6-14 提高职业动机的方法建议

1. 支持职业意愿:
通过反馈和正强化来建立员工的自信心;
创造成就的机会;
通过奖励革新和减轻害怕失败的担心,创造一种敢于冒险的环境;
显示人际关系的影响,鼓励团队凝聚力和协作的工作关系
2. 促进职业理想:
鼓励员工设定自己的职业目标;
给员工提供获得其职业目标的相关信息;
提供定期绩效反馈

续表

3. 建立职业个性特点与促进职业表现：
  通过工作挑战和职业成长鼓励努力参与工作；
  提供职业开发机会，如领导岗位晋升的潜在机会；
  通过职业认可或经济奖励来奖励一流的表现

职业动机的开发还有助于解决那些由于组织缩小规模和临时解职而失去工作的人所面临的问题。伦敦1996年提出，如果解决了职业动机问题，重新安置这些被解职员工的努力就会更有效，这些努力包括政府和社区支持失业员工找到工作、对下岗员工进行再培训、工会与国家共同开发再培训计划项目或培训内部备用劳动力等。伦敦提出了许多建议，包括经理和行政管理人员如何通过职业动机分析成功地安置下岗工人以及组织如何帮助调整或提高老龄员工的职业动机等HRD中的问题。

二、职业高原

目前，许多组织的金字塔式结构模式及其扁平化改革，带来了管理岗位的减少，使每个员工的职业发展遇到顶层"天花板"的限制，即员工不能在组织中再"往上走"。另外，职业进展不一定是连续的上升，而是有运动也有静止，这些因素导致了"职业高原"现象的发生。费伦斯（Ferrence）等人于1977年将"职业高原"界定为"职业生涯中的一个点，在此点上进行另外的发展或晋升的可能性很小"。

关于"职业高原"，有学者认为，它对许多员工来说，是一种外伤性的损害，特别是对那些渴望职业成长的人来说，会产生较大的压力、挫折感、失败感和内疚感。研究结果表明，职业高原对员工的影响是综合的，既有负面影响，又有正面影响。例如，费尔德曼和韦兹（Weitz）等人1988年研究证明，员工会因此产生快乐和富于生产力。对这种综合的影响至少有两种解释。第一，费尔德曼和韦兹认为，导致高原现象的因素影响了员工对高原的反应。比如，如果因为员工缺乏技能和晋升的能力而导致高原现象，那么他们将可能展示较差的绩效和工作态度。费尔德曼和韦兹提出了一个模型，具体描述了产生职业高原的六个原因以及对绩效态度和管理措施的影响，参见表6-15。尽管该模型有待经验的检验，但它却展示了目前人们对职业高原的实际解释和直觉的认识。

表6-15 职业高原的原因和管理措施建议

产生职业高原的原因	对绩效和态度的影响	相应的管理措施
1. 个人技能和能力		
• 甄选系统有问题	绩效差	重新设计甄选系统
• 缺乏培训	工作态度差	改善培训
• 绩效考评不准确，对反馈不满意	工作态度差	改善绩效考评和反馈制度
2. 个人需求和价值观		
• 不需要继续上进	绩效一流	继续奖励，依照绩效持续保持的时间来决定奖励的幅度与力度
• 自我封闭的制约	工作态度好	继续奖励，依照绩效持续保持的时间来决定奖励的幅度与力度
3. 缺乏内在动力		
• 技能缺乏多样化	能接受的最低标准的工作绩效	形成自然性的工作单元
• 任务缺乏个性特点	工作态度下降	听取员工个人意见，任务综合化
• 任务重要性低	工作态度下降	建立开放反馈渠道
4. 缺乏外在奖励		
• 少培训，很少晋升	绩效差	重新设计报酬制度
• 奖励制度不平等	工作态度差	重新设计晋升政策
• 对制度不满意	工作态度差	鼓励太不满意的人离开
5. 压力和冲突		
• 工作中的人际关系问题	绩效差	工作轮换
• 组织气氛压力大	工作态度差	预防性压力管理
• 角色冲突	工作态度差	差角色协调
6. 组织		
• 成长缓慢	绩效差	休年假，离职培训
• 外部经营条件	绩效好	给"明星"提供更多"资源"
• "防卫性"公司战略	工作态度下降	给绩效差者提供反馈，让其离开或退休

第六章　老员工的开发方法

有关职业高原综合影响的第二种解释,是由查奥 1996 年提出的,他强调概念的度量化方式,倾向于将职业高原操作化地按二分法来界定,即高原与非高原,并用工作期限如自最后一次晋升的年数来指出员工是否处于职业高原。高原二分法忽略了一个事实,即员工对其职业处于高原期时不同的意识程度会导致不同的反应这一事实。此外,查奥认为,确认职业高原的关键是员工对处于高原的感觉,因为员工的职业进展感会决定他对此做出的反应和感觉。因此,他假设,持续地对职业高原进行知觉测量的方法能比传统工作期限方法更好地解释处于高原的真实反应。查奥于 1990 年开发了一个高原的知觉量表来检验其假设,发现高原的负面影响在员工职业生涯的早期更为明显。特伦布利(Tremblay)、罗杰(Roger)和图鲁斯(Toulouse)等人 1995 年的研究得到了类似的结果。

总之,这些研究表明,职业高原比预想的更复杂。这些研究对职业发展管理实践有两点启示:(1)HRD 专业人员应通过确定员工对职业发展停止的感觉来评估员工是否处于高原期,并试图找出导致职业高原的原因;(2)根据造成高原期的原因采取解决问题的行为。

另外,艾廷顿(Ettington)1991 年提出,随着组织结构的扁平化,高原是不可避免的,对组织来说,重要的是找到一个维持员工工作动机和效率的方式。她发现经理可以成功地处理高原期问题,如展示有效工作绩效以及工作与生活的满意度等,组织应积极探索并进行职业高原的人力资源管理实践。我们应该努力拓广员工在组织中的成长机会,克服向侧面与纵面进行职业移动的瓶颈障碍,建立一种向上下左右都能流动的职业发展网络系统。

三、一线员工与临时性员工的开发

在 HRD 中,人们重视的是对经理人、专业技术人员以及中高层管理人员的开发,对于一线员工、临时性或流动性员工的职业开发需求几乎被忽略。一个重要原因是经理和 HR 专业人员认为这些员工工作时间短,最多是一年期合同工,没有进行职业发展规划设计与培训的必要性。然而,鉴于此类员工人数众多,在组织效率上发挥着主体作用，HRD专业人员应积极主动地进行一些职业开发活动，使组织更好地运用这些员工的潜力，同时满足他们发展的需要。一些HRD专业人员开始注意这个问题。有关调查结果表明：(1)员工满意度经常来自重复的和非挑战性工作本身。(2)变化的现状(如一个工种到另一个工种，蓝领到白领)要求重大的个人投资和较大的文化调整。比如，白领比蓝领要求更高的教育水平，跨越"领线"的员工需要得到同事的帮助。(3)中高层管理人员、专业技术人员、白领员工在职业中比一线员工更易受挫折，因为直线运动的机会更为有限和更难得到。

有些组织如美国的康宁公司和洛克希德-马丁公司已经开始探讨一线员工与临时工的职业开发问题，以便更好地满足这些员工的发展需要，保证组织将来再招聘这些临时工时其需要能够得到满足。两个组织都承认，应鼓励一线员工与临时工在职业开发中采取主动，并争取得到管理者的支持。洛克希德-马丁公司所进行的研究项目包括职业或生活计划研讨会，它对全部员工开放。康宁公司所进行的研究项目包括四个部分：职业探究、规划软件与录像、描述公司职业可能性的信息手册和如何对主管进行职业咨询培训。这两个公司在调动员工参与自我职业开发的积极性以及对一线员工、临时工的职业开发活动方面是成功的。

这两个公司的经验都是组织解决自身和广大一线员工、临时工发展需要的范例。希望这些活动能抛砖引玉，促使我国学者与组织管理者进行更多的研究和实践。

总之，组织内的人力资源开发，不仅是新员工的问题，也是老员工的问题。老员工的开发主要是通过职业发展规划与管理来实现的。值得注意的是，职业发展规划问题在即将退休的员工与临时工中同样存在，做好他们的职业发展规划工作，对于组织来说同样重要。

本章小结

本章从介绍职业发展规划与职业发展管理出发，系统性地描述了职业发展模式、职业发展规划与管理的相关知识，并依据老员工开

第六章　老员工的开发方法

发的实践活动分析了其中存在的一些问题,从而对组织中老员工这一特殊群体的开发有了进一步的认识。

首先,阐述了职业、职业发展规划以及职业发展管理的概念,分析了职业发展规划与职业发展管理之间存在的差异,并回答了在当今经济结构大变动、员工忠诚度普遍降低的情况下,职业发展规划与职业发展管理的必要性,详细介绍了职业发展规划与职业发展管理在 HRD 中发挥的作用。

其次,分析和比较了不同学者对职业发展模式的划分,其中利文森的职业发展模式为重点介绍内容。同时,指出了职业发展模型分为传统和现代两种,两者应进行权衡才能达到更好的效果。职业发展模式不同于职业发展模型,但两者又相互联系,并为职业发展规划与管理的实践提供了坚实的基础。

最后,介绍了老员工开发实际中所形成的各种方法与问题。开发方法包括员工自我评估活动、内部劳动市场信息交换、个人咨询或职业讨论。开发问题包括职业动机开发、职业高原、一线员工与临时性员工的开发等问题。

▶▶ 复习思考题

1. 你是如何认识职业发展规划的?其主要内容包括什么?
2. 浅析职业发展管理与职业发展规划的关系。
3. 职业发展规划与管理在人力资源开发中的作用是什么?
4. 试分析与比较各种职业发展模式。
5. 描述传统职业发展模型和当代职业发展模型并作比较。
6. 职业发展规划包括哪些步骤?
7. 哪些因素会影响职业发展管理?
8. 比较以不同战略为导向的职业发展管理模型。
9. 简述老员工开发的六类活动形式。
10. 老员工开发实践中常遇见的问题是什么?你认为应该如何改进?

▶▶ 案例与分析

可口可乐老员工开发实践①

公司不但致力于生产高质量的产品,同时也在全球范围内满足不同员工对教育机会及经济发展的渴求。可口可乐将员工视为心脏与灵魂,"以人为本"的理念深入人心,将自身定位为人才培养公司,在其125年的发展历史中,可口可乐员工在工作和生活中追求一种共同的理想和价值观,取得了很大成功。世界经济社会环境在不断变化,但一直秉承这种企业理念对可口可乐的成功发展起到了重要作用。

定位为人才培养公司的可口可乐,在重视雇主品牌建设来吸引外部优秀人才的同时,更加重视内部培养员工,采取了一系列的人力资源管理实践措施。

第一,内部人培养实践。可口可乐内部人培养机制非常完善,比如北京可口可乐公司一般员工培训体系包括四个方面:一是新员工的基本培训,包括企业发展史、企业文化和规章制度等,为每位新员工配两个老员工的新员工辅导制度,帮助新员工尽快适应新工作。二是岗位培训,主要是由部门主管讲授与岗位职责、技能紧密相关的培训项目,便于员工掌握岗位要求相关的技能。三是能力提升培训。在员工能够达成基本绩效之后有向更高绩效迈进的培训项目,培训部门会统一安排管理课程和专业课程培训。四是职业发展培训,按照员工的职业发展计划和主要管理层的评估,将合适的机会提供给合适的培养对象。此外,对管理培训生和有希望成为未来领导者等的潜力员工还有针对性的培训项目,管理培训生培训包括6个月的适应培训、18个月的核心部门轮岗、12个月的岗位工作计划,中基层领导者有领导力提升计划、外部导师制计划等系列培训计划。

第二,内部晋升选拔实践。在可口可乐公司,每一位有能力的员工都有机会获得更高更合适的职位。内部晋升选拔制度的一般做法是,将空缺职位信息在公司内部开放,员工自愿主动报名竞聘。竞聘

---

① 资料来源:彭剑锋、童汝根:《世界级饮料企业最佳人力资源实践质性研究——以可口可乐公司为例》,《中国人力资源开发》2012年第9期,内容有删减。

第六章 老员工的开发方法

的过程一般包括笔试、面试、评价中心、述职等环节,整个过程由人力资源部组织,总经理、副总经理、各用人部门的主管组成评委会进行评价,这样就保证了视角更加全面、评价更加公正。人力资源部在每个环节结束之后都会把结果直接反馈给竞聘人,评委会会对他们的表现进行点评,重视改进的建议。内部晋升选拔实践吸引了可口可乐公司众多员工的踊跃参与。通过竞聘,参与者可以学到很多知识,收获很多体验,得到更多专家和领导的指导,有利于以后的职业生涯成长。

第三,领导力发展实践。可口可乐鼓励把工作当成事业,发挥最大的潜能。可口可乐的核心领导力模型把员工分为高级领导者(Leader of Leaders)、中层领导者(Leader of Others)、个人领导者(Leader of Self)三大类型。在这个模型中,可口可乐公司的每个员工都是领导,每个项目都要求他们全力以赴。对于高级领导者来说,可口可乐重视员工的领导力提升的自我培训;对于中层领导者,可口可乐在亚太区推出了"喜马拉雅培训计划",旨在培养亚太区的未来领袖;对于有潜力成为高级经理的员工,可口可乐设计了从适应、轮岗到岗位工作的三年培养计划提升领导力;对于个人领导者,公司鼓励员工大胆地建言献策,搭建了各种领导力训练平台和主管员工沟通的渠道。

▶▶ 案例分析题

1. 结合本案例,谈谈企业如何更好地通过选人、用人、育人、留人开发组织内人力资源?可口可乐的做法对你有何启示?

2. 企业在人力资源开发实践中应当注重开发老员工的哪些品质?

第七章

管理人员的开发

📽 **本章学习目标提示**

- 了解管理人员开发的目的和内容
- 理解管理人员开发的定义,把握理解该定义的几个关键点,了解管理人员开发过程中容易出现的问题,掌握这些问题的改进方法
- 重点掌握管理人员开发需求分析方法,掌握管理人员开发的方法,并能够在实践中根据具体的情况灵活地选用
- 理解管理人员领导力开发的重要意义,重点掌握管理者领导力的开发方法

第五章和第六章主要阐述了如何开发组织中的新员工和老员工,这些内容也适用于管理人员的开发,但是管理人员作为组织中一种重要而关键的人力资源,有必要专门阐述其开发的方法问题。本章主要阐述管理人员开发的概念、方法与实践。

【引例】

彭德尔顿百货公司管理人员的开发[①]

彭德尔顿百货公司的总部设在芝加哥,一位顾问与该公司的一些高级管理人员讨论有关管理质量的问题。常务副总裁问起在管理者发展方面是否有一些概括性的原则。他对顾问讲:"我们知道你对

---

① 《高级人力资源管理师复习资料》,http://www.examw.com/hr/anli/105328/,内容有删减。

第七章 管理人员的开发

于各种类型的企业中各个层次管理人员的培养发展有各种丰富经验,你是否已经发现了什么接近于普遍真理或者说原则的东西?"

顾问回答说:"尽管我不想断言在管理者发展这一方面有普遍原则,但我坚信管理者发展计划的作用。首先,企业最高层管理人员——不论是大的部门经理、地区经理或企业总经理——必须详细地了解提出的管理者发展计划要求完成的内容,必须确信这种计划是必由之路,必须有耐心和决心去促使每一个管理人员把理论与实践结合起来。其次,计划必须由业务经理来实施,而不是由顾问或人事部门来实施。再次,对每一项计划的评价都应以其对公司成果所做的贡献为依据。最后,我肯定,当主要的高层管理人员对计划失去了直接兴趣,不再与计划保持联系时,计划的质量和效果就会降低。"

常务副总裁说:"我们怎么能像你所说的那样直接地参与这类训练计划呢?我们有这么多的事要做,而且,正因为如此,我们才在人事部门里设了一个培训科。"

第一节 管理人员开发概述

这一节将就什么是管理人员开发,管理人员开发的必要性与重要性,管理人员开发的目的、内容、存在的问题及改进与过程等进行讨论。

一、管理人员的开发及其必要性

管理人员在这里是指在组织中对人力、财力与物力拥有一定支配协调权力的管理人员。例如,小至项目经理、工段长与科长,中至处长、部门主管,大至公司总经理、学校校长、医院院长与城市市长。常言道:"千军易得,一将难求。"由于世界经济形势的变化与我国经济体制的变革,组织的管理与发展不断遇到新的挑战,管理任务日益复杂。我们正面临着主管人才的短缺问题,许多大中型企事业组织的发展与效益因此面临着严重的威胁,这就使得目前对管理人员的开发需求比过去任何时候都更为迫切。学校教育更多的是致力于解决管理人员的基础知识与基本能力的培养问题,许多直接而实用的管理知识与能力要靠组织自己进行开发，这就使得管理人员的开发问题变得十分必要。领导者的主要任务是负责对组织的发展战略与结构调整进行决策，要保证领导者的决策正确与科学、决策得到正确与有效的贯彻与实施，变成现实的目标，必然需要对管理人员进行开发，需要中间层的广大管理人员准确及时地把握有关政策，有能力对改革中遇到的新问题与新方法进行探索、修正与执行，以便最终达到组织目标。组织要想获得成功与持续性发展，除领导人外，还必须要有一个素质高、灵活性与适应性强的管理人员团队。这就使得对管理人员的开发变得十分重要而关键。

尽管目前不少组织实行扁平化与网络化的组织结构形式，中间管理人员的数量大幅度减少，尽管目前的组织管理主张与过去不同，要求更少的控制与命令，要求更多的协调与辅导，中间管理职能不断削弱，但事实表明，管理人员仍在组织的适应性与成功性方面发挥着关键的作用。实际上，组织中间职能部门的管理人员减少，要求每个管理人员的管理要比过去更具效率；管理职能由控制命令型向协调辅导型转变，要求管理人员的管理更加具有灵活性与创新性。因此，这从一定意义上说，这一切不但没有削弱管理人员开发的重要性，反而增加了当前管理人员开发的复杂性、困难性与挑战性，要求我们尽快把许多管理人员从传统的控制命令的管理方式中转变过来，注重提升管理人员的领导力。

什么是管理人员的开发呢？麦考尔（McCall）、隆巴尔多（Lombardo）和莫森（Morrson）等人认为，它是组织有意识地给现职经理与潜在经理提供学习、成长和改变机会的活动，以期形成一批能使组织有效运作和拥有必要技能的经理人员。

参考上述观点，笔者认为，这一定义中有几个关键点需要认真把握。

第一，每个组织都具有不尽相同的管理人员开发方式。这些开发方式是独特的、具体的与有效的，关键要自觉地和有意识地去发现它，去分析它，去正确把握与总结。

第二，管理人员的开发既包括对现有的管理人员的开发，又包括为其他有希望的（自己愿意或有一定潜力的）人员提供学习、成长和改变的机会，尽管不能保证这些人都在开发中取得成功，但如果不提供开发机会，管理人员的开发就根本无从谈起。

第七章　管理人员的开发

第三,管理人员的开发是一种有意识、有组织与有计划的活动。尽管无意识的开发活动也客观存在,但它不是开发活动的主流,我们也不能据此对开发活动放任自流。如果听任开发活动自由发展,相信"时势造英雄""市场造英雄",那么将会大大影响组织发展的速度与进程,降低组织达成各类需求和愿望的可能性。

第四,管理人员的开发是一项投资活动,要使其投资合理并取得成功,管理人员的开发应该纳入到组织战略发展的一体化方案中,并紧扣组织的经营目标。

这里把管理人员的开发定义为,组织有意识地给现有的管理人员或潜在的管理人员提供学习、成长与改变的机会,以期建立一支能保证组织长期持续有效运作,拥有必要的知识、技能、品性与观念的管理人员梯队。在这个定义中,特别强调管理人员要拥有必要的知识与观念,而不仅仅是技能;强调要保证组织有效运作的长期性与持续性,而不仅仅是满足当前组织工作的需要;强调的是建立一支梯队,具有持续的接替性与延续性,而不仅仅是一批管理人员。

二、管理人员开发的目的与内容

管理人员开发的最终目的是提高未来组织的核心竞争力与最终的工作绩效,直接的目的是让现有与未来的管理人员具备必要的知识技能与观念,满足组织持续发展的管理要求,让管理人员树立愿意与乐意为本组织发展服务的正确价值观与态度,具备相应的能力、经验与知识,使这些人能顺利完成组织内的社会化与角色化的任务与过程。

因此,管理人员开发的内容包括品性、能力、知识三大块,在每一块中有许多子因素,而且管理人员所处的层次不同,开发所选择的重点也不同,具体见表7-1。

表7-1　管理人员开发内容一览表

层次＼内容	品性(包括态度、价值观等)	能力(包括经验、技能等)	知识(包括信息等)
高层	观念更新; 思想更新(高层开发重点所在)	工作方法更新; 决策科学化	国家政策; 同行竞争; 对手信息

续表

内容 层次	品性(包括态度、价值观等)	能力(包括经验、技能等)	知识(包括信息等)
中层	对待领导的态度；对待下属的态度；对待改革的态度；对待组织的态度；树立乐于为组织服务的正确价值观与态度	理解把握创新能力；组织实施能力(中层开发重点所在)	组织内外的政策、法规与现代化管理知识
基层	对待领导的态度；对待群众的态度；对待改革的态度；对待组织的态度；树立服务的态度	操作实施能力；理解把握能力；解决实际矛盾与问题的技能技巧(基层开发重点所在)	组织内外的新知识、新政策、新法规(基层开发重点所在)

如何确定上述开发的具体内容,可以采取双向表格,见表7-2,先确定任职差距,然后进行具体描述。

表7-2 双向表格

项目	未来所需要的内容	现在拥有的内容	需要具体开发的内容
品性与观念			
能力			
知识			

哈罗德·孔茨(Harold Koontz)认为,不同层次的管理人员所需要开发的技能不尽相同。有关技能内容与需要程度,如表7-3所示。

表7-3 技能内容与需要程度

被开发者	技能及其需要程度		
高层管理人员	概念形成技能	人际关系技能	技术处理技能
中层管理人员	概念形成技能	人际关系技能	技术处理技能
基层管理人员	概念形成技能	人际关系技能	技术处理技能

第七章 管理人员的开发

在概念形成技能上,从面积分配情况来看,高层管理人员需要程度最大,基层管理人员需要程度最小,中层管理人员居中;在技术处理技能上,三个层次管理人员的需要程度依次递增;在人际关系技能上,三个层次的管理人员需要程度相同。

三、管理人员开发中的问题及其改进

综观各级各类组织中的管理人员开发,目前主要存在以下几个问题。

(一)开发工作与组织目标相脱离

开发工作是为了实现组织的目标,培养现在与未来需要的各种管理人员。然而,经常存在的问题是实际的开发活动与组织目标之间缺乏有机的联系与结合。

(二)只强调开发计划而不注意开发效果

1996年以来,随着国外MBA教学的引进,原国家经贸委在全国范围内进行了规模空前的管理人员开发活动,要求在"九五"期间以及21世纪初的十多年中对企业管理人员进行一次较为全面的工商管理培训,以顺利实现我国经济体制的转变和经济增长方式的转变。但其中也有不少企业与组织存在着赶形势与走过场的现象,存在重文凭轻能力的形式主义做法,有些企业最后是借培训开发之名,行国内外旅游与提高个人文凭之实,花费了不少钱财,收效甚微。

(三)只开发少数经过挑选的管理人员

对于管理人员的开发需要花费一定的人力、物力与财力,因此有些组织只对少数经过挑选的管理人员与现职管理人员进行开发,而忽视对潜在管理人员的开发。实际上鉴别与挑选有开发前途的管理人员是困难的,只对少数挑选出的管理人员与现职管理人员进行培训与开发是不明智的,我们的开发战略应该是面向未来,开发对象应该是全体员工。美国有一项对84位雇主的调查表明,约有90%的基层主管、73%的中层管理人员与51%的高层管理人员,都是从企业内部一般员工提升上来的。① 这就说明组织内部员工的开发是培养管理人员的主渠道,我们对管理人员的开发要注意面向全体员工与潜在的管理人员。

(四) 开发方案千篇一律,缺乏针对性

由于管理人员的背景、要求、愿望、潜力与层次不同,这就要求开发的内容与形式要做出相应的变化,根据这些特殊情况与组织要求进行有针对性的再开发与安排。然而,我们许多企事业组织却由于种种原因进行统一的开发。实际上,不同的开发需求决定着不同的开发计划,决定着不同的开发方式与开发内容,不存在适合所有对象与要求的开发内容、开发计划与开发方法,我们应该根据具体的开发对象,因地制宜、因人而异,保证开发活动的针对性与实效性。

(五) 管理人员的开发是强迫进行的

我们常常发现这样一种现象:听课的管理人员是被迫而来的,是上级派任务的结果,并非管理人员本人自愿来的。学习理论研究表明,学习的效率来自于情感上的积极接受。可以强迫管理人员走进教室,却难以强迫他思考与兴奋起来。因此,对管理人员的开发要兼顾个人的需要,要先唤起他们发展与学习的需要,再进行开发活动,在自愿与自觉的学习需要下,对管理人员所进行的开发才能富有成效。

(六) 理论与实践相脱离

有的人认为管理人员长期在实践中生活,他们缺乏的不是实践而是理论素养,因此开发方式总是送其到学校去深造,培训方式主要是系统讲授。实际上,管理人员的实践经验是零碎的、表面的、杂乱无章的,需要开发者与培训者协助他们进行梳理与串联,把经验上升到理论,把感性认识转变为理性认识。这就需要开发的计划、内容与

---

① 〔美〕加里·德斯勒:《人力资源管理(第 6 版)》,刘昕等译,中国人民大学出版社 1999 年版,第 264 页。

方式特别注意理论联系实际,注意举一反三,注意从细微平凡之中引申出大道理。空洞的说教与灌输,不但无法使管理人员的实践经验得到升华,反而在理性与感性之中又增加了一层不知所云的信息。高深的理论讲授与培训也许会使少数领悟能力强的管理人员受益匪浅,但却让大多数的管理人员无所适从。

四、管理人员开发过程

管理人员的开发过程如图 7-1 所示。管理人员的开发过程主要是针对整个组织与潜在管理人员的开发进行分析,包括开发需求分析、开发计划制订、组织实施开发活动与效果评价四个阶段。开发需求分析阶段的工作主要抓住组织发展需求、个人发展需求与整个人员现状三个关键点;计划制订阶段的工作主要抓住发展规划、晋升替补、轮换与培训计划这几个方面;组织实施阶段的工作主要抓住制度管理、机制激励与问题应对措施几个方面;效果评价阶段的工作主要抓住组织领导评价、员工评价、客户评价与管理人员自我评价几个方面。

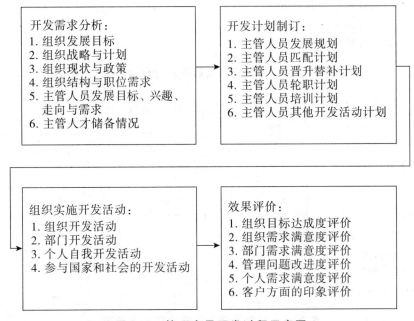

图 7-1 管理人员开发过程示意图

图 7-2 是针对现职管理人员开发来分析的。

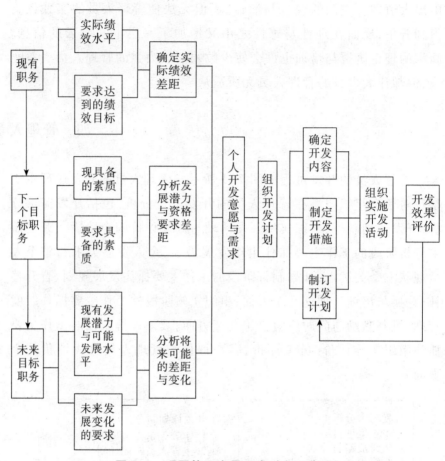

图 7-2　现职管理人员开发过程示意图

图 7-3 与图 7-4 是现职管理人员开发过程的两个实例展示。

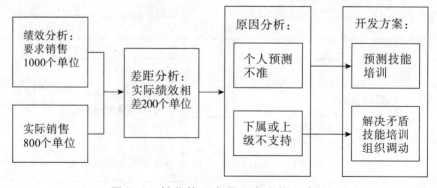

图 7-3　销售管理人员开发实例示意图

第七章 管理人员的开发

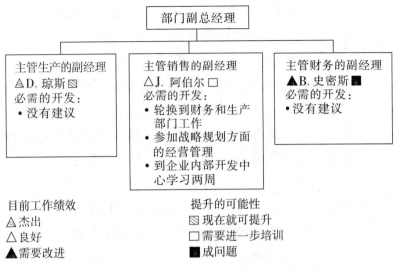

图 7-4 生产、销售与财务三位副经理开发比较图

第二节 管理人员开发需求分析方法

管理人员的开发是一种核心人力资源的开发，需要我们制订周密的计划与方案。开发计划方案的制订建立在组织对管理人员工作要求的分析基础上，管理人员开发方法的选择与比较也是基于对组织要求的分析。因此，这一节将介绍管理人员工作特征分析、角色分析与素质分析的具体方法及其比较，以及面对全球化对经理能力的分析。

一、工作特征分析法

工作特征分析法是指借用工作分析的方法，对管理人员的工作特殊性与基本特点进行分析的方式方法。例如，有关研究人员对15位总经理的日常工作进行了长时间的观察分析，从他们的研究以及我们的分析中发现，职业经理人的日常工作主要是决策与计划、组织与控制、贯彻与实施。

职业经理人的工作特征有以下几点。

（1）每位职业经理人上任伊始，都是利用当时掌握的有关业务和企业的情况，利用已有的人际关系，利用自己的智能、公共关系与交往技能,去更多地了解自己的工作环境与要求,并尽快制订工作规划。这种工作行为是一个连续不断的、日积月累的、不拘形式的过程,他必须询问许多问题,从而产生出一个互相有着松散联系的工作指标与计划,这些内容一般不会写成书面的形式。稍后,职业经理人便会利用已有的资源与关系网,去贯彻实施自己的规划与决策,在这一过程中他们会使用各种各样的直接和间接施加影响的办法,同时他们还会依靠他们的关系网去搜集信息,以进一步修订与完善自己原来的规划。

具体地说,职业经理人的工作要求他们集中力量同那些工作上有关系的人建立一个关系网,并利用这个关系网来制定、完善、实施与贯彻自己的决策与计划。因此,职业经理人日常工作中大部分的时间是同别人在一起的。职业经理人的人际关系网中包括了他的上级、下属、同级人员以及企业外的人员,因此职业经理人的交往对象除了上级与直接的下属外,还包括许多看起来不相关的人。

(2)在规划与决策中,往往包含着涉及职业经理人所负责任的所有领域的各种项目,因此职业经理人同别人谈话时讨论的问题范围非常广泛。在这个过程中,必须日积月累地搜集情况,搜集的方法通常是就同他们责任范围有关的各种问题向关系网中的人询问。因此在同别人的交往中,职业经理人要问许多问题,但是别人很少看到他们做出重大决定。

(3)为了建立与维护关系网,职业经理人必须善于运用各种各样的技巧,必须花费一定的时间去处理一些对于企业来说不重要而对个别重要的人来说很重要的问题。因此在职业经理人与别人的讨论过程中,开玩笑和谈非工作问题的情形较多。有些问题的讨论看起来与业务和企业关系不大,并不怎么重要。

(4)在利用人际关系网实施决策规划时,职业经理人一般要使用各种各样的直接和间接施加影响的办法,下命令只是其中的一种办法。因此在与别人谈话中,职业经理人极少下命令,但他往往试图对别人施加自己的影响。

(5)职业经理人的工作规划使他们能以一种随机应变的方式(从短期来说非常有效)对他们周围不断发生的事做出反应,但同时又知道他们这样做是符合某种比较广义的和比较合理的原则,因此他们同别人待在一起的时间,很少是事先详细地加以安排的。

(6)职业经理人周围较为稳定的人际关系网,使他们能够与每个人进行非常简短的(也是高效的)交谈,因此同别人的谈话往往是简短的、不连贯的。

(7)职业经理人的工作非常繁重,迫使他们想办法节省时间,因此他们的工作时间都很长并且始终紧张。

尽管不同的研究最后所得到的结果不尽一致,但有人作过系统比较后认为,管理人员的工作特征在十个要素上是一致的。这十个要素包括:长时间地工作;工作地点大多在组织内部;活动层次较高;工作经常被打断、具有间隔性;任务活动多样;主要通过口头、会议、电话与网络进行沟通;要与各种人员打交道;经常注意收集各种信息;很难有时间对工作进行深思熟虑的思考与计划;难以准确估计每项工作所要花费的时间。

二、角色分析法

角色分析法主要是指通过观察法或问卷法来获取相关的资料,对管理人员在组织内担负的管理职能进行分析的方式方法。例如,法约尔(Fayol)1949年利用观察法发现管理人员在组织中担负着五种角色,即计划者、组织者、指挥者、协调者与控制者;而明茨伯格(Henry Mintzberg)在1973与1975年提出,管理人员在组织内担负的角色具有多样性:从人际关系方面看,他们担负着形象首脑、领导人、联络人的角色;从信息交流的角度看,他们担负着监督者、传播者与发言人的角色;从决策方面看,他们担负着企业家、矛盾解决者、资源分配者与谈判者的角色。但也有人认为,上述的角色分析尽管流行,实际并没有准确描绘管理人员所做的事,缺乏具体性,不能充分描述各种角色之间的关系。

三、素质分析法

素质分析法指通过信息调查与实证分析,确定完成工作任务所需要的各种能力素质的体系结构。下面介绍任务结构能力模型分析法与四维模型分析法。

（一）任务结构能力模型分析法

任务结构能力模型分析法是在与 12 个组织中 2000 位经理面谈的基础上开发而成，是由麦克伯咨询公司完成的。该方法所强调的分析重点是产生高绩效的管理能力、技能和个人特征，而不是经理所担任的角色。它把所分析的 321 种能力归为六个类别，见表 7-4。

表 7-4　任务结构能力模型中的能力及其类别

类别	相应能力
1. 人力资源管理	运用社会力量 积极关心他人 管理团队的能力 自我评估准确 自信
2. 领导	运用口头演讲 概括化 逻辑思维
3. 目标和行为管理	以效率为导向 积极 关注影响 问题的诊断能力
4. 指导下属	运用信息的能力 自主性 开发他人
5. 重视他人	分析客观 自我控制 忍耐力和适应性记忆
6. 专门与特殊的知识	专门的工作信息

该模型的主要贡献在于，试图从产生绩效的能力和各能力之间的关系这两个方面，来描述管理工作所需要的能力结构模型。它是一个以能力为基础的管理人员素质模式。该模型的缺点是基于狭窄的测量工具的分析，难以代表或显示管理绩效所需要的全部特性、

技能和知识。另外,分析能力的方法也遭到尖锐的批评。鲍伊兹(Boyatzis)所用的工具被称作"行为事件面谈法"(BEI),是请经理们描述三个他们认为最有效的工作事件和三个最无效的工作事件。巴雷特(Barrett)和德皮内(Depinay)指出,该方法不适合测量鲍伊兹所描述的能力。鲍伊兹1982年所描述的能力是"一个人潜在的特征,它可能是动机、特性、技能、个人自我形象或社会角色与知识"。

图7-5是上述有关模型的图形揭示。

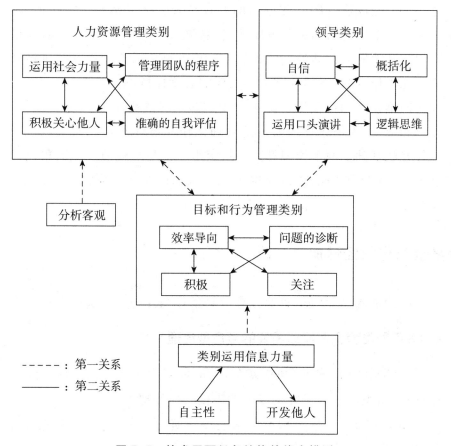

图 7-5 技术层面任务结构的能力模型

资料来源:R. E. Boyatzis, *The Competent Manager*, N.Y.: John Wiley Inc., 1982, p.194。

(二)四维模型分析法

四维模型分析法是基于各种信息来源,如管理工作日记、面谈结果、绩效考评档案、观察结果等资料进行分析的方法。它将管理角色描述为以下四个维度：(1)六个功能群，即预测和计划，培训和开发，有渗透力的沟通、影响和控制，专业或职能领域管理；(2)四个角色群，即革新者、评估者、激励者、指导者；(3)五个（相关）工作目标群，即同事、下属、上级、外部、自己；(4)管理风格，即描述经理形象和方法的特征，如客观、个人影响、领导、能量层级、敢于冒险。

四维模型表明管理人员要与各种不同的工作目标群（如下属）打交道，通过扮演具体角色（即每个职能内的角色）来完成职能任务。他们完成这些职能和角色的方式与其管理风格相一致。比如，在完成对下属的培训和开发职能时，管理人员不得不指导下属，在培训中激励他们与评估他们的进展。管理人员会以自己特殊的风格来完成此工作，如对下属的评估和反应的态度保持不偏不倚。

四维模型和任务结构能力模型都包含了相似的管理人员技能、角色和活动，为描述管理人员的管理工作和设计开发方案提供了一个较好的基础。两个模型都为在特定组织中观察管理人员的角色和有效完成角色所需的能力提供了一个认识的基础。应该强调的是，这些模型还没有得到证实，不能取代 HRD 实践中详细的需求评估。

四、面向经济全球化的经理能力分析

中国加入 WTO 后，企业经理应具备什么样的能力素质呢？

（一）成为适合中外不同类型企业管理需要的复合型经理

巴特利特（Bartlett）和格塞尔（Ghoshal）1992 年认为，面对经济全球化，组织应致力于开发以下四类模式的经理。

（1）全球经营型经理。该型经理扮演三种角色，即组织的战略家、世界资产的分析师和跨国交易的协调者。

（2）地区或国家型经理。此类经理在各国分支机构工作，也扮演三种角色，即地区资源和能力的建设者、地区机会和挑战的感受器、积极参与全球战略的贡献者。

（3）职业型经理。这类经理是专家型的经理，流动于各种不同的组织之中，如工程管理经理、人力资源经理、市场经理等。他们审视全球范围内的专业信息，让前沿知识与最好的实践相结合，促进与提供跨组织的合作机会并积极进行革新。

（4）公司型经理。这些经理在公司总部工作，协调组织活动，扮演着领导者、人才观察者的角色，即识别与发现潜在经营者、地区或职业型经理以及有潜力的基层主管开发者。

（二）具备立足公司、放眼全球的跨国管理能力

阿德勒（Adler）和巴塞洛缪（Bartholomew）于1992年经过大量案例分析认为，在经济全球化中，有效的管理者必须具备以下跨国管理的技能：全球视角、地区整体反应能力、合作学习能力、迅速转化和适应能力、跨文化反应能力、协作精神以及外国经验。

他们分析认为，跨国经理要比传统的国际性经理具备更广泛的技能，后者是从较狭窄的角色角度来开发培养人才的。阿德勒和巴塞洛缪指出，组织的人力资源管理战略必须修改，以便能够有效地管理和开发这样一些经理。他们通过对50个北美公司的调查认为，这些公司的HRD战略与经营战略相比更不具全球性。他们还提出了如何修改HR制度的建议，比如，开发活动应该保证经理能够在世界的任何一个地方与来自全世界的人一起工作。

阿德勒和巴塞洛缪提出的全球经理观与巴特利特和格塞尔提出的全球经理观，至少有两个方面的不同：第一，巴特利特和格塞尔采取的是以角色为导向的观点，而阿德勒和巴塞洛缪强调的是经理所需的能力；第二，阿德勒和巴塞洛缪建议所有经理都应"全球化"，而巴特利特和格塞尔则认为，全球管理只要求一部分经理来执行全球管理的功能和角色，大部分经理因为担任局部地区的企业经理拥有不同的能力。

（三）具备快速的学习与反应能力

斯伯莱茨（Spreitzer）、麦考尔和马奥尼（Mahoney）于1997年认为，基于过去的成功来确认经理所需要的能力是不够的，因为经理必须面向未来，应对与现在和过去完全不同的问题及能力要求的挑战。因此，斯伯莱茨等人建议，将以经验学习的能力作为识别有潜力的跨国型经理和开发有效率的跨国型经理的标准。他们提出了预测具有跨国管理潜力经理14个指标，如图7-6所示。

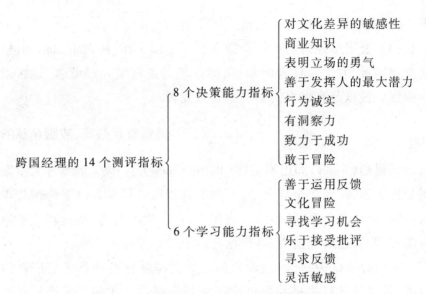

图 7-6　跨国经理的 14 个测评指标

斯伯莱茨等人开发了一个被称为"望远镜"的工具,可以对经理的每一个指标评分,以确定谁拥有有效的跨国管理潜力。他们选用了 6 个跨国公司和 21 个国家不同层次的 838 个公司作为样本,建立了"望远镜"的常模,作为预测跨国型经理成功与否的工具。

斯伯莱茨的方法的价值在于以下三点:(1)让 HRD 专业人员了解到,应该包括什么样的内容和采取什么样的方式来选择国际性管理人员;(2)提醒 HRD 专业人员充分考虑经理可能面临的非过去能力所能应对的挑战;(3)为 HRD 专业人员提供了一个优秀的模型,告诉他们如何收集资料证据来鉴别国际性管理人员所需要的各种能力。

(四)未来经理的能力模型

斯伯莱茨等人于 1997 年提出,国际性的管理人员所需要的能力将以学习能力为标志。奥尔雷德(Allred)、斯诺(Snow)和迈尔斯(Miles)1996 年提出,组织结构决定了管理人员所应具备的核心管理能力,不同的组织结构要求管理人员具备不同的能力。在对不同经理、人力资源管理人员和应聘者的调查基础上,奥尔雷德等人总结出了 21 世纪国际性职业经理人应具备的五类素质:具有以专业知识为基础的技术特长;跨国管理能力和国际经历;协作领导能力;自我管理技能;良好的品德,包括正直、灵活性和可信等个人品性。

第七章 管理人员的开发

第三节 管理人员的开发方法

管理人员开发的方法大体上可以分为在职开发与离职开发两大类,在每类中又具体划分为许多不同的开发方式,概括起来大体有以下几种。

一、预备职位经历

预备职位经历即让被开发的管理人员在预先准备好的职务台阶上经历一番工作锻炼,待其达到有关能力标准后再正式任命的一种在职开发方法。副职制、助理制、执行委员会制、初级董事会制都是这种方法的具体体现。

(一)副职制

设立副职一般是让其协助正职处理某一职务的工作。这种协助有的是全面性的协助,有的是分解式的协助。全面性的协助一般只设一名副职,其承担的职能相当于助理;分解式的协助即设多名副职,每个副职分别协助正职的某一方面的工作。但是作为开发策略而设的副职,一般没有最终决策权。副职制可以让被开发的管理人员与有经验的正职一起工作,得到正职的关心与指导。副职可以观察学习正职的工作方式、工作风格、性格特点与优秀品质等,迅速成长。

(二)助理制

助理的设置目的与副职大体相同。

(三)执行委员会或初级董事会制

执行委员会或初级董事会制在实行多头管理体制的组织中可以作为开发管理人员的一种工具。在执行委员会或初级董事会中,被开发者全部被任命为委员,他们因此有机会接触各级各类有经验的领导人,有机会熟悉涉及整个组织的核心人物与各种事务,了解不同部门之间的关系以及经常遇到的各种实际问题。

例如,有的企业的初级董事会一般由所有中层管理人员组成,并让他们对整个公司的政策提出建议,让他们熟悉与分析公司的问题,并给予其决策的机会与权力。所讨论的问题比较重要、层次较高,包括组织结构、经营人员的报酬以及部门之间的冲突,要求他们对这些问题做出自己的分析与建议,并最终形成报告,正式提交给董事会。

这种方法主要是为中层管理人员提供处理全公司范围问题的机会,建立一种让他们的相关经验与能力得到发展的机制。初级董事会人数一般为10—12名不等,全部来自各个部门的管理人员。

值得注意的是,在执行委员会或初级董事会中,要给予这些被开发者充分接触组织中各级各类有经验的领导人的机会,给予他们向正式委员会或董事会提交报告或建议的机会,以便让他们分析问题、解决问题的能力得到足够的锻炼。

二、晋升开发

晋升开发是根据被开发管理人员的发展潜力,把他从较低的职位提拔到更高级的职位,从而引起的一系列开发活动,包括组织方面与个人方面的开发,被开发者因此得到了能力上的提高。

晋升开发包括临时提升与有计划提级两种。临时提升一般指由副职临时代理正职行使职权几天、几个月不等。例如,经理休假、生病、出差或突然出现职务空缺时,常常出现由副经理临时代理的现象。在代理期间,副职代理正职制定政策、进行决策并充分履行职责,因此可以得到实践的锻炼,能力会得到一定的提高。

有计划提级是指按照组织事先设计的职务系列,按照既定的资格要求与考评方式逐级晋升,从而使管理人员的能力不断得到发展的过程。一般来说,管理人员明确自己的发展通道与阶梯,知道自己所处的环境与前进的方向。例如,银行储蓄所主任大体知道自己可能的发展路线是,由主任到支行副行长、支行行长、分行副行长、分行行长,再到总行副行长与行长。于是,这位主任就很可能会积极努力去学习,掌握与培养各级职务资格所要求的各种知识、技能与素质。这样,该主任正常按时得到提级,他的能力就会得到快速的提高。

三、职务轮换开发

职务轮换是指让管理人员分别到不同的相关职务上任职,以拓宽其知识面与能力范围的一种管理活动。职务轮换有两种方式:一种是平面式或平行式轮换,另一种是螺旋式轮换。前一种只是扩大知识面,后一种既能扩大知识面又能提高能力水平,因此管理人员开发中的职务轮换通常是螺旋式轮换。例如,人力资源部经理任职三年后轮换到分公司担任总经理三年,再到总部担任主管人力资源的副总经理。这里的职务轮换就是螺旋式的轮换。

四、评价中心技术

评价中心技术是一种既用于管理人员管理能力测评又用于管理人员管理能力开发的方法。它主要是通过模拟一些典型的与实际的工作情境,例如无领导小组讨论与有领导小组讨论等,让被开发的管理人员置身其中,对各种问题做出相应的分析与问题解决。这种问题解决行为形式一方面有助于提高被开发管理人员的能力,另一方面能够考察与评价管理人员的领导与授权等相关技能。常见的评价中心技术包括管理游戏、公文处理、角色扮演、有领导小组讨论、无领导小组讨论等。有关学者认为,评价中心技术中的角色扮演是一种比较有趣、花钱不多且又能开发许多新技能的方式。由于角色扮演是一种假设的情景,扮演者不必有太多的顾虑与禁忌,可以尝试采取各种不同的管理方式开展自己的管理工作,然后再尝试采取专断的方式开展自己的管理工作。而在实际的管理工作中则不允许有这种方便的实验机会。[①] 评价中心技术的不足是,花费时间较多,如果活动中指导人员不能清楚地告诉被开发的管理人员他们将从中学到许多东西,那么被开发者就很可能会认为是在浪费时间。

五、敏感性训练

敏感性训练主要用于开发管理人员对他人情感、态度与需要的

---

① 〔美〕加里·德斯勒:《人力资源管理(第6版)》,刘昕等译,第213页。

敏锐感觉技能。管理人员必须通过他人来完成任务,在以人为本与团队合作的现代社会中,必须尊重上级、下级、同事与合作伙伴的情感与需要,提高对人的敏感性技能,否则就难以取得管理上的成功。

敏感性训练一般包括以下三个方面的目标:(1)使管理人员能更好地反省自己的行为,清楚自己在他人心目中的形象;(2)更能洞悉他人的情感、态度与需求,理解他人,理解群体活动过程;(3)通过群体活动,培养、开发、判断与解决自己和他人的情感、态度与需要相冲突的问题的能力。

在敏感性训练中,要求被开发的管理人员相互间直接地交流各种朴素的感觉、感情与态度,并从开发者与小组其他人员那里获得对自己行为的真实反馈。成员之间的反馈是十分坦率与直截了当的,有人也因此在心理上受到了一定的伤害,因为他们受不了这种挫折与打击。还有的学者认为,在敏感性训练中,由于群体压力及动力的影响,参与者难以控制自己,被迫暴露自己的本性,因而有可能侵犯个人的隐私权。因此,有人建议进行敏感性训练应该注意以下几点:(1)让感兴趣的人自愿申报参加,不要强迫;(2)筛选参加训练的申报人员,不要让那些情感脆弱、容易受到伤害与受不了批评的人参加;(3)慎重选用培训者,保证他们具备相应的控制调节能力;(4)对所有参加训练开发的管理人员,首先明确相关的训练目的与方法,让他们有一定的心理准备,提高心理承受力;(5)事先树立明确的培训目标与要求。

第四节 管理人员领导力开发

【引例】

电子领导力[①]

物联网、移动互联、云计算等新兴技术的出现改变了组织的形式和商业运作模式,管理人员和追随者交往的方式随之发生了改变,他们更多地使用电子邮件、视频会议等电子方式。这种新的工作

---

① 资料来源:刘追、闫舒迪:《企业电子领导力的发展、挑战和对策》,《领导科学》2015年第26期。有删减。

第七章 管理人员的开发

特征促使领导力理论不断发展,拥有更加丰富的内涵,电子领导力(E-leadership)由此应运而生。

电子领导力是指知识经济时代,管理人员所具备的以信息技术为媒介,整合资源,激励、影响员工不断实现个人目标和组织目标的能力。

电子领导力是领导力在新情景下的发展,新的情景使组织对信息的收集、处理、转译、传输等都有了新的方式,因此,电子领导力在传统领导力的基础上发生了一些新的变化:领导对象多元化、领导行为差异化、领导环境优越化。

信息技术的飞速发展使变革成了企业管理工作的新常态,也为电子领导力的发展带来了许多挑战。

(一)信任关系建立困境

1. 缺乏直观认识。网络技术的发展使组织用人的灵活性增加,但是由于工作地点和时间的不同,员工之间很少甚至无法见面,彼此缺乏直观认识,再加上仅通过技术媒介进行交流会大大减少员工之间的情感互动,因而产生情感上的疏离,彼此也无法获得更深入的了解,造成个体层面的信任关系建立困难,对电子领导力的有效性产生负面影响。在这种情况下,领导者只有具备更强大的关系管理能力,才能影响这些员工,加强情感链接,增强对彼此存在的感知和能力的了解。在网络工作环境中建立并维持信任关系,这对电子领导者提出了更高的要求和巨大的挑战。

2. 缺乏情感交流。无论技术如何改变,同事之间的感情依然是决定员工是否离职的原因之一。与面对面交流相比,通过各种媒介相互联系会大大减少员工之间的情感互动。在新的工作背景下,员工可能永远见不到其领导者,而电子领导者是否能提升存在感、促进团队之间的情感交流、增强并维护团队之间的信任感,对于团队是否能获得成功至关重要。如何让员工既有工作自主权又不产生情感上的疏离、彼此相互了解、快速建立并保持信任关系是电子领导者面临的重大挑战之一。

(二)交流与沟通存在障碍

1. 信息理解偏差。在传统工作方式下,组织成员可以依靠语调高低、笑容等非语言性暗示,确定他们是否理解。然而在电子工作环境下,缺乏面对面互动,仅以电子媒介来沟通,大部分情况下没有上述非语言暗示,也没有肢体语言,很容易造成信息理解偏差或信息扭曲,这很可能使团队成员不理解事情发生的过程,也不理解决策是如何做出的,从而大大降低沟通的有效性。如何通过电子媒介进行有效沟通是电子领导者亟待解决的问题之一。

2. 员工背景多样化。在电子时代,员工呈多样化趋势,越来越多的文化聚集到一起,由于来自不同的地域,一个工作团队的成员具有时区、语言、信仰、思维方式等方面的差异性,在工作中,这些跨文化差异不可避免地会产生文化冲突,必须找到一种方法使不同文化、国籍、语言及年龄的员工能够有效地协同工作。因此,只有提升文化敏感性,增强跨文化管理能力,才能针对不同文化特点进行动态调节,促进员工顺利地协作完成工作任务,这对电子领导者提出了又一挑战。

(三) 虚拟员工管理困难

1. 监督问题。电子时代,组织边界模糊化,员工分散在不同的地域,电子管理人员无法亲眼看到员工的工作态度,并且由于组织目标和员工目标的不一致,在缺乏有效监督的情况下,员工很可能出现机会主义行为而损害组织利益。此外,电子管理人员很难控制目标完成的过程,在缺乏监督的情况下也无法知道组织建立的一些规则是否被"看不见"的员工所遵守,员工在公事和私事之间是否有适合的边界同样不得而知。

2. 激励问题。面对多元价值观的虚拟员工,仅靠物质奖励已经无法达到最佳效果,而通过技术媒介激励这些员工,通过电子方式的情感交流减轻员工的孤立感,继而增强团队凝聚力,需要更高的激励与关系管理能力,这也给电子管理人员带来了挑战。

3. 知识管理。背景多元化的虚拟员工具有丰富的知识,要想利用先进技术优化员工配置,获取和利用每一个成员的独特知识来实现组织目标、创造新的价值,需要提高资源整合与管理能力,这也对电子管理人员提出新的要求。

(四) 信息技术的有效使用问题

新的技术带来了新的管理方式,电子时代管理人员可以通过信息系统来监督、激励其他员工,但技术的丰富化也是一把双刃剑,如何在组织中充分利用 AIT(先进信息技术)来优化整合人力资源与技术系统对电子领导力提出了一大挑战。此外,信息的极大丰富化意味着无效信息的极大化,需要在海量数据中筛选出有效信息,充分利用这些信息;处理所需利用的软件和硬件不兼容产生的问题;避免数据信息泄露,控制谣言传播;防止由于技术问题而影响任务的完成等。这些都对电子管理人员提出了更高的要求,给电子领导力带来了更大的挑战。

新形势下对企业管理人员的要求越来越高,组织中的管理人员包括一线主管、中层管理人员和高级管理人员,他们是组织领导力的重要载体。管理人员领导力水平决定着组织核心能力的强弱与竞争态势的优劣,管理人员领导力的开发是组织人力资源管理体系中亟须构建的内容。如何开发管理人员的领导力?具体有哪些开发方法?本节将一一解答。

一、领导力概述

领导力不同于一般的管理能力,它是管理人员在特定的组织系统中,动员周围的人,为实现组织的使命共同努力的一种能力或能力体系。领导力不是指传统意义上所理解的一种职务或"官位",而是一种引导和促进组织发展的行为和过程,是各级管理人员与其下属互动的水平和效果,这是传统领导观和现代领导观的根本区别。领导力不仅是"领导人"拥有的能力,还是整个组织及其所有成员包括基层员工都可以发展出来的一种不断创造新业绩的能力。企业领导力综合水平体现在企业中的每一个人身上,而不只是管理人员。

管理人员所处的商业环境复杂和面临的挑战较大时,仅仅拥有管理能力的管理人员很难生存下来。按照约翰·科特(John P. Kotter)的论述,当企业所面临的环境相对稳定、竞争适度且具有较强的确定性时,管理才能是重要的,这个时候,企业需要的是能按部就班、一丝不苟地实施管理的经理人才;而当企业面临急剧变革的外部环境、多方面的不确定性和大量非结构性决策时,一般的管理才能就不能解决企业的现实问题,此时企业需要的是具有相当的前瞻性、洞察力和敏锐的商业意识、决断力,善于开拓、精于描绘愿景并长于激励士气的管理人员。虽然当代企业急需领导力,但现状却是"这个世界到处都有管理人员,但真正的管理人员却极其匮乏"。因此,应强化这方面的意识,着重培养管理人员的领导力,让管理人员的素质有所提升,并把他们安排到相应的工作岗位上去充分发挥作用。

【阅读材料】

领导力开发三部曲①

领导力开发是市场上一个炙热的话题。在当前不确定性极高的经济环境中,领导人过去的成功并不足以保证未来的持续成功;而其领导力水平直接影响企业战略、创新环境及员工动力等促成企业基业长青的重要因素。

德勤(Deloitte)的最新研究显示,"领导力开发"已经成为企业最关注的人才管理策略和行动之一。然而,只有4.3%的高管认为企业领导力开发是"非常有效"的。"理想很美好,现实很骨感"也生动地体现在领导力开发上。

在大型企业中,领导力开发项目可谓琳琅满目,如商学院提供的EDP项目、海外学习、咨询/培训公司提供的各类培训项目、在线学习、教练等。但是,这些领导力项目的投入产出收益却不尽如人意,究其原因是未能系统思考和部署领导力开发工作,仅仅组合市场上提供的各类产品并不能满足企业领导力开发的个性化要求。

领导力开发毋庸置疑是一个战略性议题。企业应该开始思考三个方面的问题:面对未来发展,企业如何定义领导力?根据领导力要求,领导人的差距在哪里?针对差距,我们如何有效开发领导力?也就是"建立标准—识别差距—定制发展"三部曲,如图7-7所示。

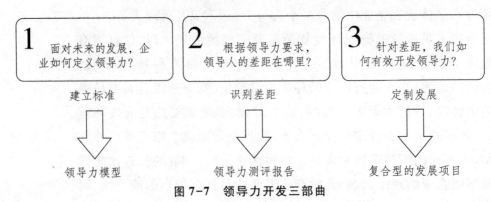

图7-7 领导力开发三部曲

---

① 资料来源:刘恒:《领导力开发三部曲》,http://www.hbrchina.org/2014-02-17/1855.html。

第七章 管理人员的开发

1. 建立领导力开发目标

一些企业领导力开发项目效果平平,究其原因,企业忽略了建立标准、识别差距这两个环节。随着外部经济环境的变化,领导人的素质要求也发生很大变化。过去,中国企业领导人大多是业务、技术出身,如今越来越多的企业将战略前瞻、高效执行、领导创新、激励他人等作为领导人的重要素质。没有领导力标准,后续工作就成了无的放矢。

很多企业领导力开发项目是按照中层管理者、高层管理者等级别简单分类实施。事实上,这种粗放的分类方式无法清晰界定每个个体需要重点发展培养的方向,导致他们随波逐流,收效甚微。科学的能力素质测评可以帮助领导人对自己有更为准确的认知。领导人的自我评估与他人的评价可能存在极大的差距,这种落差迫使领导人自省,并产生足够的动力参加领导力提升项目。明确的领导力标准及科学的能力评估结果可以帮助制订领导人的"个人发展计划"(IDP),更为清晰地描绘领导人发展蓝图及提升的重点方向。

2. "经验+体验+学习"的黄金组合方式

德勤认为,"经验—体验—学习"是有效的领导力开发系统,如图7-2所示。企业可以通过各种在岗形式的实践和挑战的经历使领导人获得经验,如全球派遣、特殊项目、跟随训练、轮岗等。也可以建立"人脉渠道"使领导人获得直接的体验和支持,通过指派资深高管作为导师、聘用外部教练、建立内部关系网络等方式使领导人有更多机会向他人学习,借助他人经验促成成功。另外,还可以通过授课、网络学习平台、行动式学习等学习方式补充领导人的知识理论体系。这三种方式应以"经验"培养为主,是提高领导力最有效的方式,约占70%的贡献;而辅导、伙伴关系、正式授课、行动式学习等机制是领导力提升必要的补充方式,约占30%的贡献。

包括德勤在内的许多企业受益于此"黄金组合"。以德勤为例,因业务快速成长,公司需要培养更多优秀的合伙人,"高潜力人才培养计划"应运而生。公司每年选出约30名优秀高级经理参加"全球人才派遣"计划,将他们派遣到德勤全球各地的分所工作一年,以发展其专业能力和管理能力,拓展国际化视野。与此同时,公司为每人指派一名资深合伙人作为其导师,定期反馈与沟通,为其提供有益指导。另外,值得一提的是,德勤服务的一些客户被引入了"行动式学习",以提升"学习"的效果。在学习中,以企业业务需求为导向,有针对性地设计学习内容,在课堂上寓教于"讨论",寓教于"练习",从而提升领导人解决具体业务问题的能力。

3. 设计配套的人才管理政策

领导力开发不是孤立的体系,需要一系列的人才管理政策作为配套支撑,包括选拔评估、人才培养、绩效激励及继任管理等,如图7-8所示。例如,选拔评估政策帮助企业建立"领导人才库",把业绩优秀且富有发展潜力的领导人选拔出来进行培养,提高投入产出回报;绩效激励政策帮助企业科学地衡量领导人的绩效,尤其是其参与了领导力开发项目后是否有绩效提升及行为的改变等。企业在推行领导力开发项目时务必要审视其人力资源政策,避免人力资源政策成为掣肘。

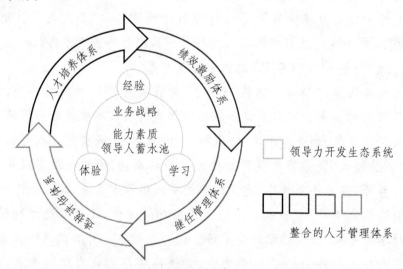

图7-8 德勤的领导力开发框架

领导力开发的终极目标是拥有一个高质量的"领导人蓄水池",可以源源不断地为企业业务扩张提供领导人才。为达成这个目标,除科学系统地规划领导力开发工作本身,"造就领导人"的企业文化是一个更本质的因素,也就是整个企业要有强烈的意愿培养领导人,一把手以此为重要任务亲自领导,持续关注。GE、宝洁等以人才培养著称的公司,也曾用大量时间建设企业文化来打破组织间壁垒,聚焦领导人培养。领导力开发任重而道远,很多企业已经在路上。

第七章 管理人员的开发

二、领导力开发内容与步骤

（一）领导力开发的准备工作

1. 领导力开发的需求分析

（1）确定领导力开发的需求。

领导力开发的需求是企业人力资本、社会资本、组织资本当前水平与战略制定及实施所需水平之间的差。

领导力开发的需求体现为以下五个方面的综合。

第一，数量。企业未来几年因为业务增长及人员流动而产生的各层级领导的数量需求，包括大约什么时候，在什么区域，需要什么层级的管理者。

第二，质量。企业所需领导者的特征、素质要求，包括年龄、性别、种族、文化背景、教育水平、经验通过内部提升还是外部空降的方式获得以及多元化水平。

第三，技能与行为。不同职能部门、不同层级、不同区域及不同业务单元达成业务战略所需的特定技能、行为、素质。

第四，集体能力。这是指团队或企业有效面对复杂多变的外部环境，完成集体领导任务所需的能力。这些集体领导任务包括：以集体领导的方式完成确定方向、创建联合、激发承诺等领导任务；跨越内部和外部界限地合作，以有效解决难题，或是提升组织运作效率，达成绩效；让员工参与决策等，以调动组织每个个体的积极性，以实现跨部门、跨业务单元、跨层级乃至跨地域协同，以成功制定和执行战略；跨部门合作，成功实现创新以及开拓新的市场和新的业务；保持一致，持续适应变革；确保企业的价值观、信念和行为规范、透明及一致性；有效跨部门合作以迅速做出反应，满足客户需求；从整个企业的利益出发，而非从个体出发，进行人才发展，等等。

第五，领导力文化。这是指领导者以一定的方式形成确定方向、整合资源、激励与鼓舞等领导活动的行为模式。它包括：领导者依赖、独立或互赖的程度；集体行为及领导者活动所强化的理念；领导者所展现出来的领导力风格是控制型、放任型还是民主型。

(2) 领导力开发需求与差距的分析。

领导力开发需求与差距的分析,首先应从企业的战略入手,识别影响战略的关键要素。这些关键因素往往是领导层在透析企业优势、劣势、威胁、机会点,明确企业市场定位,组合企业资源,取得最大经营绩效上的关注点。这些关键要素数量不多,但是能帮助理解企业的管理人员领导力开发需求。表7-5描述了常见战略关键要素及管理人员领导力开发需求。

表7-5 企业战略关键要素及管理人员领导力开发需求

战略关键要素	领导力开发需求
更加全球化	管理者更有文化敏感度; 高层更有全球视野; 关键领导岗位提高语言技能,以实现跨文化沟通; 管理人员更能接受全球派遣; 了解当地的法律及商业规则
加大对快速增长的业务投入	加快人才发展,以填补新增关键岗位所需; 新增加一定数量的管理者
提升运作效率	引入六西格玛、精益生产等降低成本、提高质量与效率的方式和方法; 营造持续改进的文化
更客户导向	优化流程,以准确、快速地理解客户需求,满足客户需求; 在所有客户接触点提升客户体验,加深与客户的连接; 营造一种客户至上、关注客户的文化
更具创新性	增进业务单元、各部门间更高效的合作,以共同向市场推出新的产品或服务; 提升跨职能合作,以多维度捕捉客户感知,转变为新产品的创意; 在企业高层改变谨小慎微、躲避风险的文化,营造容忍失败、鼓励创新的文化

资料来源:程云:《企业领导力开发的有效性研究》,武汉大学博士学位论文,2013年。

2. 确立开发的技术性指标及所需资源支持

(1) 时间安排。根据企业情况,做好时间安排。最好将时间安

第七章 管理人员的开发

排在假期或者生产淡季。

（2）资金。对于领导力开发项目的投资不可能马上见效,要有两年以上费用预算。因此,相关的差旅费用将是一笔不小的开销,需要给予专项的支持。

（3）高层管理人员的参与和支持。高层领导的态度直接决定所有参与者的态度和结果,因此,公司高层领导必须对此项目有充分的认识和足够的支持。

（4）技术平台。管理信息化一直是企业界关注的热点,有效的领导力开发同样应借助高效的技术平台。在网络技术的支持下,QQ、微信、微博、微群等现代工具,及网络虚拟社区等,能够有效突破诸多物理与空间的障碍,增加信息交流的途径。因此,IT平台的支撑是领导力开发中不可或缺的方面。

（二）领导力开发的设计

1. 开发活动的目标设定

领导力开发活动应当以服务企业战略执行、管理变革推行或文化同化为目标。对多家美国企业实践的调查及总结发现,更多的领导力开发实践指向同化公司理念及加快重要战略变革,以领导者领导技能提升为目标的领导力培养实践正在逐渐减少。以领导者领导技能提升为目标的领导力开发,对领导者绩效提升有一定帮助,但只是间接影响组织绩效。有效的领导力开发应致力于同化或改善组织价值观及管理理念,传递战略执行对组织中各角色的期望和要求,或传递组织当前重大变革的必要性及具体要求,支持组织中的重大变革。价值观及管理理念是组织流程、制度、政策背后的指导原则,决定着整个组织以何种方式应对外部挑战,对于组织持续业绩达成有着深刻的影响;业务战略的有效执行需要组织中各层级人员对战略的理解上下对齐。业务环境的变化、业务的发展使得对组织中各角色的期望和要求也在不断地发生变化。领导力开发项目如能有效传递战略实现对某组织中各角色的期望和要求,澄清在当前业务目标下的职责要求,可促成个体主动与其他角色紧密联合,投身于组织战略执行,支撑组织战略实现。组织所面临环境的变化,使得组织的变革成为常态。组织业务方向、业务策略的调整,或内部管理的变化,其有效实施需要与相应各层级人员的充分沟通,交流变革的必要性及讨论具体要求。组织领导力开发项目与组织中的重大变革项目紧密结合,成为变革项目的一部分,将促使组织处理复杂挑战,提升应对变革的能力,贡献其价值。

2. 确立开发对象

确立开发对象时应聚焦于战略执行的重点人群。领导力开发的视野,原则上应关注到企业各个层次的管理人员,但如能澄清各层次、各业务单元中对当前绩效及持续绩效有着关键影响的重点管理人员群体,将有限的人力和财力投入到重点群体上,在一定程度上可以提高领导力开发的有效性。

个体领导力发展是在一定的组织情景下,采用一定的方式(如培训)使具备一定学习能力的管理人员持续成长。组织设计和实施的领导力开发举措作为一种精心设计的有计划的干预措施,应着力于管理人员履行领导职责。例如,刚从一个独立贡献者成长为团队领导,第一次独立承担全面经营的责任,第一次领导多元化的团队,等等。在这些关键阶段需要给予领导力开发活动的支持,如导师辅导、集中培训等,促成领导有效应对正面临的挑战。

3. 开发的内容选择

(1) 基础内容。

国内领导力课程中许多内容是借鉴自西方较为成熟和规范的研究。领导力是管理学科中与制度、文化更为密切相关的一类。管理人员需要通过自身文化的提升,塑造符合企业特色的文化氛围。明茨伯格提出,领导力的学习应该加入心理学、社会学、经济学、数学、人类学、历史和法律等内容。

(2) 跨界领导力内容。

由于管理人员的使命是创造现在并不存在的未来,因此他们的知识来源不能仅仅局限于已有的管理实践和专业领域的管理理论,而是从更为广泛的社会经济领域里获取灵感和启发。学习内容应该不再是以本行业内最优秀的企业为学习标杆,而是以企业未来的发展需要为导向,吸取任何可能的对象中的有价值的部分为我所用。

在开发适应管理者需要的未来领导力培训时,必须帮助受训者

第七章　管理人员的开发

具备突破各种界限的能力。界限表现为多个方面,如上下级之间的界限、部门之间的界限、行业之间的界限、民族国家的界限、地理位置的界限等。一般组织中只有少量的管理人员能够具备这种跨域领导的才能。跨界学习要求管理人员在学习的过程中补充更多跨界的知识与认知。管理者在研修中通过不断反思、系统思考和有战略高度的沟通和交谈,并在架构性、步骤化的流程下,实现从学习跨界知识到有效应用的转化,便于他们在有限的时间和财力内,达成清晰的共识,形成切实可行的实施计划,进而创造一个新的管理人员个人、组织、社会与整体经济环境相互协调的发展模式。

(3) 纵向学习内容。

传统的各种培训学习多采用横向发展的模式,即培养新的技能、能力和行为,属于技术型的学习,适用于有明确的问题和特定的解决方案的情境。从技术的角度来看,这就类似于安装新软件(横向发展)和电脑升级(纵向发展)之间的区别。纵向发展和横向发展的方法差异极大。横向发展可以从专家那里学习到,但纵向发展必须通过自主学习。在开展面向管理人员的领导力培训时,需要强调鼓励学员开展纵向学习。通过教授引导帮助受训者突破思维定式,受训者通过工作实践,进行体验和自我反思,最后获得创新思维与各项领导能力的综合提升。清华大学经管学院研究领导力的杨斌教授强调说,现在尤其缺乏的是"组织中的领导力自我挑战",领导力课程不该成为励志课或者纯"学"习,而应与管理人员每天的管理密切结合,应该与企业实际管理过程中的沟通、冲突解决、团队、影响、文化、变革等密切结合。

领导力开发实施中,为有效契合业务需求,可澄清战略执行、管理变革或者企业文化传承对于目标管理人员群体的知识、技能及经验要求,分析当前存在的差距,从而选择针对性的内容。领导力开发活动中相关的培训、研讨,可结合目标管理人员的需求,聚焦于如何通过已总结成型的通用领导技能来解决这些现实问题,提供用以解决这些现实难题的技能与观念,而不是停留在个人层面的共性人力资本准备层面。

（三）领导力开发的方法

对于不同层次的管理者,可以有针对性地采取不同的开发方法,见表 7-6。

表 7-6　不同层次的管理者对应的领导力开发方法

管理人员分类	开发内容	开发侧重点	开发方法
高层管理人员	加深自我理解与认知,提升前瞻性的战略、组织氛围与绩效的全面管理	人际协调能力、部门关系能力、公司关系能力	企业大学、远程教育和网络教学、教练辅导法、户外的管理开发
中层管理人员	强化战略执行能力,提升管理团队、业务与部门整体技能	人际协调能力、团队能力、沟通能力	企业大学、内部课程、360度反馈法、教练辅导法、行动学习法、管理者相互开发
基层管理人员	转变角色和思维方式,掌握管理工作任务与下属的基本技能	技术能力、个人素质	企业大学、内部课程、360度反馈法、导师指导法、自我开发

管理者领导力开发方法通常分为正式的和非正式的,内部的和外部的,或教导式的和经验性的,可以交付于个人,也可以交付于他所在的组织。现有大部分干预措施,无论是正式的还是非正式的,都包括以下一个或多个方面:第一,学习领导理论及其应用;第二,通过问卷调查和分析工具进行自我分析或团队分析;第三,通过团队活动(通常是室外的)进行体验学习和模拟。从分析到应用的学习过渡过程是管理者领导力开发最佳实践的核心。

1. 正式方法

管理人员领导力开发的正式方法主要依靠培训师、教师和其他"专家"的"输入"。管理人员领导力开发往往被视为正规教育的代名词,对正规教育的重视表明了管理人员领导力开发与组织战略目标之间的联系。组织可以通过绩效管理系统清楚地识别和跟踪本组织对开发活动的参与。这种正式的管理与领导力开发可以是在职的——发生在工作环境中,例如,通过培训中心完成;也可以是脱产的——远离工作场所,通过学院、大学或会议/研讨会完成。这里主要介绍三种常用的正式开发方法。

(1) 企业大学。

对于一些规模较大的组织来说,企业大学已经成为在内部进行正式的管理者领导力开发的手段。企业大学的组织结构和机构设置多种多样,但由于其目的是通过高度结构化的内部规定来满足企业学习的要求,故通常建立在公司总部。企业大学往往靠胜任力框架来使管理者领导力开发实现结构化,从这个意义上来说,企业大学的活动与组织绩效之间有着明确的关系。当前,国外很多企业均建立了企业大学。导致企业大学数量激增的因素有:对一般学术课程的不满,因其并不总是能够解决本土化和具体的管理困难与难题;科技发展促进了学习与交流的新方法的诞生,这些新的方法使学习和交流变得更加容易并且节约了成本;随着组织变得越来越复杂和模糊,建立企业大学成为知识管理的一个重要标志和机制;建立企业大学提高了人力资源开发部门的地位和威望;建立企业大学对人力资源管理有益,例如,能够利用高标准的开发工具来吸引更优秀的人。

企业大学反映了组织始终致力于计划和组织一整套的培训来开发管理者领导力,用这种方法来满足组织需要以及员工工作的现实需要。换言之,它可以直接解决战略契合问题与如何满足情境多样性和复杂性需要的问题,并且通过定制化和规范的人力资源开发来适应可能发生的情况。企业大学的目标是"将培训开发与企业战略相连接,同时,也向员工传递明确的信息:组织准备在他们身上投资"。惠普公司企业大学咨询解决方案见图7-9。

然而,企业大学仍有若干问题需要解决。第一,风险问题。一些所谓的企业大学可能只是改头换面的培训部门,其动机与学习和开发相比具有更多的政治性和公关性色彩。第二,企业大学的增长率将超过传统大学并成为对传统大学的挑战。但是很多组织予以反驳,他们说企业大学正在寻求与高等教育机构合作。但是有人担心,支撑大学教育的价值观(独立思考与批判性的分析和争论)可能在某些类型的组织文化中并不受欢迎。第三,若干实际问题。如果学员还没有完成他们的学业,公司就决定关闭企业大学以削减成本,那

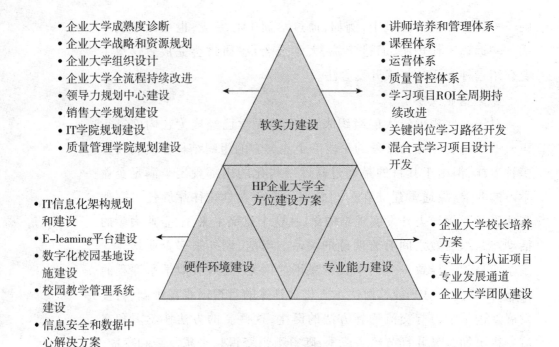

图 7-9 惠普企业大学咨询解决方案

会怎样呢？当企业面临商业失败的风险时，它们也可能小心谨慎地处理自身与单一合作伙伴过于紧密的联系。因此，企业大学今后的发展如何还有待观察。

（2）公司内部课程。

组织经常自己设计课程和进行研讨，并以此作为开发经理的一个方式。此类课程一般是根据组织或经理所提出的特定问题、要开发的技能和个体特征进行针对性的设计。这种活动可能从强调一种具体的技能或问题的课程（如评估员工绩效、预算）到一系列互相联系的课程不等。例如，举办为期两周的一系列研讨会，让非经理的核心管理人员熟悉各部门和各个产品以及公司所面临的挑战等。通用电气公司（GE）曾经设计了一系列课程，用于开发经理们在全球竞争环境中获得成功所需要的素质。该开发项目是在公司位于纽约的管理开发中心进行的，其中的核心课程包括"公司领导会议""新经理开发课程""高级管理课程""经理人项目""主管研讨会"。该项目的开发对象包括刚从大学毕业的新员工到资深的公司高管。课程设计的目的是为了解决经理们所面临的各种挑战，包括展现 GE 所面临的各种实际问题，并为参与者提供解决问题的机会与方法。

设计和实施此类课程时,要保证课程符合开发经理的实际要求,既要避免冗长,并让参与者看到课程与整体开发计划的关联性,也要帮助 HRD 的经理们了解组织提供的课程与总体开发活动之间的关系。比如,GE 将 80% 的开发内容通过在职经历来完成,20% 通过正式的课程进行教学。这将使经理们了解到,将来开发下属的主要任务与方式,主要是给他们提供重要的发展经历。有些组织还进一步扩大范围,邀请海外与国外的成功经理参与开发活动。比如,GE 就邀请一些海外知名公司的经理和主管,如俄罗斯国际航空公司的经理,与自己组织中的经理们一起参加课程开发,目的在于开发经理的全球管理技能和才能,建立关系,以便以后更好地合作和获得更进一步的商业机会,并让其了解其他组织和国家是如何进行经营的。

(3) 远程教育和网络教学。

以国际互联网和多媒体为代表的信息技术,对人们的学习方式产生了深远的影响。信息化的手段使企业的职员培训发生了一场历史性的变革。因此,世界上先进的企业和各类培训机构纷纷创建了用信息教育技术和多媒体技术武装起来的教育培训系统。企业可利用这些先进企业和培训机构远程的培训资源开展对企业管理人员领导力的培训。通过这种方式,让领导力培训专家在网络上为企业管理人员答疑解惑,进行教练辅导。这种远程的培训方式使管理人员可以在岗通过网络学习提高自己的领导力水平,一方面可以节省培训经费、缩短培训周期,另一方面可以提高培训的质量。对管理人员来说,信息化领导力培训手段不仅可以使其不必脱离管理者岗位,而且相关的远程网络培训内容也可以在日常的管理中得到应用和检验。这种培训方式既不会影响到本职工作的开展,又能使领导力的培养取得良好的效果。

2. 非正式方法

组织对开发管理者领导力的非正式但有计划的方法越来越感兴趣,同时对计划外的学习收获也有兴趣。这类方法越来越有效,因为其核心优势在于把学习情境化到管理者所处的特定情景中。当通用的、正式的、现成的课程或教育计划不能满足组织需求、情境需求或个人特有的需要时,这种对非正式开发的兴趣可能在部分程度上反映了人们对上述课程和教育计划的不满。同时,这也反映了个人和组织希望运用更加灵活和低成本的方法的愿望,因为这些方法通常使用技术创新来适应不断变化的生活方式和瞬息万变的组织情况。下面列出了一系列非正式的、有计划的开发方法和无计划的学习手段。

(1) 360度反馈法。

360度反馈法是指由与被评价者有密切联系的人,包括评价者的上级、同事、下属等,分别匿名对被评价者进行评价,同时被评价者也进行自我评价,然后,将他评结果与自评的结果进行对比,并在适当的时候将结果反馈给被评价者。其目的在于,帮助管理人员认识到发展目标以及自身现状,找出差距,结合工作实际情况深入分析其原因,从而制订有针对性的发展计划。这种方法实际上可以看作是领导力提升的前提和基础。

在提升管理人员领导力方面,360反馈的作用和优势在于:第一,向管理人员本人及组织提供他们需要发展与提升的素质的信息。第二,管理人员的行为能随时间推移而改变,但新技能的获得和领导力的提升有可能需要花费1—2年才能实现,360反馈能将这一变化更真实地反映出来。因此,它可以作为收集素质发展前后效果比较数据的工具,使管理人员个人及组织动态地检查发展效果,以便调整培养目标和方法,同时为潜在人才库人员的更新提供量化数据。第三,标准化的问卷、施测方法和数据分析手段使360反馈更具标准性、可量化性、可重复评价性等特点,操作简单,涉及面较大。

360度反馈法分为三个阶段。第一阶段为准备阶段。准备阶段的主要目的是使所有相关人员,包括所有评估者与受评者,以及所有可能接触或利用评估结果的管理人员,正确理解企业实施360度评估的目的和作用,进而建立起对该评估方法的信任,因此,企业应该在评估前与相关人员进行细致的沟通,通常可以采取召开由企业领导以及受评人参加的动员大会的形式进行。在动员大会上,由企业高层介绍实施评估活动对实施企业战略目标的作用;由评估专家/顾问介绍活动流程,重点强调评估活动对员工能力发展与职业生涯计划的作用、活动中所采取的保密措施等,以消除对评价活动的疑虑,使他们都以积极的心态来对待评估。

第二阶段为评估阶段,具体流程如下。第一步,组建360度评估队伍。评估者应征得受评者的同意,这样才能保证受评者对最终结果的认同和接受。第二步,对评估者进行360度评估反馈技术的培训。在执行360度评估反馈方法时需要对评估者进行培训,使他们熟悉并能正确使用该技术,防止出现评估者无意歪曲评估结果以及在评估过程中犯各种类型的偏差,比如宽大或严格误差、晕轮误差等。此外,理想情况下,企业最好能够根据本公司的情况建立自己的能力模型要求,并在此基础上,设计360度反馈问卷。第三步,实施360度评估反馈。分别由上级、同级、下级、相关客户和本人按各个维度标准,进行评估。需要注意的是,评估尽量采用匿名方式。第四步,统计并报告结果。在提供360度评估报告时要注意对评估者匿名需要的保护。第五步,企业管理部门针对反馈的问题制订相应措施。也可以由咨询公司协助实施,以保证报告结果的客观性,并能提供通用的解决方案的发展计划指南。

第三阶段为反馈和辅导阶段。在360度评估反馈的整个过程中,根据评估结果向受评者提供反馈和辅导是一个非常重要的环节。通过来自各方的反馈,可以让受评者更加全面地了解自己的长处和短处,更清楚地认识到公司和上级对自己的期望及目前存在的差距。在第一次实施360度评估和反馈项目时,最好请专家或顾问开展反馈辅导谈话,以指导受评者如何去阅读、理解以及充分利用360度评估和反馈报告。另外,请外部专家或顾问还容易形成一种"安全"(即不用担心是否会受罚等)的氛围,有利于与受评者深入交流。在遇到小组或集体反馈的情况时,可以先以小组的形式对受评者进行有关如何对待和利用360度评估结果的培训,此后再进行简短的反馈和辅导谈话。给受评者培训的内容可以包括:如何分析360度评估结果,如何正确地根据评估结果来明确自己的发展重点并据此制订具体的发展目标和行动计划。培训的目的是帮助受评者以积极的态度来面对反馈信息,并充分利用360度评估的结果来进一步发展自己和改进工作业绩。

360度反馈可以通过问卷调查形式展开。360度反馈问卷通常由两部分组成:客观选择题和开放式问题。在客观选择题部分,提供5分或7分等级量表,让评价者根据被评价者的情况选择相应的分值;开放式问题则是让评价者写出自己的评价意见。表7-7是360

度评估反馈问卷示例。

表 7-7　360 度反馈问卷节选示例

管理者 360 度反馈调查问卷

　　本问卷是企业为提高管理者的领导力,帮助管理者更好地发展而进行的一项专门调查。它通过邀请各类人员对管理者的行为进行评估,帮助管理者从不同角度了解自身的优点和不足,为自己改进工作和职业发展提供指导。其调查结果一般不直接与薪酬、奖金挂钩,而更着眼于改进工作和职业发展。请注意:您是以匿名方式提供反馈和评语,因此,请不要有任何顾虑。您的评价结果非常重要,请务必真实地提供您的意见。

被评价者姓名:＿＿张三＿＿　**部门**:＿人力资源部＿　**职位**:＿项目经理＿

请在合适的选项上划"√"

您是被评价者的:1.上级　2.自己　3.同事　4.下属　5.客户

描述题:以下列举了一些工作行为或表现,请回忆＿＿张三＿＿在工作中的实际表现,根据你的了解和观察做出相应的评价,在您认为合适的等级上划"√"。

序号	题目	非常差	差	中等	好	非常好
1	能将经营或管理战略转化为明确、具体的目标和计划	1	2	3	4	5
2	充分了解本公司产品或服务的优势和缺点	1	2	3	4	5
3	重视培养员工的质量意识,严格执行质量规范和程序	1	2	3	4	5
4	对团队中每个成员做出的贡献都予以及时肯定	1	2	3	4	5
5	注意培养成员的团队精神和集体荣誉感	1	2	3	4	5
6	能坚持自己的正确观点,并善于说服他人	1	2	3	4	5
7	能与其他部门合作建立有效的质量管理合作伙伴关系	1	2	3	4	5
8	能与上级、同事和下属建立并维持良好的工作关系	1	2	3	4	5
9	准确把握对方的观点,洞察其所关注的利益	1	2	3	4	5
10	及时肯定表现优秀的员工,奖罚分明	1	2	3	4	5
11	对员工工作进度和效果提供及时、明确的反馈意见	1	2	3	4	5
12	善于表达,说服力、感染力强	1	2	3	4	5
13	公平、一致地对待每个员工和处理每件事情	1	2	3	4	5

第七章 管理人员的开发

续表

开放题：这一部分是为了让您写下任何您愿意和被评估者一起分享的意见。请根据您的了解和观察回答下列问题。

您觉得被评估者在业务能力（分析/解决问题、顾客导向、决策、跟踪、绩效最优化、计划与组织、结果驱动和工作标准）上与其他项目经理者相比有何不同之处，他/她的优势和有待提高的地方在哪里？为什么？

你觉得被评估者是否具备领导他人的能力？他/她是你心目中合格的管理者吗？为什么？

被评估者在适应能力、持续进步和工作管理方面有哪些给你留下深刻印象？请举例说明。

资料来源：彭剑峰、刘军、张成露：《管理者能力评价与发展》，中国人民大学出版社 2005 年版，第 2—7 页。

（2）教练辅导法。

教练辅导是一种目标定向的学习和行为改变方式，主要用来提高个体工作绩效、工作满意感和组织效能，它既可以是围绕提高某一特殊领导技能而实施的短期干预，也可以是通过一系列不同方式开展的一个较长期的过程。教练通常由学习者（本书对于接受教练辅导和导师指导的人统称为"学习者"）在组织中的直线管理人员担任。学习者一般为个体，有时也会是一个由 12—15 人组成的团队。近年来，作为一种促进商业领域管理人员发展的方式，教练辅导越来越流行，许多组织开始提供教练辅导的服务，即由组织之外的专业教练向管理人员提供个性化服务或团队服务，通过教练的服务达到当事人需要实现的目标。目前，接受这种教练辅导的人士多为组织的高层管理人员。

教练辅导的定位介于单纯的潜能教练与管理辅导之间，既给予被教练者必要的管理辅导，又通过教练提问技术，引导学员认识自我、发现自我、启发自我，激发员工潜能。

基于胜任能力理论和科尔布学习周期理论，教练辅导通过帮助学员明确"理想的自我"，认清"现实的自我"，明确理想与现实之间的差距,通过"反馈与IDP(制订个人发展计划)"和"试行动与改变(包括教练对话在内的各种培养方式)",达到固化效果与持续提升。教练辅导模型见图7-10。

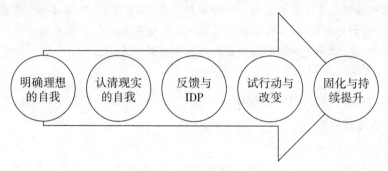

图7-10 教练辅导模型

【阅读材料】

教练辅导法的实际运用①

为夯实企业中层管理力量,A建筑工程设计有限公司决定对中层管理人员开展领导力培养项目。2012年初,中智公司针对该公司中层干部存在的一些共性问题,提供了一系列的集中培训。集中培训主要围绕突破思维、团队领导两个能力要素展开。通过集中培训,中层干部加强了管理角色认知,启发了管理思维,掌握了一定的管理技巧,拓展了视野。但是,短期的培训难以彻底转变管理者的思维,而管理思维的局限直接影响其管理素质的整体提升,中层干部对于胜任当前企业管理实践工作还存在困难。

2012年7月,中智公司启动了教练辅导项目。项目整体流程包括以下几个步骤。

第一步,确定被教练者。确定被教练者主要从教练的必要性与可行性两个方面来考虑,即候选成员是否值得教练,候选成员是否可教练。"值得教练"是指,候选成员现有的能力素质与工作表现符合组织的期望,在将来可能承担更加重要的职责。教练项目专家委员会(企业内部高管、顾问)从学历背景、工作业绩、自身优势以及年龄等方面对候选成员进行综合评分,再进行总分排序,达到限定分数的

---

① 资料来源:石妤、吴元红、王丽音:《"一对一"教练辅导技术在领导力开发中的探索》,《中国人力资源开发》2014年第14期,内容有删减。

第七章　管理人员的开发

人员可列为"值得教练"的人群。"可教练"是指,候选成员是否有提升自我的意愿与接受教练的心态,具体来说包括:一是具有开放的心态,愿意尝试与接受新思想,突破原有的心智模式;二是愿意积极地参与到教练活动中,并配合教练实施过程充分做好相关工作;三是勤于思考,不以答案为目标,而以思维提升为宗旨。通过以上两个方面的考察,根据企业整体培养计划的安排,本项目确定四位被教练者。

第二步,召开启动会。确定好被教练者后,召开教练项目启动会。启动会的目的有两点:一是企业领导进行项目动员讲话,阐释项目意义,以充分鼓舞被教练者;二是了解教练项目,统一思想认识,让被教练者及相关人员(如被教练者直接上级)做好准备。启动会邀请被教练者的上级(直接上级、企业高管)、教练、被教练者等项目相关人员参与,不宜涉及企业其他成员,以减少被教练者的心理压力。

第三步,前期访谈调研。前期访谈调研是采用360度访谈的方式,对被教练者的上级、下级与本人进行访谈。上级访谈侧重了解上级对被教练者的能力评价与发展定位;本人访谈侧重了解本人的自我认知与发展意愿;下级访谈则是了解一些关于被教练者行为特点的补充信息。通过360度全方位的调研,以准确认知被教练者的个性特点、优势与不足,为后期教练提供重要参考。

第四步,制订辅导目标。基于前期访谈调研的信息,即可制订被教练者的辅导目标。上级的期望是基于企业发展需要与对被教练者的了解提出,具有重要参考价值;本人的期望是基于自我认知与发展要求提出,能较为真实地反映本人的意愿,但在某种程度上会受到自我认知程度的局限。下级的期望一般与团队管理相关,部分意见可能带有下级的主观判断,需甄别选取。通过整理各方对被教练者的发展期望,再权衡被教练者本人的现状,制订被教练者的辅导目标。

第五步,教练辅导实施。教练辅导实施阶段(见图7-11)将综合教练对话、知识学习(含管理辅导)、任务体验、反思报告等多种培养途径,以实现被教练者的思维转变与能力提升。(1)教练对话:在对话过程中,教练不是直接给以答案或指导,而是通过一系列有方向性、策略性的对话,洞察被教练者的心智模式,帮助被教练者发现自身盲点,厘清发展目标,充分挖掘自身的潜能,实现能力提升。对话围绕事前约定的主题展开,对相关问题进行深入的挖掘与探讨,对话结束后,教练会留给被教练者一些问题继续思考。教练对话可以采用面谈、电话等方式进行。(2)知识学习:在教练辅导过程中,教练会适当地推荐学员阅读一些书籍,学习一些必要的背景知识,为管理能力的提升奠定基础。(3)任务体验:通过任务体验,被教练者可以获得更多感性的认知,有助于将理论与实际相结合,并触动更为深入的思考。(4)反思报告:在整个辅导过程,被教练者需积极地思考,并定期形成反思报告,以辅助其梳理思路,厘清目标。

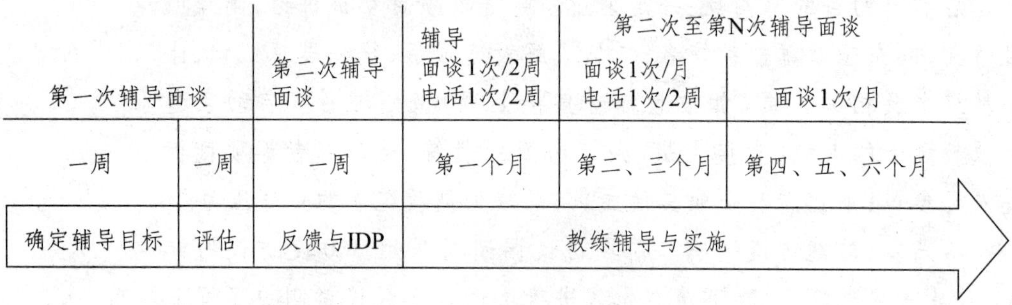

第一次辅导面谈	第二次辅导面谈	辅导面谈1次/2周 电话1次/2周	第二次至第N次辅导面谈 面谈1次/月 电话1次/2周		面谈1次/月
一周	一周	一周	第一个月	第二、三个月	第四、五、六个月
确定辅导目标	评估	反馈与IDP	教练辅导与实施		

图 7-11　教练辅导实施安排

第六步,中期交流会。教练辅导项目中期,可安排一次中期交流会,邀请企业领导、教练、被教练者参加。中期交流会的意义有三点:一是被教练者共同分享教练辅导的收获与心得,促进彼此的交流与学习;二是企业领导对被教练者在教练辅导中取得的成绩表示认可,鼓励被教练者更为积极地投入后期的教练辅导活动;三是促使企业领导了解教练辅导项目的进展情况以及后期所需要的支持,以保障教练辅导项目成功、有效地进展。

第七步,成果梳理。项目结束后,将对整个教练辅导项目进行成果梳理。成果梳理主要是以前期制订的辅导目标为参考框架,对教练辅导过程中被教练者的思维转变、知识收获、技能提升等方面进行系统整理,厘清被教练者在项目结束后的新"现状",为后期发展提供重要参考。通过成果梳理,被教练者可以明确两点:一是我达到了什么目标;二是我有什么目标还没有实现。

第八步,制订后续行动计划。基于成果梳理,被教练者确定后续行动计划。后续行动计划需厘清三个问题:一是我的发展目标是什么;二是我的成长步调如何安排(划分成长阶段,列出阶段性目标,搭建成长阶梯);三是实现成长的具体行动任务是什么。(见图 7-12)

第七章 管理人员的开发

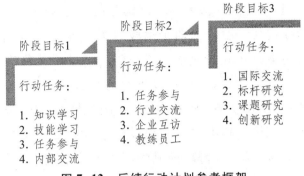

图7-12 后续行动计划参考框架

(3) 导师指导法。

导师指导作为一种开发领导力的制度又被称为导师制,它有正式和非正式之分。正式的导师制通常将处于金字塔较低层的管理人员和与自己无直线管理关系的较高层管理人员进行配对,有时也将其与同事或组织外的咨询师配对,由他们帮助职级较低的管理人员开阔视野、积累经验、扩展人际关系网络和提升自身的领导力。

从类别来看,目前的导师制通常分成三类。第一类是所谓的"主流导师制",指充当导师角色的管理人员或其他专职管理人员像向导和咨询师一样对组织成员个体职业生涯发展的各个阶段进行指导,这种指导贯穿于组织成员从入职到晋升为高级管理人员的整个过程。第二类是"专业资格导师制",指由专业协会指定或委托特定的人员担任导师角色对学习者进行培训,使学习者通过参与一些学习项目来获得某种专业资格。第三类是"职业资格导师制",这种导师制通过某个开发项目来培养学习者,使学习者积累一定的知识经验和实践技能,达到国家职业资格认证所要求的标准。

从功能方面来看,导师制的作用主要在于职业发展和心理支持这两个方面。职业发展功能主要表现为拓展学习者的视野、为学习者提供挑战性任务,并帮助他们实现可持续发展,其目的主要在于提升学习者的知识、能力和领导技能水平,从而为其晋级加薪打好基础;而心理支持功能主要包括角色模仿、角色认同和人际关系问题处理等,其目的主要在于为学习者提供社会情感支持,提升他们的社会认知能力,帮助他们树立合理的职业期望、提高工作满意感并保持工作和家庭生活的平衡等。从导师指导的三个类别来看,主流导师制目前采用最为广泛,强生公司、美国联邦政府会计办公室、蒙特利尔银行、贝尔实验室等国际知名组织机构都在采用这种导师制。

导师指导过程一般分为四个阶段。第一阶段,确定个人发展计划。导师通过坦诚开放的交谈方式与学习者进行充分沟通,帮助学习者制订个人发展计划,并检查发展目标是否符合SMART(S:针对性;M:可测量;A:可实现;R:相关性;T:时效性)标准。导师在学习者制订发展计划的过程中主要是提供信息和必要的指导,不能越俎代庖或面面俱到。第二阶段,鼓励学习者自我管理。导师提出一系列试探性的问题,帮助学习者对计划在实施过程中可能出现的问题进行预测,为学习者的自我管理提供指导,并且保证指导活动不影响学习者与其直线管理者之间的正常工作。对于工作中出现的问题,导师会提供经验性的建议,鼓励学习者独立思考,自己设法解决问题。第三阶段,支持个人发展计划的实施。导师与学习者共同制订日常会面时间表,对于学习者主动提出的要求和问题,导师给予客观的信息和指导,培养学习者的思维和行动能力。第四阶段,评估结果。导师通过反思式的提问,帮助学习者分析实践环节遇到的困难及其原因,与学习者的直线管理者共同量化评估他们领导力的提升程度,以及为企业所带来的实际效益。在正式指导关系结束之后,导师继续保持与学习者的联系,确定新的提升领导力的个人目标,并为其提供咨询和帮助。[①]

(4) 行动学习法。

雷格·瑞文斯(Reg Revans)开创了行动学习理论,并提出了"Learning = Programmed Knowledge + Questioning Insight"(学习 = 程序性知识或专家提供的知识+有洞察力的质疑和反思)的经典关系等式,即 L=P+Q。P 指以传统教导和继承知识为核心,是对已知的学习;Q 指以提出有洞察力的问题为特征,是通向未知的能力。

行动学习是一种通过"经验""做"来学习的形式,是以完成预定工作为目的、在团队支持下持续不断反思和学习的过程,其本质是一种基于经验的学习取向,是一种理论与实践相结合的有效学习方法。

实施行动学习的步骤如下:第一步,由发起人发起行动学习项目,包括确定研究的课题,指派具体负责人员或机构,提出要交付的

---

① 王志鸿:《对企业领导力开发有效性的再思考》,《山东社会科学》2016年第1期。

第七章　管理人员的开发

成果和验收方式;第二步,行动学习的具体负责人(机构)制订实施方案,选择参加人员、寻找外部支持专家、落实经费;第三步,严格按照计划实施;第四步,按计划由发起人组织成果验收。①

行动学习成功的关键因素有:第一,领导重视。这是保证组织者、参与者重视并积极参与,保证资源投入和相关方面支持的关键。第二,课题选择。课题的难易和工作量要适当,大型课题可以分解为若干小课题,要尽量给每个行动学习小组指定能够在规定时间、在给定资源条件下完成的课题。第三,资源投入,包括时间、人力、财力的投入。在繁重的日常工作之余,能够抽出人员专门从事行动学习的确很不容易,但实际上,许多行动学习属于半脱产性质,如一个3—6个月的行动学习项目只有3—5次,每次进行1—3天的集中学习研讨,其他实地调研活动可见缝插针地利用不忙的时间乃至业余时间进行。所以,行动学习活动所占用的时间并不多,对日常工作的冲击也不大。至于经费,行动学习的活动费用肯定高于通常的培训费用,因为有大量的调研工作要做,但是也肯定大大低于将有关课题完全外包给咨询机构的费用,而且实际效果往往要比纯粹外包好。第四,有效组织。行动学习的组织者,无论是培训部门、人力资源管理部门还是综合管理部门,都要能够理解行动学习的精髓,有效地、精心地组织行动学习活动,使其真正不走过场,做出实效。

【阅读材料】

百年基业GDAL七步法②

百年基业公司是一家以行动学习与引导技术为根基的咨询公司。公司致力于通过行动学习的研究与实践,帮助企业更好地发展领导力、建设专业人才队伍、促进组织能力发展,使行动学习这一主流的领导力发展和组织能力发展理念、方式深植企业。

增长驱动型(Growth Driven Action Learning,GDAL)是百年基业提出的行动学习模式,包括获取支持、确定选题、组建小组、动员授

---

① 〔美〕戴维·L.达特里奇、詹姆斯·L.诺埃尔:《行动学习——重塑企业领导力》,王国文、王晓丽译,中国人民大学出版社2004年版,第4—5页。
② 《从个人领导到组织领导　百年基业GDAL行动学习七步法》,http://news.xinmin.cn/rollnews/2011/02/12/9272291.html,有改动。

权、研讨催化、执行辅导和总结固化,百年基业将其命名为行动学习的"七脉神剑"。下面就分别介绍"七脉神剑"的各招各式。

第一步,获取支持。

这是实施行动学习发展领导力的第一步,也是最关键的一步。行动学习项目对组织和个人具有非常重要的价值和意义,但由于其在实施过程中将涉及组织战略、组织文化、组织业绩、个人发展等诸多要素,并且关系资源的分配及参训者日常工作的开展,所以,在开展行动学习之初,就必须取得高层的支持。在高层的关注和支持下,确定项目推动人员和相应的评估及激励制度,确保行动学习项目能顺利推行。如果行动学习项目没有获得组织高层真正的认可和支持,该项目就不可能开展,或者即使开展也无法得到顺利实施,收不到应有的效果。

第二步,确定选题。

选题是行动学习能否顺利实施的核心,对整个行动学习过程至关重要。可以说,如果问题找得准,那么就意味着问题已经解决了一半。对组织而言,行动学习的问题或任务必须是真实存在的复杂问题、项目、挑战或任务;该问题的解决或任务的达成对组织、小组和每一位成员都具有重要意义;小组得到充分授权采取解决问题的行动;同时,问题还必须能为行动学习小组成员提供学习的机会。

确定选题必须从以下两个方面进行考虑:一是解决组织关注的问题,达成组织目标,提升组织的业绩;二是促进个人的学习和成长。

唯有符合上述条件,才能促进团队学习进程,打破思维定势,培养系统思考能力,改善心智模式,实现自我超越。这样的选题,在发展领导力的始点就已经将组织战略和业务运营紧密融合在一起,从而使领导力发展不再是空中楼阁。

第三步,组建小组。

行动学习过程是一个解决问题和培养人相结合的过程。因此,应基于确定的问题,选择恰当的小组成员,并充分考虑小组成员部门和专业的多样性、对问题的贡献度及与选题所匹配的资源掌控度。小组结合需要重点培养或者考察的组织成员,运用专业工具对组织成员进行评估删选,确定小组成员,组建行动学习小组。

在组建小组的过程中,通过学习风格测评、沟通与决策风格测评

第七章 管理人员的开发

等工具,对小组成员的学习风格和沟通决策风格进行测评,在此基础上结合组织培养或考察需要对小组分组进行适当调整。在项目开始前,就测评的结果进行解读,使大家相互了解各自的不同学习或沟通风格,以便促进团队学习的顺利进行。小组的成功组建可使组织真正在选择需要重点培养发展的管理人员进行培养,并且确保这些被培养者直接指向设定的组织需要解决的问题或任务。

学习与决策综合测评结果分析

管理人员中以行动型和思考型为主,聚焦型和发散型人数较少,善于对问题进行综合思考,并采取行动尽可能快地实施决定,实现目标。

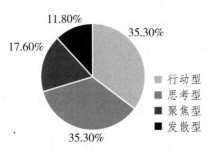

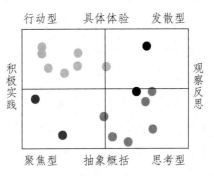

学习与决策风格测评结果(N=17)

图7-13 国内某知名大型电力企业行动学习项目组成员学习与决策风格测评结果综合分析图

第四步,动员授权。

在获得了支持、确定了选题和成功组建学习小组之后,行动学习项目就可以正式启动了。在动员会上发起人直接或者委派督导者阐述行动学习项目的背景和任务,对行动学习小组成员提出期望和要求,对组长及小组成员进行明确的授权。确保组织能够投入大量资源来发展管理人员,相应地约束被培养者也要投入智慧和情感到领导力发展项目中,在契约精神下使领导力发展项目获得真正的支持和认同。

第五步,研讨催化。

本步骤是行动学习的主体步骤,根据情况导入必要的理论和方法,同时小组成员基于确定的问题,运用专业的方法和工具,结合质疑探询方法,对问题展开研讨和分析,提出解决方案,制定行动计划。催化中一个非常重要的工具是质疑与反思,通过催化师的干预,促使小组成员悬挂原有的假设,认识原有的心智模式,并通过分享心智模式的方式,促进大家合力的产生,从而促进个人学习向组织学习的转化,实现个人领导力向组织领导力的跨越。通过研讨催化,直指领导力发展项目的核心——修正或者重塑参训者的心智模式。

第六步,执行辅导。

这是行动学习项目区别于一般研讨式学习项目的一个关键环节,也是行动学习的主体步骤。它是在第五步所制订的行动计划基础上,推动小组成员执行、落实方案和计划,并在计划实施过程中反思和调整方案。实施此步骤的目的是让小组成员通过团队学习、反思与质疑等环节制订方案,在实际工作中依据自己所制订的行动计划实施方案,并在方案实施过程中进行再次反思,从而促进学习的真正发生。催化师和业务导师要对执行过程进行及时辅导,定期跟踪参与者计划的执行情况,并适时进行辅导或电话辅导,保证小组成员研讨的方向,并即时发现问题,进行干预。每次小组讨论,都会安排观察员现场进行观察和记录,并进行现场的反馈,以促使学习的深度发生,并让学习效果得到真正的保障。

第七步,总结固化。

本步骤是对问题的解决或任务的达成情况进行评估,对个人在行动学习过程中的收获进行全面的总结和评估。领导力发展项目不仅是要实现被培养者的发展,而且要把个人的经验总结固化为组织的经验,进而实现组织的进步。因此,要通过总结评估,把小组成员的经验和成果沉淀为组织经验、成果,并固化到组织的制度和流程中,从而实现个人和组织的全面进步。

(5)户外的管理者领导力开发。

户外的管理开发(MOD)可以用来形容多种活动,从酒店草坪上开展一下午的培训活动到在荒野中一个月的户外探险培训。从20世纪80年代到90年代,作为一种开发工具,户外管理开发的好处越来越受到关注。户外管理开发源于库尔特·哈恩(Kurt Hahn)创立的户外拓展训练项目,其目的是为个人成长和管理者实现其"内部资源"的潜质提供机会。在户外管理开发活动中,管理者们面临情感的、身体的和精神上的风险和挑战,在这种风险和挑战中,有关个人

第七章　管理人员的开发

和团体实践了诸如领导力和团队精神等方面的技能。

最有效的户外管理开发是以提高参与者对其自身和他人管理为目的,并深入在更为广泛的管理者领导力开发过程中,解决涉及个人和团队具体的学习需求,既需要个人的自由决策又需要共同的合作努力。此外,任务难度必须随着户外管理开发的进展而增加,然后以过程而不是技术问题为重点做出定期的评估和反馈。

虽然身体的挑战这一形式仍然很受欢迎,但人们的注意力已明显转向户外管理开发这种更复杂的方式,因为这种形式注重解决问题、创新和改变课堂内外的行为。例如,阿尔钦(Arkin)描述了索尼(欧洲)如何将高层管理者在整个欧洲的"领导之旅"与为团队和个人设计的训练联系在一起,以此让他们体验到其员工在激进变革中所感受到的焦虑和不安。艾伦(Allen)还阐述了管理者如何进行以社区为基础的、与企业社会责任有关的项目,并且认为,户外管理开发正朝着"为提供工作场所的真实模拟而精心设计经历"这一方向发展。

(6) 管理人员的相互开发。

管理人员的相互开发又被称为"领导者开发领导者"。这一趋势表现为高层经理经常直接参与开发组织内的经理。比如,在百事可乐、GE、壳牌石油和美国海军等组织中,主要领导人将管理人员开发视作其基本责任。科恩(L. B. Cohen)和蒂希(Noel M. Tichy)在对一些组织的最佳领导人进行调查的基础上,得到了下面一些足以解释领导者为什么要开发领导者的观点:成功者是由其可持续的成功判断的;成功公司在各级别中都有称职的领导者;获得更多领导者的最佳方式是让领导者开发领导者;为了开发他人,领导者必须有一个可以传授的观点;领导者是创造组织未来故事的人。

下面重点介绍一下管理人员相互开发的两种方法。

第一,故事法。在上述观点中,有两点值得特别注意,即"一个可传授的观点"和"讲故事的人"。科恩和蒂希认为,可以传播的观点强调四个领导领域:有关产品、服务、市场的观点,对领导价值观的实际生活解释,做出艰难的决策,工作的精力与活力。可以传授的观点必须基于领导者的经历并以经营为导向的故事形式描述出来。科恩和蒂希认为,故事是以一个参与者的方式来传达领导者对将来的远景的看法。领导者所讲故事的关键,是要找到一个合适的替代案例,并由此介绍组织前进的方向和如何到达目的地。

壳牌石油公司学习中心基于上述观点进行了有益的实践。在实践中,HRD专业人员的核心作用是"帮助"领导者精制其教学方法。这要求HRD人员扮演与领导合作和驾驭文化活动倾向的角色。

第二,"创造性领导中心"的"领导者实验法"。该方法的目标是鼓励领导者在其面临的领导环境中更有效地行动。它持续六个月,一开始是一个为期一周的会期,参与者进行一系列评估和反馈练习,包括提前从主管、下属、同事处获得全方位的反馈信息,同时开发一个管理人员的行动计划。这些会期包括与"变革伙伴"合作、以行为为导向的练习和非传统的学习行为,如制作艺术作品。三个月后,参与者又开始一个为期四天的会议,要求对经理工作的进展和三个月来的学习进行评估,并据此对行动计划进行修改。修改后的行动计划在此后的三个月内加以实施。

显然,上述只是目前美国用于开发领导者方法中的两个例子。HRD专业人员为了提高组织的竞争能力,在具体设计和实施领导开发方法时,应该将相关理论和方法与本组织的实际情况与和需要相结合,并不断地评估和修改有关的开发活动。

(7) 自我开发。

投资于有效管理者领导力开发项目的组织通常会鼓励他们的管理人员对其自身的开发承担更多责任并施以更多控制。正如博伊德尔(Boydell)和佩德勒(Pedler)所说的那样,任何有效的管理开发系统都必须提高管理者控制和负责事务的能力和意愿,以及参与自身学习的积极性。如果管理者对他们自身的开发负有责任,他们就可能会改善职业前景、提高绩效、开发一定的技能、实现全部潜能/自我实现。

有许多技术适用于管理者进行领导力自我开发,其中包括管理者通过在自我管理学习小组中分享经验来互相帮助。其他方法则更加以个人为中心,如远程学习、基于计算机的培训和交互视频技术、自学书籍与文章、参加行业会议、演讲与交流等。

第七章　管理人员的开发

【阅读材料】

表7-8　欧洲的管理者领导力开发系统

国家	技能类型	职业发展路线	谁承担培训费用	培训代理商和培训机构的地位	不同国家管理者的显著特征
英国	管理者转换工作时可以保持技能	较少重视企业层面的职业生涯发展,管理者在恶意收购中面临失业	员工出资以接受一般性商业教育的情况越来越多	特许机构的地位高,职业培训机构的地位低	注重"有天赋的外行";管理者是"协调专家"
德国	管理者的职业教育和培训;员工成为管理者之前的技术技能/科学技能;正式的管理教育,强调科学的理论原则	高度重视持续性规划,企业之间的流动性低	企业出资开展管理培训	管理者职业教育和培训的地位较高;正式的管理培训路径基于高等教育体系,高管要有博士学位	管理者受到严密的监管;管理者是"重要的参与者";管理者与员工之间达成高度共识
法国	基于精英大学的职业起点和接近商界的职业技能	转换工作时更容易失去技能优势,强调职位等级和资历;内部劳动力市场仅少数人能晋升到骨干层面	法律规定,企业至少要将工资总额的1.5%用于培训	精英大学培养技术专家型精英,大型企业中75%的高管有精英大学资格证书	管理者是"协调者"

资料来源:〔英〕朱莉·比尔德韦尔、蒂姆·克莱顿:《人力资源管理:当代视角》,李文静译,电子工业出版社2015年版,第286—288页,有删减。

本章小结

本章主要阐述了管理人员开发的概念、方法与具体实践。

首先,本章对什么是管理人员的开发进行了定义。麦考尔等人认为,管理人员的开发是组织有意识地给现职与潜在经理提供学习、成长和改变机会的活动,以期形成一批能使组织有效运作和拥有必要技能的经理人员。笔者这一定义中需要认真把握的几个关键点,阐述了管理人员开发的最终目的和直接目的,并介绍了管理人员开发的内容,包括品性、能力、知识三大块。接着,分析了管理人员开发的过程中存在的主要问题及其相应的改进措施,介绍了管理人员的开发过程,包括需求分析、开发计划、组织实施与效果评价四个阶段。

其次,本章介绍了管理人员开发需求分析的方法。管理人员开发计划方案的制订建立在对管理人员工作要求的分析基础上,管理人员开发方法的选择与比较是基于对组织要求的分析。这些方法主要有以下几种:工作特征分析法、角色分析法、素质分析法,并介绍了面对全球化对经理能力的分析。

再次,本章介绍了管理人员的开发方法。这些方法大体上可以区分为在职开发与离职开发两大类,具体来说,主要有:(1)预备职位经历。这种方法的主要体现有副职制、助理制、执行委员会或初级董事会制。(2)晋升开发。晋升开发包括临时提升与有计划提级两种。(3)职务轮换开发。职务轮换有两种方式:一种是平面式或平行式轮换,一种是螺旋式轮换。(4)评价中心技术。(5)敏感性训练。

最后,本章介绍了管理者领导力开发的相关内容,重点介绍了目前较为常用的开发管理者领导力的正式方法和非正式方法。其中正式方法主要介绍了企业大学、公司内部课程、远程教育和网络教学四种方法,非正式方法主要介绍了360度反馈法、教练辅导法、导师指导法、行动学习法、户外的管理者领导力开发、管理人员的相互开发、自我开发七种常用的开发方法。需要牢记的是,许多开发活动并不是单独采取某一种方式,一些成功的管理者领导力开发项目往往会综合多种开发方法,将各种开发方法进行系统安排,以互相补充,互相强化,提升领导力开发效果。

▶▶ 复习思考题

1. 管理人员开发的定义是什么?如何理解?
2. 简述管理人员开发的内容。
3. 管理人员开发中的问题有哪些?如何改进?
4. 简述管理人员的开发过程。
5. 简述管理人员开发需求分析的三种方法并进行比较。

6. 管理人员开发的方法有哪些？这些方法的优缺点是什么？

7. 简述管理人员领导力开发的相关方法，并谈谈你如何选择与应用这些方法。

▶▶ 案例与分析

基于战略的高管培训实践——以同方大学兼并收购能力提升培训为例[①]

同方股份有限公司作为清华大学的校办企业，始终不忘清华大学的治学精神，在搞好企业经营的同时，一直都致力于企业核心人才及组织核心能力的培养，坚持高管团队的打造，不断探索和创新组织学习方式。自2014年至今，同方股份公司每年都针对高管人员开设不同的培训项目，不仅覆盖管理体系，还涉及业务体系，主要聚焦于领导力的提升与能力的培养。在同方高管培训的实践过程中，不断探索高管培训工作的方式方法，使之更好地促进高管团队的能力提升和企业绩效的增长。具体的理念和做法如下。

（一）创新高管培训机制，建立组织保障

同方股份有限公司于2014年初成立了同方企业大学，通过企业大学将高管培训乃至公司整体人才培养体系搭建并管控起来，更加有效地贯彻实施人才发展战略。

为了保证同方大学能够承担起高管培训的重任，并且学习项目的开发与公司战略保持一致，同方大学的组织架构借鉴上市公司的治理架构，将同方大学的管理分成校务委员会和管理委员会2个层级，校务委员会类似于上市公司的董事会，对同方大学的发展和规划做出决策，管理委员会类似于上市公司的管理层，负责同方大学的日常运营与管理。校务委员会吸收尽可能多的集团高管层进来，获得最广泛的支持，对培训项目进行审阅并建言献策，有助于对公司发展战略的把握以及企业高管培训与公司战略的结合。同方大学的管理委员会则由集团公司主要领导挂帅，从顶层设计规划并推动实施，以保证培训的战略方向。

---

① 资料来源：马二恩、聂保民、梁璞：《基于战略的高管培训实践——以同方大学兼并收购能力提升培训为例》，《中国人力资源开发》2016年第10期，内容有删减。

高效的培训是从培训需求分析开始的,也就是说,企业在考虑是否接受培训以及分析培训的可行性时,必须进行培训需求分析。通过上述举措,将高管人员从高管培训的被动接受者变成主动参与者,极大地提高了整体高管培训的可行性与针对性。

(二)制订战略型的高管培训方案,标准化的培训开发

人才的发展需以"用"为本。以用为本是就如何实践"以人为本"这一宏大理念所作出的务实性回答。为了保证每个项目的有效性,同方大学在高管培训项目的开发过程中,最为关注的两点是:能否围绕公司的发展战略;能否紧贴公司的业务及岗位需求。即上接战略,下接业务,从系统设计的角度规划学习项目,关注学习项目对组织战略、能力发展和人才管理的真正作用。在进行每个项目设计时,同方大学工作组都会按照项目管理的方式去开发与运营,每个项目都会有一套规范的开发流程,包括项目启动、调研、开发、实施、评估等。战略导向的学习发展项目的实施流程通常包括 8 个步骤。(见图 7-14)

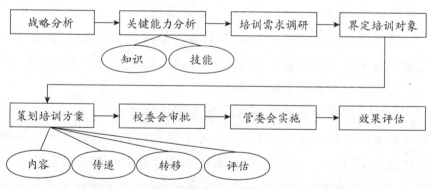

图 7-14 战略导向学习发展项目的实施流程

1. 确定高管培训的战略目标

在企业战略的分解过程中,由总体战略分解成业务战略,再由业务战略分解到职能战略。在这个分解的过程中,培训部门要与业务部门成为战略合作伙伴,并且企业的高层管理人员也要加入进来进行战略的分解与培训需求的识别。

以同方大学兼并收购业务能力提升高管培训为例(下文如无特殊说明,均以此次高管培训为例)。2015 年年初,同方大学原本计划开展商业通识与领导力方面的高管培训,提升高管人员的综合素质。

在公司召开战略沟通会后,战略规划有所调整,为突破公司发展瓶颈,将"兼并收购"作为2015年的战略重点,实现公司的跨越式发展。

2. 解析高管的关键能力

在现代人力资源管理领域,对素质的深入研究和分层分类的素质模型的设计,已经成为企业人力资源管理系统设计的重要基础之一。解析出兼并收购跨越式战略目标所应具备的知识、技能、个性与内驱力因素,建立素质模型。

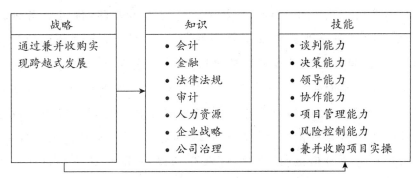

图 7-15　兼并收购实施所需能力分解

3. 调查高管的培训需求

每个高管培训项目在设计开发前,同方大学工作组与相关部门及相关专家团队,都会深入产业一线,与各产业一把手及人力资源负责人进行沟通访谈,充分了解分布在各条产业战线的干部状况及能力需求,结合产业共性需求,提炼挖掘能力提升点,并与集团公司高层达成共识,这个反复调研论证阶段一般需要一个月的时间,走访多家产业本部,完成基于培训目标的战略性调研、基于培训对象的绩效性调研及基于培训内容的素材调研。

4. 界定高管的培训对象

通过前期的调研,了解各产业单位的培训需求之后,就要确定最终的参训对象。培训对象的确定,既要征询各产业单位的意见,也要避免由产业单位随意上报,变成福利性培训,要确保参训高管的战略执行相关性。

在前期调研的基础上,最终参加2015年同方高管兼并收购业务能力提升培训的领导共计72人,覆盖同方集团全部核心产业单位和重要控参股公司。在职务级别层面,全部为产业单位的相关主管副总裁、投资总监、财务总监和运营总监,这些人都是产业层面集团战略的落实者,他们对于集团整体战略的领会与贯彻,将直接决定集团战略的执行效果。

5. 策划高管的培训方案

如何将企业战略、讲师、授课内容三者有机结合,达到培训目标?这也是困扰高管培训开展的难题。很多企业的高管培训委托知名商学院来做,或者直接把高管送到知名商学院去读EMBA课程,但这种方法很难让培训内容与企业发展战略进行有效结合。同方大学在多年的高管培训实践中,逐步摸索出了将理论与实际、价值观与方法论、培训内容与企业战略三者结合的有效方法。在高管培训的师资安排方面,同方大学通常采取搭配组合方法,将系统讲解专业知识并能站在较高层面对学习内容和前沿趋势做出判断的教授与具有实操经验、谙熟解决之道的行业专家进行搭配组合。培训内容分为战略宣贯模块和内容讲授模块。战略模块为先,达到全员思想上的统一。内容模块通过案例化、情景化、流程化的课程设计,营造知识迁移环境,力争将培训成果转化为企业实效。

6. 项目实施与组织

在项目策划方案通过同方大学校务委员会的审批后,同方大学管理委员会将组织项目实施工作组,联合人力资源体系的专业人员,按照学习项目的时间计划表及实施流程,组织相关学员进行培训,并负责学习项目的全程管理,包括课前报名、教材准备、场地及设施准备、讲师联络、课堂管理、学员管理及课后评估总结、档案管理等。认真细致的实施工作,是确保培训效果的关键。

7. 项目评估与反馈

每个项目实施后,都会采取一系列措施,从学员课堂反馈、学习成果应用程度到培训效益进行体系化的反馈,力图从个人收益(指学习活动对学员绩效的价值或影响)和业务收益(指学习活动对整个组织业务的价值和影响)两方面对培训效果进行评估。在同方大学两层级的组织保障下,通过上述8个步骤形成一个完整的闭环,集战略、开发、实施、评估为一体,将战略分解到培训中,通过学习项目促进战略的实施。

(三) 学习手段,科技助力

高层管理者每天忙于各种工作,时间非常有限,为了保证学习时

第七章　管理人员的开发

间和效果，同方大学充分利用技术手段，逐步在高管培训中引入线上自主学习与线下面对面培训相结合的方式，使参训高管有很大的自主性与便捷性。线上课堂作为线下翻转课堂的前置学习，翻转课堂作为线上课堂的反思与实践。线下内容不仅包括翻转课堂，还有主题沙龙和案例讨论，结合同方产业案例及当前企业转型难题，通过研讨找出可行的解决方案。

随着现代移动互联网技术的普及，在线教育已经发挥越来越重要的作用，特别是移动互联网的普及，使得利用碎片化的时间系统灵活地进行学习成为可能。同方大学于2015年初依托清华大学在线教育平台，搭建起同方大学网络学习平台，使得参加兼并收购培训的高管人员可以根据自身情况，自主安排学习时间，可随时随地利用PC终端或移动终端设备反复收看网上视频课件并参与互动讨论，实现学习的灵活性与主动性。

为掌握参训高管的学习进程、随时关注学员的学习情况，同方大学还依据网络学习平台的学习数据，通过知识点的逻辑细分切割，对线上课程进行全流程精细管理及监控，及时给予学员帮助和服务，保证学习效果。

以本次同方高管兼并收购业务能力提升培训为例，项目组统计了高管学员网上课程学习的时间分布情况。高管学员的在线学习时间集中分布在8点至9点、11点至14点、18点至24点。最晚的登录学习时间为凌晨1点，最早的登录学习时间为凌晨4点。从上面的数据可以看出，通过在线学习的手段，高管学员可以在不影响工作的前提下，灵活地利用业余的休息时间来进行相关课程的学习，达到了利用碎片化时间来学习的预期。尽管没有全部课程采用面授式的封闭培训，从最终结业考试的成绩来看，大多数高管人员对知识掌握全面，达到了考核的要求。

此外，这种在线教学的方式也获得了高管学员的认可。这种方式可以让他们更好地安排时间，出差在外也能利用碎片化时间学习，时间利用效率大大提高了。有的高管学员在论坛里留言："这次同方大学的在线课程非常好，既有效率，又使大家的学习时间非常灵活！希望同方大学继续采用在线方式教学。"

除了对于学员的便捷性之外，新技术的应用也使培训组织和开发者从中受益,随着大数据的应用和智能终端的普及,对个人学习情况的及时掌握、调整、反馈、延伸、改进等成为可能。这将极大地提高学习效率与学习成果转化率,我们不再面对一个群体,而是针对每个学员的学习情况,帮助特定的他或她,做出改善。相信移动端学习将带给我们令人激动的学习方法与学习效率!

(四)持续学习,与时俱进

企业高层管理人员往往有着丰富的一线实战经验,并在日常工作中形成了自己独特的领导风格和工作方法。对于高管层面的培训,除了战略层面的需要,更多的是帮助他们在实践的基础上进行系统知识结构的梳理,再进行理论的总结升华,然后返回实战中进一步指导新的实践,这是一个知识到实践的循环过程,更是一个习惯养成、与时俱进、不断学习的过程。

在知识爆炸、形势瞬息万变的当今,企业的高层管理者都十分重视人才队伍的建设,把它当成企业持续成长和保持竞争优势的关键。而高管自身则由于过度繁忙,光顾着"低头拉车",容易忽视自身的学习与成长,这就需要企业有计划地建立学习机制,帮助高层管理者适应发展,与时俱进补上这一课,并养成终身学习的习惯,通过不断地自我提升,使企业走在前列。

▶▶ 案例分析题

1. 同方大学是如何培训高管兼并收购能力的?
2. 同方大学高管培训体系还有哪些需要改进的方面?

主要参考文献

鄂友万主编:《人力资源开发战略研究》,北京:经济日报出版社1989年版。

阿姆扎德主编:《中国人力资源开发研究》,北京:北京经济学院出版社1989年版。

潘金云等:《中国第一资源——人力资源开发利用理论与实践》,北京:机械工业出版社1991年版。

潘金云、杨宜勇:《关于人力资源开发的若干基本问题》,《中国人力资源开发》1992年第2期。

洪荣昭:《人力资源发展》,台北:师大书苑公司1991年版。

李京文等:《中国人力资源开发情况与问题分析》,《数量经济技术经济研究》1994年第8期。

肖鸣政:《对人力资源开发问题的系统思考》,《中国人力资源开发》1994年第6期。

刘庆唐:《人力资源开发的几个问题》,《北京劳动》1996年第1期。

赵履宽:《我国转型时期人力资源开发的三个基础性理论问题》,《中国中小企业人力资源开发国家研讨会》论文集,北京:中国商业出版社1996年版。

吴义武、牛越生等主编:《中国人力资源开发系统论》,北京:中国建材工业出版社1996年版。

萧鸣政:《试论人力资源开发的基本点》,《中国人民大学学报》1996年第5期。

宋晓梧主编:《中国人力资源开发与就业》,北京:中国劳动出版社1997年版。

郭廉高等编者:《宝钢的人力资源开发》,北京:中国人民大学出版社、冶金工业出版社1997年版。

萧鸣政:《21世纪中国面临的人力资源可持续发展问题与研究构想》,《中国人力资源开发》1997年第8期。

萧鸣政:《开发人力资源需要更新现有观念》,《中国公务员》1998年第3期。

萧鸣政:《开发高层人力资源,搞好国有企业》,《中国人民大学学报》1998年第

3期。

朱巧琳：《人力资源开发初探：兼与萧鸣政教授商榷》，《中国人力资源开发》1998年第9期。

周志忍编著：《现代培训评估》，北京：中国人事出版社1999年版。

萧鸣政：《企业人力资源开发与管理中不可忽视的几个问题》，《人力资源与公共行政》1999年第1期。

萧鸣政编著：《职业资格考评的理论与方法》，北京：中国人民大学出版社1999年版。

萧鸣政：《中国人力资源开发的新途径》，《中国培训》1999年第5期。

王逢贤：《为创造以人为本的未来世界培养一代代创造型新人》，载汪永铨主编：《我的教育观·高教卷》，广州：广东教育出版社2000年版。

萧鸣政：《面向知识经济的企业员工培训》，《中国劳动保障报》2000年1月22日。

〔日〕尾原丰：《人才开发论》，袁娟译，北京：中央编译出版社2001年版。

萧鸣政：《人力资源开发学》，北京：高等教育出版社2002年版。

萧鸣政：《中国人力资源开发战略选择》，《中国培训》2002年第5期。

时勘：《基于胜任特征模型的人力资源开发》，《心理科学进展》2006年第4期。

任真、王石泉、刘芳：《领导力开发的新途径——"教练辅导"与"导师指导"》，《外国经济与管理》2006年第7期。

〔美〕理查德·斯旺森、埃尔伍德·霍尔顿：《人力资源开发》，王晖译，北京：清华大学出版社2008年版。

〔美〕理查德·斯旺森、埃尔伍德·霍尔顿三世：《人力资源开发效果评估》，陶娟译，北京：中国人民大学出版社2008年版。

Pasmore, W., "Development a Leadership Strategy: A Critical Ingredient for Organizational Success", A CCL Research White Paper, 2009.

韩树杰：《基于行动学习的领导力开发》，《中国人力资源开发》2009年第8期。

颜爱民、方勤敏：《人力资源管理》，北京：北京大学出版社2011年版。

〔美〕加里·德斯勒：《人力资源管理》，刘昕译，北京：中国人民大学出版社2012年版。

夏新颜：《"人口红利"向"人才红利"嬗变的保障——创新人才培养制度》，《江西社会科学》2012年第6期。

程云、王林昌：《企业领导力开发的有效性探析》，《生产力研究》2013年第6期。

彭剑锋：《互联网时代的人力资源管理新思维》，《中国人力资源开发》2014年第16期。

主要参考文献

刘追、张佳乐、王德智:《大数据时代移动 HR 的应用、挑战及对策》,《中国人力资源开发》2014 年第 16 期。

石妤、吴元红、王丽音:《"一对一"教练辅导技术在领导力开发中的探索》,《中国人力资源开发》2014 年第 14 期。

彭剑锋:《从二十个关键词全方位看人力资源发展大势》,《中国人力资源开发》2015 年第 2 期。

杨宜勇、张强:《当代中国特色劳动经济的八大变化特征》,《中州学刊》2016 年第 10 期。

马新建、时巨涛等:《人力资源管理与开发》,北京:北京师范大学出版社 2008 年版。

叶盛、乐文赫等:《人力资源开发与管理》,北京:清华大学出版社 2012 年版。

Gilley, Jerry W., *Principles of Human Resources Development*, Reading, Mass.: Addison-Wessley, 1989.

Mclagan, P. A., "Models for HRD Practice", *Training and Development Journal*, 1989, 41(9).

Swanson, Richard A., "Human Resource Development: Performance Is the Key", *Human Resource Development Quarterly*, 1995, 6(2).

〔美〕乔恩·M.沃纳、兰迪·L.德西蒙等:《人力资源开发》,徐芳、董恬斐等译,中国人民大学出版社 2009 年版。

教师反馈及教辅申请表

北京大学出版社本着"教材优先、学术为本"的出版宗旨，竭诚为广大高等院校师生服务。为更有针对性地提供服务，请您认真填写以下表格并经系主任签字盖章后寄回，我们将按照您填写的联系方式免费向您提供相应教辅资料，以及在本书内容更新后及时与您联系邮寄样书等事宜。

书名		书号	978-7-301-	作者	
您的姓名				职称职务	
校/院/系					
您所讲授的课程名称					
每学期学生人数	_____人_____年级			学时	
您准备何时用此书授课					
您的联系地址					
联系电话(必填)				邮编	
E-mail(必填)				QQ	
您对本书的建议：				系主任签字： 盖章	

我们的联系方式：

北京大学出版社社会科学编辑部

北京市海淀区成府路 205 号, 100871

联系人：徐少燕

电话：010-62765016 / 62753121

传真：010-62556201

E-mail：ss@pup.pku.edu.cn

新浪微博：@未名社科-北大图书

网址：http://www.pup.cn